FACULTÉ DE DROIT DE PARIS

DE
L'EMPHYTÉOSE

THÈSE POUR LE DOCTORAT

SOUTENUE PUBLIQUEMENT

Le jeudi 17 juin 1875, à 1 heure et demie

PAR

LÉON GEOFFRAY

Avocat à la Cour d'Appel de Paris.

Président : M. BEUDANT, *Professeur.*

Suffragants :
{ MM. BONNIER
  LABBÉ
  BUFNOIR
  GLASSON }
{ *Professeurs.*
  Agrégé. }

PARIS
TYPOGRAPHIE LAHURE
9, RUE DE FLEURUS, 9

1875

DE

L'EMPHYTÉOSE

—

THÈSE POUR LE DOCTORAT

SOUTENUE PUBLIQUEMENT

Le jeudi 17 juin 1875, à 1 heure et demie,

PAR

LÉON GEOFFRAY

Avocat à la Cour d'Appel de Paris.

—

PARIS

TYPOGRAPHIE LAHURE

9, RUE DE FLEURUS, 9

—

1875

A MES PARENTS

A MES AMIS

@

DE L'EMPHYTÉOSE.

INTRODUCTION.

De tous les contrats qui se rapportent directement à la propriété, l'Emphytéose est sans contredit l'un de ceux qui méritent une attention particulière et une étude des plus sérieuses. En effet, il serait peut-être impossible de trouver un contrat qui, depuis son apparition dans la législation des peuples jusqu'à l'époque moderne, ait eu à subir plus de modifications, ait été l'objet de controverses plus acharnées. Tour à tour attaquée et défendue avec une opiniâtreté peu commune, l'emphytéose présente à nos recherches un caractère très-varié et très différent suivant les époques spéciales auxquelles nous la prenons pour l'étudier. Quant à l'explication de ce phénomène, il ne faut pas la chercher autre part que dans le caractère politique et social du régime emphytéotique. Si l'on veut trouver une preuve de tout

1

ceci, on n'a qu'à comparer le contrat dont il est actuellement question avec quelque autre contrat ayant également pour objet des biens immobiliers, la vente, par exemple.

Dans ce dernier contrat, les règles ont bien souvent varié depuis le droit romain jusqu'à l'époque actuelle, mais le but que se sont proposé les parties en contractant a toujours été de tous temps le même, de la part de l'acheteur, désir de se rendre propriétaire d'un immeuble, de la part du vendeur, désir de toucher une somme d'argent en échange du transfert de la propriété.

Dans l'emphytéose, au contraire, l'on se trouve en présence d'un fait bien différent ; si l'on veut étudier cette institution, et qu'on la prenne, comme nous le disions tout à l'heure, à différentes périodes de son existence, soit au moment de la constitution de Zénon, soit dans ses origines les plus reculées, on trouve un contrat se modifiant sans cesse, et si rapidement même à certaines époques, qu'il est presque impossible de saisir un moment où cette institution se trouvera la même partout et dans toutes les circonstances.

C'est que l'emphytéose n'est pas un de ces faits qui s'imposent à la nature humaine, que l'on rencontre dans toutes les législations, tel que l'échange, la vente même ; c'est un contrat créé par suite des besoins politiques et sociaux d'un peuple : sans contredit on le rencontre dans presque toutes les législations, mais c'est avec un caractère différent suivant que les mœurs et les coutumes des peuples diffèrent les unes des autres. Cela est si vrai, qu'en jetant un regard rapide sur la suite de l'histoire de l'emphytéose, et sous ce nom générique d'emphytéose il faut comprendre les divers contrats qui s'en rapprochent plus ou moins suivant les époques, on voit le véritable propriétaire et l'emphytéote ressentir le contre-coup des changements politiques et sociaux qui se produisent à chaque instant.

Si l'on remonte jusqu'à l'*ager publicus* du peuple romain, l'on peut voir un pays à sa naissance : une partie du territoire est commune et sert de pâturage pour les besoins du peuple tout entier, puis peu à peu l'État lui aussi a des besoins, il lui faut de l'argent, et le voilà qui concède ce territoire à des particuliers, mais avec faculté de le reprendre quand bon lui semblera. Les patriciens qui dirigent l'État sont les premiers, bien entendu, à bénéficier de cet avantage auquel on ne peut encore donner le nom de contrat.

Ce n'est véritablement que lorsqu'il est question de l'*ager vectigalis*, que l'on se trouve en présence d'un véritable contrat, le *jus in agro vectigali* prend naissance, et c'est là sans contredit la véritable source dont est sortie plus tard l'emphytéose. Ici c'est déjà tout autre chose que ce qui existait dans l'ager publicus; le concessionnaire de l'ager vectigalis est soumis à des obligations plus sévères ou du moins plus clairement déterminées, mais aussi, d'autre part, il obtient quelques garanties : ainsi l'on ne peut plus lui retirer sa concession, quand il semble bon à l'État de le faire ; il faut maintenant des raisons déterminées.

Arrive alors l'empire, l'*ager vectigalis*, l'*ager publicus* ont disparu, on ne retrouve plus que des *fundi rei publicæ*, qui remplacent évidemment l'ager vectigalis, et des fundi *patrimoniales*, qui se rapportent aux diverses branches du domaine impérial. De là les dénominations nouvelles de *jus privatum, salvo canone; jus emphyteuticum*, sur lesquelles nous reviendrons plus tard en détail. Voilà l'emphytéose qui surgit véritablement; jusqu'à ce jour, l'ager publicus et l'ager vectigalis sont concédés à des particuliers, plutôt comme mode d'exploitation de ces terres, maintenant ce sont les particuliers eux-mêmes qui concèdent leurs propres fonds; c'est l'Etat qui force le propriétaire à joindre à son bien les terres incultes qui l'environnent : tout cela tient encore à l'Etat social de l'empire à cette époque.

La campagne, surchargée d'impôts, se voit abandonnée par le cultivateur, il faut alors attacher le colon au sol, forcer à l'exploitation des terres, et comme tout le monde s'y refuse, le propriétaire se voit contraint de céder au mouvement général et, plutôt que de laisser ses terres en friche, ne trouvant plus à les louer convenablement, il a recours à l'emphytéose.

Cet état de choses se prolonge pendant les invasions des Barbares jusqu'à la chute de l'empire romain, l'emphytéose est maintenant un véritable contrat; il ne s'agit plus de savoir si c'est une vente ou bien un louage; l'empereur Zénon, dans sa fameuse constitution, lui a donné une nature particulière, c'est maintenant un contrat *sui generis*.

Mais pendant que ces choses s'accomplissent, que se produit-il dans le reste de l'empire? En dehors de l'Italie, les Barbares se montrent partout et occupent même la plus grande partie des Gaules; ils gagnent l'Espagne, l'Afrique, et bientôt se répandent sur l'Italie, faisant sombrer alors les derniers débris de l'empire d'Occident. Qu'est devenu le contrat d'emphytéose au milieu de ce choc de peuples divers se heurtant les uns les autres et se déplaçant à chaque instant? Au premier abord, il est permis de croire que ce contrat n'existe plus, qu'il n'en reste même aucune trace; et cependant, en considérant le caractère de la conquête des Barbares et en comprenant la façon dont ils occupèrent le pays, il est presque impossible d'admettre une semblable opinion.

Les Barbares, en s'installant au milieu de la civilisation romaine, ne perdirent pas sur-le-champ leurs mœurs et leurs usages germaniques, cela ne se fit qu'à la longue et l'organisation romaine subsista, comme tout le monde le sait, à côté des coutumes barbares, la loi romaine s'appliquant aux Romains, la loi barbare aux Barbares; c'est là la fameuse distinction de la personnalité des lois. Si l'emphytéose ne disparut pas entièrement, du moins se modifia-t-elle considérablement suivant les nécessités de ce nouvel ordre social, si l'on ose donner un tel nom au chaos qui se rencontre à une pareille époque de l'histoire.

Les vainqueurs, sauf ce qui se produisit dans la Grande-Bretagne, où les Saxons exterminèrent les Bretons, ne prirent pas entièrement possession des territoires qu'ils avaient conquis; dans certains lieux ils se contentèrent d'en prendre une partie; dans d'autres, ils s'établirent chez l'habitant, mais sans l'expulser, en se bornant à percevoir à leur profit une partie des fruits recueillis par le colon.

Ceci explique les contrats que l'on retrouve assez obscurément, du reste, dans les écrits de l'époque, le *précaire*, l'*hospitalitas*; c'étaient là les nouvelles formes de l'emphytéose, formes grossières et sauvages, mais bien en rapport avec le trouble de ces temps, qui ne devait cesser qu'à l'avénement de la féodalité,

A cette époque il se produisit un phénomène bien digne de remarque et qui servira beaucoup à expliquer la modification que subit alors l'emphytéose, non pas tant dans sa nature que dans le but et dans l'objet pour lequel on avait généralement recours à ce contrat.

L'organisation romaine était, ainsi que le fait remarquer M. Guizot dans son *Histoire de la civilisation*, une organisation toute municipale ; les villes seules avaient de l'influence ; quant aux campagnes, elles ne comptaient pour rien, ou du moins pour fort peu de chose. Lorsque se produisirent les invasions barbares, il y eut alors un changement complet ; le chef germain, entouré de ses leudes, de ses fidèles, ne vient jamais s'établir dans la ville, il ne renonce pas entièrement à ses habitudes errantes et s'installe à certaine distance en pleine campagne. Alors on voit l'importance politique passer des villes aux campagnes, les populations opprimées et toujours en crainte contre quelque nouvelle invasion se groupèrent autour du chef, et ces concessions de terres qu'on ne faisait sous l'empire romain que pour se décharger d'une propriété ruineuse et embarrassante, devinrent alors de véritables faveurs,

grâce auxquelles le chef augmentait sa puissance
en accroissant le nombre de ceux qui l'entouraient
et le servaient à la vie, à la mort. Telle est l'origi-
gine du bail à fief, du bail à cens et de ces mille
institutions qui sous l'ancienne monarchie mor-
celaient la propriété de tant de façons différentes
qu'il était quelquefois difficile de les distinguer les
unes des autres. L'emphytéose devint alors si
fréquente qu'il n'y a aucune exagération à répéter
le mot d'un des auteurs les plus estimés de l'Italie,
M. Elia Lattes, dans son récent ouvrage sur l'emphytéose et sur le colonat : « L'histoire de l'emphytéose est, au moyen âge, l'histoire de la propriété tout entière en Occident[1]. »

Telle est l'emphytéose dans l'ancienne monarchie, telle on la trouve en 1789, au moment de
la révolution française ; ce contrat si contraire aux
nouvelles idées de liberté et d'affranchissement
de la propriété, et qui de plus avait peut-être le
tort de rappeler quelques abus de l'ancien régime,
ne put résister au courant général et fut emporté
avec le reste des institutions, sans qu'on prît
garde qu'à côté de quelques inconvénients, il y
avait sans doute beaucoup de bonnes choses à conserver. Lors du rétablissement régulier des choses,
certaines législations rétablirent l'emphytéose,

1. M. Lattes. Studi storici sopra il contratto d'enfiteusi.
Page 2, § 3.

d'autres la bannirent complétement; enfin quelques-unes la passèrent sous silence. Le Code civil
se trouve dans ce dernier cas, et l'on devra examiner dans la suite de ce travail ce qu'il faut
penser d'un pareil silence.

Nous avons cherché dans ces quelques pages à
donner un rapide exposé de l'histoire de l'emphytéose; maintenant il faut aborder le sujet en
détail et s'efforcer de tirer de l'ombre certaines
parties malheureusement bien obscures dans les
documents de l'époque.

Ce que l'on doit surtout remarquer et ce qu'il y
a en effet de très curieux à noter, c'est que dans
l'empire romain, l'emphytéose n'est qu'un rapport de fonds à fonds ; mais après l'invasion des
Barbares une nouvelle idée se rencontre dans
ce contrat, il y a un rapport de personne à personne; les deux contractants ne sont plus libres,
l'un en présence de l'autre; l'emphytéote se
trouve dans une position subalterne et dans une
situation bien inférieure à celle du concédant.
Cette nouvelle situation se prolonge jusqu'au dix-
huitième siècle, et ce n'est que la révolution française qui parvient à la faire cesser en abolissant
presque complétement le contrat d'emphytéose.

(i)

PREMIÈRE PARTIE.

L'EMPHYTÉOSE EN DROIT ROMAIN.

CHAPITRE I.

ORIGINES DE L'EMPHYTÉOSE. — L'AGER PUBLICUS.

I. — Il serait bien impossible de fixer l'époque exacte dans laquelle parut ce que l'on nomme véritablement le contrat d'emphytéose : une constitution de l'empereur Zénon la réglemente pour la première fois, mais il est incontestable qu'elle existait depuis longtemps, et, bien qu'on ait cherché à contester une pareille idée, il nous semble hors de doute que l'emphytéose provient du *jus in agro vectigali*, et qu'elle n'est qu'une suite de ce contrat, modifié selon les besoins nouveaux de l'Empire. Du reste, le mot emphytéose, qui dérive du grec ἐμφυτεύειν, prouve que ce contrat n'était pas absolument étranger à la législation grecque. Si l'on en veut une preuve, on n'a qu'à jeter les yeux sur les tables d'Héraclée : ces deux tables, découvertes en 1732 par un cultivateur, sont, d'après M. Elia Lattes, de la plus haute im-

portance pour l'histoire des origines de l'emphytéose[1] : c'est, d'après cet auteur, le plus ancien
document relatif à ce contrat. Ces tables conte-
naient d'un côté la loi *Julia municipalis*, et de
l'autre deux contrats en dialecte dorique et antérieurs pour le moins de trois siècles à l'ère
chrétienne. Par ces contrats, la ville d'Héraclée,
dans la grande Grèce, donnait sous la formalité
de l'approbation du peuple, en location perpétuelle, dans le premier contrat les terrains consacrés à Bacchus, et dans le second, les terrains
consacrés à Minerve. Dans la table d'Héraclée, le
contrat qui se passe entre la commune et le locataire s'appelle location μίσθωσις; les locataires ont
le nom de conducteurs ou d'usufruitiers, καρπιζό-
μενοι. Nulle part ne se rencontre le mot emphytéose, mais très-souvent nous en trouvons la racine
φυτεύειν, planter. Ce monument doit cependant
être considéré comme un des modèles les plus
nets d'emphytéose qu'on rencontre dans l'histoire du droit : la concession est perpétuelle; elle
est faite pour la vie du concessionnaire immédiat
et transmissible par succession testamentaire ou
ab intestat; le concessionnaire s'engage à planter
et à édifier, et le loyer se trouve très-modique eu
égard à l'étendue des terres. Une chose bien remarquable aussi dans ce document si curieux de
la civilisation gréco-italique, c'est la permission

1. M. Lattes. Studi storici sopra il contratto d'enfiteusi.
Page 7, § 6.

d'aliéner, le droit très-large d'usufruit accordé aux locataires de ces terres, et enfin l'interdiction d'hypothéquer. La forme sous laquelle se rencontre la location emphytéotique dans la table d'Héraclée laisse bien supposer que, depuis de longs siècles, il existait de pareilles pratiques agricoles et de semblables coutumes du droit agraire se modifiant peu à peu selon l'expérience.

Les monuments qui restent encore du droit privé de la Grèce sont bien peu nombreux, cependant il est facile de se convaincre qu'on rencontrait fréquemment dans ce pays des cas de locations emphytéotiques, tantôt avec les deux caractères d'un terme très-long et d'un prix fort modique, tantôt avec le premier seulement : somme toute, la location était généralement modique, 8 pour 100, en comparaison du taux élevé de l'argent, 12 à 18 pour 100; ce qui s'explique fort bien par la plus grande sûreté que présentait le premier contrat, tellement que la proportion est encore la même de nos jours. C'était l'État ou les temples qui avaient recours à de semblables locations, l'État louait à des fermiers généraux, et les temples directement aux particuliers. Le bail était quelquefois de dix ans, quelquefois de vingt-cinq et même de quarante; il y avait aussi des locations perpétuelles, mais les exemples de pareilles locations qui nous sont parvenus ne se rapportent qu'aux biens des temples[1]. A ce sujet, M. Élia

1. Boeckh, Staatshausalt, I, 2ᵉ éd., p. 199 et 405, 407;

Lattes fournit un bien singulier exemple de location perpétuelle ayant une analogie frappante avec le précaire du moyen âge; c'est l'inscription de Milasa rapportée dans le corps des inscriptions grecques au n^b 2693 E.

On y lit qu'un nommé Trasea, lequel avait vendu toutes les terres qu'il possédait dans un certain endroit (le nom de la localité est illisible) au temple de Jupiter Apollonien représenté par le grand-prêtre Aristénète, obtint comme prix sept mille drachmes et présenta des garanties de la vente. Après ceci, il reprit des mains des questeurs de la tribu à laquelle le temple appartenait ces mêmes terres qu'il venait de vendre, à titre de location perpétuelle, et pour les posséder comme biens paternels, lui, ses enfants et ses héritiers quels qu'ils fussent; pour cette location, il devait payer par an trois cents drachmes. Il n'y a aucune difficulté à reconnaître avec les auteurs, dans un pareil contrat, les véritables caractères de l'emphytéose, et il est inutile d'insister sur les avantages évidents d'une pareille opération pour les deux parties contractantes : d'abord pour le temple qui ne courait pas les risques qu'aurait présentés un *mutuum* ordinaire; ensuite pour l'emphytéote, qui, après avoir tiré sept mille drachmes de son bien, se trouvait le reprendre pour une somme

Hermann, Privatalterth (1852), 3, 49, 66; Wescher, *Revue archéologique*, 1866, 2 (vol. XIV), p. 352 et suiv.

1. M. Lattes, op., loc. cit., p. 16.

bien moindre, et cependant avec des garanties bien plus grandes que celles que lui aurait fournies une location ordinaire, puisque dans ce cas il ne pouvait être expulsé de la jouissance de son bien, si ce n'est par suite de fautes qu'il aurait commises, tandis que dans la location habituelle il aurait sans contredit couru la chance de voir le prix de sa location augmenter au moment où se présentait le terme fixé pour la fin du bail.

Enfin, en ce qui concerne les locations perpé-tuelles faites non plus par des temples, mais bien par l'État, il existe un passage bien remarquable sous ce point de vue dans un fragment du Pseudo-Aristote, « Les Byzantins, écrit-il, ayant besoin d'argent, vendirent les terres publiques, celles qui produisaient des fruits, avec un terme, celles qui n'en produisaient pas, au contraire, perpétuelle-ment. » Quant à ces ventes, il est incontestable qu'elles avaient une très-grande analogie avec les *venditiones* opérées par les soins des censeurs ro-mains[1].

Voilà ce qu'on peut à peu près tirer des docu-ments fort obscurs et fort peu nombreux de la lé-gislation grecque sur cette matière. Quelque peu considérables que soient ces résultats, il n'en est pas moins prouvé que le contrat d'emphytéose a existé en Grèce et que ce n'est pas une invention absolument romaine; mais il se développa peu à

1. Arist. Oekon, 2, 4.; Monatsberichte de l'Académie de Berlin, 1866, p. 541 et suiv.

peu à Rome par suite de l'introduction des coutumes grecques qui, sur bien des points de la législation romaine, exercèrent une influence considérable.

II. — En passant de la **Grèce** à l'Italie, l'on se trouve en présence de ce qu'on nomme l'*ager publicus*; ce qu'était l'ager publicus, il faut le rechercher aussi rapidement que possible. Il est hors de doute que dans l'antiquité les villes qui se fondaient avaient soin de laisser une partie de leur territoire commune entre les habitants, et c'est ainsi que la tradition rapporte qu'à la fondation de Rome Romulus divisa le territoire en trois parties, attribuant l'une au roi et aux choses sacrées; l'autre aux curies; quant à la troisième, elle resta commune, selon l'usage constaté plus haut. Du reste, d'après Puchta[1], il était de règle dans l'ancien droit romain que la terre conquise appartînt à l'État et ne pût parvenir aux particuliers que par son intervention directe. Aussi semble-t-il bien plus simple, d'après l'ancienne organisation sociale des Romains, de ne concéder aux particuliers que la seule jouissance de ces biens appartenant à l'État, de telle sorte qu'ils ne peuvent posséder qu'en qualité de membre de la grande société romaine.

Ceci est pour le moins hors de controverse en ce qui concerne les biens immobiliers. Tout ce

---

1. Puchta, Institutionen, t. I, § 43, § 47; t. II, §§ 227 et 295.

qui était sol appartenait au peuple romain, c'était l'ager publicus ou l'ager populi, et l'on ne pouvait en disposer en faveur des particuliers qu'à titre de simple jouissance pour ces derniers. A cette époque, le caractère d'homme privé se trouvait encore absorbé dans l'universalité de la nation, et c'est ce principe qui empêchait alors tout citoyen de s'approprier une partie quelconque de cette terre. Tout ce qu'un homme possédait faisait partie de l'ager publicus et ne lui était laissé qu'à titre de possession. Cette possession s'obtenait par concession de la part de l'État et par occupation de la part des particuliers[1].

Ainsi l'Etat se trouvant en possession de grandes étendues de territoire, et d'autre part ayant besoin de ressources pour faire face à ses dépenses, ne trouva rien de plus simple que de chercher le moyen de tirer le meilleur parti possible de toutes ces terres. Appien et Siculus Flaccus racontent qu'on fit deux catégories de terres : d'abord les terres fertiles, et ensuite les terres incultes.

De la première catégorie de l'ager publicus, il était sans contredit facile de tirer parti ; on l'assignait aux particuliers, on la vendait ou bien on la louait. Mais pour ce qui était des terres incultes, il fallait avoir recours à un autre moyen, un édit les concédait à charge d'occupation et de

1. Puchta, op., l. cit., § 40; Rudorff, Gromatische Institutionen, p. 314, not. 220.

culture. C'est ainsi qu'une partie du territoire de la cité passa aux particuliers tantôt complétement, tantôt à titre de possession. Il ne faudrait pourtant pas croire que toutes les terres furent ainsi distribuées : les auteurs déclarent en effet que l'Etat se trouvait encore en possession de nombreux pâturages dont le chiffre, bien loin de diminuer, ne fît que s'accroître[1].

III. — Ainsi que nous le disions tout à l'heure, Appien reconnaît quatre modes d'exploitation des terres conquises : l'assignation, la vente, la location et la concession au premier occupant.

L'assignation se faisait par l'entremise de *finitores* (dans le principe, les augures; dans la suite, les agrimenseurs).

Des lignes *limites* furent tracées sur les terres que l'on voulait distribuer; on les partagea en lots d'une grandeur déterminée, *centuriæ*, et l'on en attribua ensuite la propriété à chaque citoyen. C'est du moins de la sorte que devaient se passer les choses, au dire de Puchta. Pour ce qui est de la vente, il n'y a rien de particulier à dire. Quant à la location, elle se produisait seulement pour les terres cultivées, et généralement les locataires n'étaient autres que des publicains ou municipes; les publicains sous-louaient ces terres aux particuliers, mais rien ne s'opposait à ce qu'ils les gardassent pour leur propre compte : il faut même aller plus

---

1. Tite Live, XXXIX, 20.

loin, et rien ne prouve que l'Etat n'ait pas eu le
droit de louer directement aux particuliers. Pour
ce qui est du quatrième mode d'exploitation, la
concession au premier occupant, Appien déclare
qu'elle n'avait lieu que pour les terres incultes,
dont il y avait toujours une grande quantité, « par
suite des ruines considérables que la guerre a occasionnées de tous temps; » on ne mesurait pas
ces terres, on ne les assignait pas non plus « parce
que le temps aurait manqué pour le faire », mais
on se bornait à publier que tous ceux qui voudraient les occuper et les cultiver pouvaient le
faire, sauf l'obligation de donner à l'État le dixième
des produits provenant du labourage et le cinquième des autres fruits[1]. Relativement à ces concessions de terres incultes ou du moins fort mal
cultivées, les auteurs sont remplis de documents
fort intéressants: le terme technique dont on se
servait pour désigner ces concessions se trouve
être le mot *possessiones* dont Festus donne en
ces termes la définition :

« Possessiones appellantur agri late patentes publici privatique qui non mancipatione, sed usu
tenebantur, et ut quisque occupaverat, posside-
bat[2] ». Il n'y avait aucune forme spéciale d'occupation de ces terres, car pas un auteur n'en dit
un mot, et cela de la façon la plus naturelle: il
faut donc supposer qu'on avait dans ces cas pour

1. Appien, Bell. civ., 1, 7; 1, 18; 2, 140.
2. Festus, 12, 9, p. 241, § 14.

unique guide et pour seule restriction la capacité matérielle d'occuper et de cultiver convenablement.

IV. — Comme on peut aisément se le figurer, les Patriciens, se trouvant à la tête du gouvernement, s'attribuèrent à eux seuls le droit d'obtenir de telles concessions: c'eût été en effet porter un coup mortel à leur influence et à leur pouvoir que d'accorder au peuple un tel droit qui, en lui donnant toutes les facilités possibles pour s'enrichir, aurait détruit sans aucun doute et dans un espace de temps très-restreint l'antique puissance patricienne.

Quant à la façon dont les Patriciens jouissaient de ces concessions, il est très-facile d'en rendre compte. Tant que les fonds n'étaient pas devenus fertiles, l'Etat n'avait pas le droit de mettre la moindre entrave à leur jouissance : il en résulte que lors même que le fonds fût devenu fertile, la seule garantie de la dette est la bonne foi du patricien; telle était l'opinion d'Appien. D'autre part cependant il est juste de constater qu'il ne dérivait aucun droit de la possession de ces agri, qu'il n'y avait là qu'une simple relation de fait protégée par le préteur à l'aide des Interdits possessoires. « Itaque, dit Elius Gallus, legitimis actionibus nemo in jure quiritum possessionem suam vocare audet, sed ad interdictum venit ut prætor his verbis utatur : Uti nunc possidetis eum fundum (quo de agitur) quod nec vi nec clam precario alter ab altero possideatis (uti) ita possideatis, adversus ea vim fieri veto. » Grâce à ces interdits, les patriciens transmettaient, par vente, par donation, les parties de l'ager publicus à eux concédées; ils pouvaient également les donner en dot, etc., sous la réserve, bien entendu, du droit imprescriptible de l'État.

Mis en possession de si grandes étendues de territoire, les propriétaires ne pouvaient en tirer parti par eux-mêmes, cela se conçoit : aussi ne tarde-t-on pas à voir ces patriciens concéder à leur tour aux plébéiens, à leurs clients, les fractions de l'ager publicus qui leur étaient échues en partage; d'où leur vient suivant Festus ce nom de Patres : « Patres appellati sunt quia agrorum partes attribuebant tenuoribus, perinde ac liberis[1]. » Seulement le concédant conservait, à l'aide de l'Interdit de Precario, la possibilité de triompher du concessionnaire qui refuserait d'abandonner le champ concédé.

M. Lattes[2], en examinant le contrat dont il est question, ne saurait lui reconnaître le caractère, ni d'une vente, ni d'une location, pas plus que d'une emphytéose; il ne saurait le placer dans une autre catégorie, que dans celle des emphytéoses impropres.

Beaucoup de points, en effet, rapprochent ce contrat de l'emphytéose; le but d'abord est bien

1. Festus, p. 246.
2 M. Lattes, op., l. cit. p. 26, § 15.

celui qu'on se propose dans tous les contrats emphytéotiques; de plus, on ne règle pas le prix
du canon d'après la superficie concédée, mais
d'après la quantité de fruits que rapporte le bien;
enfin le fonds se trouve entièrement transmissible,
ce qui se rencontre aussi dans l'emphytéose.
Mais il existe un point sur lequel les deux contrats se séparent entièrement l'un de l'autre;
c'est relativement à la position précaire dans
laquelle se trouve le concessionnaire de l'ager
publicus; l'État peut lui retirer sa concession
sans qu'il ait aucune raison à faire valoir pour
s'y opposer; l'emphytéote, au contraire, ne peut
être troublé dans sa possession que dans le cas
où il ne remplirait pas ses obligations; mais alors
il y aurait faute de sa part et il n'y aurait pas là
l'exemple de précarité qui se rencontre dans la
location de l'ager publicus.

V. — On a longuement controversé sur les
causes qui ont pu donner lieu à l'établissement
de ces *Possessiones*.

D'après certains auteurs, il eût été absurde de
partager ces biens entre tous les citoyens, car la
plupart d'entre eux, par suite de leur pauvreté, n'auraient pas eu le moyen de cultiver
ces terres et par conséquent n'auraient pas
rempli le but que l'on se proposait d'atteindre.

D'autres ont prétendu qu'il était impossible de
partager des terres à peine conquises et dans les-

quelles les concessionnaires auraient jugé peu sûr
de s'établir.

La meilleure raison est, suivant nous, celle que
donne Schwegler[1]; par suite des nombreuses
guerres qu'eurent à soutenir les Romains dans les
premières années de la fondation de Rome l'a-
ger publicus s'accrut d'une façon considérable,
puisque généralement les vainqueurs, tout en
n'expulsant pas entièrement de leur territoire les
nations vaincues, s'emparaient d'une fraction
assez considérable du pays. D'autre part, chacun
sait que dans un État les dépenses sont croissan-
tes en proportion de l'importance acquise chaque
jour par cet État. C'est ce qui se produisit
dans la République romaine. Aucun expédient ne
parut plus simple pour combler ces dépenses
nouvelles que de concéder les terres nouvelle-
ment acquises, dont l'État ne pouvait tirer un
grand parti en les cultivant lui-même. Il y aurait
même eu un meilleur moyen de faire rendre un
profit plus considérable à ces terres; c'eût été de
les vendre entièrement, mais les idées d'économie politique n'étaient pas encore assez répan-
dues chez les Romains pour qu'ils pussent se rendre compte du résultat qu'aurait produit une
pareille mesure. Quoi qu'il en soit, ce caractère
de précarité dans la possession de l'ager publicus dut faire un grand tort à ces concessions:

1. Schwegler, Rom. Gesch., 2. 25; p. 461 et suiv.

aussi la possession se consolida-t-elle peu à peu et se trouva-t-elle enfin entièrement débarrassée de toutes ces entraves dans le jus in agro vectigali.

En somme, le concessionnaire de l'ager publicus, sauf ce droit de révocation attribué à l'État, jouissait aussi largement que possible du fonds, puisqu'il pouvait le transmettre à ses héritiers ou l'aliéner comme bon lui semblait. Pour ce qui est de ses obligations, le concessionnaire devait, comme l'a déjà dit Appien[1], payer la dixième partie du froment récolté et la cinquième partie des autres fruits, tels que les arbres, les vignes, etc. Cette redevance était fort utile à l'État, et bien souvent, lorsqu'il voulait faire quelque grâce à un particulier, il ne pouvait faire mieux que de lui en remettre le payement. Seulement on avait soin d'exiger une légère redevance pour témoigner toujours du droit imprescriptible de l'Etat. C'est ce qui résulte du passage suivant de Tite-Live : « Agri publici, qui intra quinquagesimum lapidem esset, copia iis fieret. Consules agrum æstimaturos, et in jugera asses vectigales, testandi causa publicum agrum esse, imposituros[2]. »

VI. — Ces concessions se faisaient pour un laps de temps qui variait fréquemment. Au dire d'Hyginus la durée de semblables locations était,

1. Appien, op., l. cit., I, 7.
2 Tite Live, XXXI, 13.

tantôt de cinq ans, tantôt de cent ans : « Qui su-
pra fuerant agri vectigalibus subjecti sunt, alii
per annos quinos, alii vero, mancipibus ementi-
bus, id est, conducentibus, in annos centenos. »
Paul va plus loin et admet de son temps la location perpétuelle : « Agri publici, qui in perpetuum locantur, a curatore sine auctoritate principali revocari non possunt. »

VII. — La redevance due pour la location variait selon les temps et les lieux. « Agri autem
vectigales multas habent constitutiones. In quibusdam provinciis fructus partem constitutam
præstant, alii quintas, alii septimas, nunc multa
pecuniam et hoc per soli æstimationem[1]. » On a
cherché à contester la portée de ce texte en faisant
remarquer qu'Hyginus parle des agri vectigales et
non des agri publici: mais il n'y a là qu'une inadvertance de l'auteur, qui s'est laissé tromper par
l'analogie existant à une époque postérieure entre
ces deux agri[2].

VIII. — Telle était la situation de l'ager publicus dans l'État romain; mais il n'était pas difficile
de présager qu'un semblable contrat ne saurait
exister longtemps avec des règles aussi peu solides et aussi peu déterminées. Du reste, l'agran-
dissement de l'Empire faisait une nécessité de

1. Hyginus, de Limitt. constitt., p. 198.
2. Vuy, De originibus et natura juris emphyteutici Roma-
norum, p. 29, note 49; M. Burmann, De vectigalibus pop.
Rom., chap. VIII.

concéder aux particuliers une bonne partie de ces terres dont on ne savait tirer grand profit.

Le premier moyen, comme on l'a vu plus haut, fut l'assignation et la vente par l'entremise du questeur; c'est là l'origine véritable de l'ager assignatus et de l'ager quæstorius. Cette séparation fut rendue visible par des signes extérieurs : elle consistait à borner les terres attribuées aux particuliers par des *Limites*; de telle façon que, dans le principe, l'expression d'ager limitatus fut absolument synonyme d'ager privatus. Cette limitation s'exécutait à l'aide de lignes, allant les unes du nord au sud (*Cardines*); les autres de l'est à l'ouest. Les lignes extérieures séparent le territoire du reste du pays; tandis que les lignes intérieures le divisent en carrés de même mesure nommés Centuries, selon l'expression de Paul. « Limitatus ager est in centurias dimensus. — Centuriatus ager in ducena jugera definitus; quia Romulus centenis civibus ducena jugera tribuit. » On eut soin, en même temps, d'y tracer des routes; en un mot, de tout organiser pour en rendre l'usage commode et avantageux[1].

Mais ce genre de concession ne se faisait qu'en faveur des patriciens et plus tard des personnes jouissant d'une grande fortune; le peuple n'y avait aucun droit, et c'est là ce qui explique l'intervention des lois agraires dans une pareille si-

---

1. Puchta, op., l. cit., § 223.

tuation. Le peuple se trouvait ruiné par les dettes
de toutes sortes qui l'accablaient, et n'avait eu
d'autre moyen de se tirer d'affaire que de céder
à la classe fortunée de la nation la totalité de ses
propres biens; les choses en arrivèrent à ce point
que les plébéiens, après avoir concédé leurs terres,
ne purent même plus y rester en qualité de fermiers ou de métayers : les patriciens trouvèrent,
en effet, bien plus simple d'employer à la culture
des terres les nombreux esclaves qui leur appartenaient. Pour remédier à ce mal, on ne trouva
rien de mieux que de porter la loi *Licinia de modo
agri*, par laquelle il était défendu de posséder
plus de cinq cents jugera, plus de cent têtes de
gros bétail et plus de cinq cents têtes de menu
bétail. Celui qui aurait contrevenu à cette loi devait être frappé d'une amende arbitrée par les
édiles plébéiens, et c'est ce qui arriva à l'auteur
même de la loi qui, possédant mille jugera, fut
condamné à dix milles asses d'amende[1].

Cette loi Licinia s'appliqua-t-elle aux *Possessiones* dont il s'est agi tout à l'heure? C'est là ce
qu'on pourrait se demander ; certains auteurs ont,
en effet, prétendu qu'il n'était plus possible après
cette loi de posséder plus de cinq cents jugera de
l'ager publicus; mais cela ne paraît pas probable.
Les censeurs louaient l'ager publicus contre le
dixième des revenus; il y avait donc un véri-

---

1. Puchta, op., l. c., § 57; Tite Live, VII, 16; Valerius
Maximus, VIII, 6, 3.

table intérêt à ne pas troubler le possesseur, et si d'une part, comme cela était évident, les pauvres se trouvaient hors d'état de participer à de pareilles concessions, puisqu'il leur aurait été impossible de fournir une pareille somme, du moins les plébéiens avaient la faculté de sous-louer ces *possessiones*, et il est bien certain que depuis longtemps les riches avaient déjà fait de semblables concessions aux gens qui se trouvaient au-dessous d'eux; de telle sorte qu'il était de l'intérêt même de ces concessiónnaires plébéiens de ne voir se modifier en aucune façon la situation de ces concessions de l'ager publicus[1].

IX. — Il est à supposer que les principaux fonds sur lesquels portèrent en grande partie les lois agraires furent les fonds de l'ager publicus dont nous venons de parler.

Comme on a pu s'en convaincre, il est peu probable que la loi Licinia se soit appliquée à ces terres; mais, comme la pauvreté ne faisait que s'accroître de jour en jour, il était impossible qu'il ne se produisît pas quelque tentative ayant pour but de faire rendre à l'État ces territoires considérables qui, bien que diminués par les assignations et par la fondation des colonies, n'en présentaient pas moins encore une étendue des plus vastes. C'est là ce qui se produisit en 621. Un patricien, Tiberius Sempronius Gracchus, frappé de cette idée, résolut de porter remède aux maux

1. Puchta, op., l. cit., § 57.

du pays par une réforme radicale. La *Lex Sempronia agraria* qu'il porta avec l'aide des Crassus, des Publius Mucius Scevola, des Appius Claudius, visait directement les *possessiones* de l'ager publicus : personne ne devait désormais en posséder plus de cinq cents jugera. Ce qu'un citoyen possédait en plus devait lui être retiré et partagé entre les pauvres, non pas en propriété, mais de la manière dont on concédait autrefois l'ager publicus, moyennant le paiement d'un dixième du revenu.

L'exécution devait être confiée à des magistrats spéciaux, *tres viri agris dandis assignandis*. Le but d'une semblable tentative était bien facile à saisir : le peuple, qui se trouvait sans fortune et sans biens, aurait eu de cette façon des moyens d'existence : on changeait ces prolétaires en paysans et l'on donnait une nouvelle population libre à ces champs depuis bien longtemps cultivés uniquement par les esclaves. Cette réforme était, on le conçoit, excessivement nuisible aux patriciens et aux riches ; la possession, bien qu'elle ne leur eût été concédée qu'à titre précaire, leur appartenait depuis si longtemps, et ils étaient tellement accoutumés à la voir passer entre leurs mains de père en fils, qu'il leur était bien impossible de considérer ce changement autrement que comme une spoliation effectuée par un simple motif d'ambition et dans une intention absolument personnelle.

Et cependant, Puchta le fait remarquer, cette loi n'était pas le moins du monde une intervention de législateur dans la propriété privée ! Tiberius ne faisait là que l'application d'un droit reconnu de tout temps à l'État et dont il a été plus d'une fois question ; c'était le résultat de la situation précaire qu'avaient toujours eue les concessionnaires de l'ager publicus, c'était même l'une des principales différences entre l'ager publicus et l'ager vectigalis ! Une décision du Sénat arrêta la mise en pratique de cette loi en supprimant la commission nommée à cet effet. En 631, Caïus Gracchus essaya de renouveler l'entreprise de son frère ; on sait quel fut le résultat de cette tentative ; après la chute de ce dernier, un décret abrogea les dispositions de la Lex Sempronia relativement aux *possessiones* de l'ager publicus : on donna au peuple de l'argent au lieu de terre, ce qui lui fut très-agréable et ce qui permit aux patriciens d'expulser les plébéiens des biens qu'ils avaient occupés antérieurement. Un second édit défendit tout partage de terres communes et détruisit en un mot tout l'effet produit par la loi Sempronia ; l'on stipula seulement que la redevance payée à l'occasion de ces possessiones se partagerait intégralement entre les pauvres. Bientôt cette redevance fut elle-même remise aux possesseurs : la loi Thoria en 643 accomplit cette révolution, l'ager publicus concédé aux particuliers fut complétement assi-

milé à la propriété privée : *ager privatus
esto*.

X. — Niebuhr[1] croit trouver la fin de l'ager publicus dans une constitution de l'an 423 : « Quis-
quis armatæ militiæ stipendiis communitus in solo
publico vel ædificium aliquod construxerit, vel
septis quibuslibet spatia certa concluserit, perpetuo jure et firmo dominio eadem ex nostra gene-
rali auctoritate possideat, nec per surreptionem
aliquis postea eadam loca a nostra clementia au-
deat postulare. » Mais c'est là sans contredit une
erreur du savant auteur, car la constitution citée
n'a trait qu'aux seuls vétérans.

Quant à l'époque exacte de la disparition de
l'ager publicus, on ne saurait la trouver nulle
part, et il est probable qu'elle ne s'opéra que peu
à peu, et en quelque sorte sans qu'on s'en aperçût.

Somme toute, l'ager publicus fut épuisé, d'abord
par les lois agraires faites en faveur des plébéiens ;
mais à ces causes vinrent se joindre, à l'époque
impériale, les concessions accordées aux vétérans
que les empereurs tenaient avant tout à s'attacher
par des liens indissolubles.

Cela devint si fréquent que les auteurs croient
devoir citer les terres qui à cette époque appartiennent encore à l'État, et sont louées directement par le Trésor : c'est ainsi que Frontin :
« Relicta sunt et multa loca quæ veteranis data

1. Puchta, op., l. cit., § 72.
2. Niebuhr, II, p. 166, not. 616.

non sunt. Hæc variis appellationibus per regiones nominantur : in Etruria communalia vocantur, quibusdam provinciis pro indiviso. Hæc fere pascua certis personis data sunt depascenda, tunc cum agri assignati sunt. Hæc pascua multi per impotentiam invaserunt et colunt : et de eorum proprietate solet jus ordinarium moveri, non sine interventu mensurarum, quoniam demonstrandum est quatenus sit adsignatus ager [1]. »

Siculus Flaccus s'exprime encore en ces termes : « Ut vero Romani omnium gentium potiti sunt, agros ex hoste captos in victorem populum partiti sunt. Alios vere agros vendiderunt...; alii ita remanserunt, ut tamen populi Romani essent; ut est in Piceno et in regione Reatina, in quibus regionibus montes Romani appellantur. Nam sunt populi Romani quorum vectigal ad ærarium pertinet [2]. ».

XI. — Tel était le caractère de l'ager publicus populi Romani : quant aux avantages et aux vices que pouvait présenter une pareille institution, il n'est certes pas difficile de s'en rendre compte. La société romaine à sa naissance jugea prudent de ne concéder aux particuliers qu'une très-faible étendue de terrain (deux jugera, à ce que l'on assure); ce système avait l'avantage d'égaliser à peu près les fortunes de tous les citoyens et de plus, en réservant à l'État la plus grande partie du ter-

1. Frontin, p. 48, 21.
2. Siculus Flaccus, p. 136, 14.

ritoire, de lui laisser la haute main dans toutes
les affaires; par la concession qu'il faisait de ses
terres, l'État s'attribuait le droit d'intervenir dans
leur administration et dans leur exploitation; de
plus, comme les concessions n'étaient jamais faites
autrement qu'à titre précaire, le gouvernement
pouvait à un moment donné, par le retrait de ces
concessions, réparer les inégalités qui, au bout
d'un certain temps, devaient inévitablement se
produire, et même empêcher certains citoyens de
prendre, grâce à leurs richesses, une trop grande
influence dans les affaires de l'État.

Toutes ces raisons étaient parfaitement justes,
mais elles étaient peut-être beaucoup plus théoriques que pratiques : ces concessions n'enrichis-
saient en aucune façon l'État, qui aurait eu au
contraire besoin de tirer un meilleur parti de ses
immenses propriétés : et chose encore beaucoup
plus grave dans la pratique, ces concessions une
fois faites ne se retiraient plus; elles restaient
entre les mains des patriciens, passant de père en
fils, si bien qu'au bout de quelques siècles ils s'en
considérèrent comme les légitimes propriétaires et
résistèrent énergiquement aux lois agraires, en
profitant de ce qu'il était souvent impossible de
distinguer les terres de l'ager publicus des biens
leur appartenant en propre.

On comprend d'après tout ceci qu'une institution fondée sur de telles idées ne pût exister
dans une nation devenue la maîtresse du monde

et arrivée par cela même à un état de dissolution et de pervertissement dont on trouve peu d'exemples dans l'histoire. Les luttes occasionnées par les lois agraires eurent pour résultat de faire abandonner aux patriciens quelque peu de terres qu'ils possédaient, mais en revanche ils se considérèrent comme véritables propriétaires de celles qui leur restaient : les concessions faites par l'empire enlevèrent encore une partie considérable de l'ager publicus. Quant à ses derniers débris, ils passèrent très-vraisemblablement dans la classe des *fundi patrimoniales* et des *fundi reiprivats,* dont on aura à s'occuper un peu plus loin.

Il faut maintenant aborder l'étude d'une nouvelle institution, de l'ager vectigalis, qui parut un peu plus tard et donna véritablement naissance à l'emphytéose romaine.

CHAPITRE II.

DE L'AGER VECTIGALIS.

I. — L'origine des *agri vectigales* remonte à ces terres communes qui existaient dans les cités, particulièrement dans les colonies et dans les municipes, à l'époque de leur fondation; l'on sait, en effet, que lorsqu'une ville se fondait, une partie des terres se distribuait entre les particuliers, et l'autre partie se trouvait abandonnée à la colonie. Ces terres reçurent encore un accroissement considérable par suite des donations que firent dans plusieurs occasions les empereurs romains.

II. — Au dire de M. Lattes[1], il serait impossible de savoir quel fut le préteur ou le jurisconsulte qui, le premier, osa donner naissance à une pareille institution. Si l'on veut bien toutefois considérer qu'il est fort admissible que le mot *vectigalis* ait été substitué au mot *publicus* par inadvertance, puisque Festus dit que : « vectigalis ees appellatur quod præter tributum et stipendium et hordiarium populo debetur[2], » il y a lieu

1. M. Lattes, op., l. cit., p. 32.
2. Festus, 16, 21, p. 171, Puchta, § 248.

de croire que ce fut par l'emploi irréfléchi de ce mot que se forma cette nouvelle doctrine.

Sous la république, les terres de l'État conservèrent le nom d'ager publicus parce que le vectigal n'était pas le fait caractéristique de cette institution, mais bien l'état de précarité de la concession. Sous l'empire, au contraire, cette théorie se trouva complétement renversée, et la précarité telle qu'elle existait dans le principe ne fut plus reconnue par la loi : on trouva donc conséquent de donner à la nouvelle institution le nom d'ager vectigalis.

III. — Quoi qu'il en soit de cette opinion de M. Lattes, une chose est incontestable, c'est qu'il existait des différences très-caractéristiques entre la possession de l'ager publicus et le jus in agro vectigali.

Le premier point à constater, c'est que cette location présentait pour l'État les mêmes avantages que la location de l'ager publicus, et d'autre part elle offrait au locataire de bien plus grandes garanties, puisqu'il se trouvait échapper à cette règle si dure, qui permettait à l'État de lui reprendre ses biens sans aucune faute de sa part.

Il est à présumer que les règles auxquelles étaient soumises les personnes qui recevaient de telles concessions variaient à l'infini suivant le temps et les localités. Mais il n'y en avait pas moins de grandes analogies entre l'ager publicus et l'ager vectigalis : d'abord la concession se faisait pour un temps fort long : de plus ce contrat n'était pas une véritable location, et présentait de bien plus grands avantages; ce n'était pas non plus une vente, et c'est là ce qui explique la longue controverse engagée par les jurisconsultes sur un pareil sujet.

En somme, il résulte bien des écrits de l'époque, que dans quelques cas les cités faisaient de véritables locations de leurs propres terres, mais que le plus souvent on avait recours à une location perpétuelle qui présentait de bien plus grands avantages que la location ordinaire; on regardait même quelquefois ce contrat comme une vente : c'était là la location des agri vectigales.

IV. — Cette concession des agri vectigales ne portait jamais que sur les *prædia rustica*. M. Vuy[1] cite bien, il est vrai, un passage dans lequel il semblerait être question d'un prædium urbanum : « Si de vectigalibus ædibus non caveatur, mittendum in possessionem dicemus, nec jubendum possidere : ne enim dominium capere possidendo potest, sed decernendum ut eodem jure esset, quo foret is, qui non caveat : post quod decretum vectigali actione uti poterit[2]. » Mais il faut admettre avec le savant auteur qu'il s'agissait probablement de constructions, *ædes*, faites au milieu de *prædia rustica*; cette explication fort simple a le mérite de concilier ce texte isolé avec tous les

---

1. M. Vuy, op., l. cit., p. 66.
2. L. 15, par. 26. D. de damno infecto (xxxix, 2).

autres textes qui ne font jamais allusion qu'aux
prædia rustica.

Quant à la nature du droit qui résultait de pareilles concessions, on comprendra sans peine
toute l'importance qu'on attachait à cette question en songeant aux différentes solutions qu'il
faudrait donner sur une quantité de points laissés
sans solution par les jurisconsultes et qui devaient varier suivant que l'on se décidait en faveur de la vente ou en faveur de la location.

Une autre question bien vivement controversée
était celle de savoir si de pareilles concessions
pouvaient se faire avec les biens des particuliers.
Dans l'emphytéose proprement dite les particuliers pouvaient faire de pareils contrats avec leurs
propres biens; cela ne faisait pas difficulté, mais
lorsqu'il s'agit du *jus in agro vectigali*, c'est tout
autre chose. Du Roi[1] a pourtant soutenu cette opinion en se fondant sur un texte, la loi 31 Dig.
(xx, 1) : « Lex vectigali fundo dicta erat, ut, si
post certum temporis vectigal solutum non esset,
is fundus ad dominum redeat : postea is fundus
a possessore pignori datus est; quæsitum est an
recte pignori datus est? Respondit, si pecunia
intercessit, pignus esse. Item quæsiit : si cum in
exsolutione vectigalis tam debitor quam creditor
cessassent et propterea pronunciatum esset, fundum secundum legem domini esse, cujus potior

1. Du Roi, Archiv. für civil. Praxis, t. VI, p. 388.

causa esset? Respondit, si (ut proponeretur), vectigali non soluto, jure suo dominus usus esset, etiam pignoris jus evanuisse. » Le système de Du Roi consiste à prétendre que le mot *dominus* dont se sert à plusieurs reprises le texte précité vise précisément le simple particulier et le distingue de l'État : mais ce n'est en réalité pas soutenable ! Car pourquoi l'État aussi bien que les particuliers ne pourrait-il pas être désigné par le mot *dominus?*

V. — Arrivons maintenant aux droits et aux obligations du concessionnaire, du conductor de l'ager vectigalis. Le conductor jouissait de la chose de la façon la plus large et la plus complète. Son droit était beaucoup plus étendu que celui du locataire ; il aurait pu se croire propriétaire, s'il n'avait pas été assujetti au payement du vectigal et à quelques autres obligations. Il faisait les fruits siens par la séparation du sol, à la différence de l'usufruitier qui les acquérait seulement par la perception[1]. Quant à la question de transmission héréditaire, il va de soi qu'elle se faisait aussi bien par testament qu'*ab intestat*, de même que cela avait lieu pour l'ager publicus[2]. Pour ce qui est de l'aliénation à titre particulier, M. Lattes[3] croit pouvoir affirmer que les concessionnaires ne jouissaient pas d'un pareil droit dans le principe, mais

1. Gaius, III, 145 ; l. 1, § 1, D. si ager, vectig. (III, 3) ; l. 25, § 1, D. de usuris (xxII, 1).
2. Gaius, III, 145 ; l. 10, D. de familia ercisc. (x, 2).
3. M. Lattes, op., l. cit., p. 35.

qu'ils ne tardèrent pas à l'usurper sans aucune difficulté.

Il n'en est pas moins vrai que le premier concessionnaire ne devait pas pouvoir par une simple aliénation se dégager de ses obligations à l'égard de la cité, et que, d'autre part, la cité pouvait très-bien refuser de reconnaître le nouveau soustraitant, de telle sorte qu'il semble bien impossible de faire une pareille aliénation sans le consentement de cette dernière[1]. Le résultat était, on le voit, tout différent de ce qui se passait lors des concessions de l'ager publicus, et cela se comprend aisément : dans le jus in agro vectigali, il y avait un véritable contrat entre la cité d'une part et le conductor de l'autre, et, par conséquent, obligations réciproques : il n'est donc pas admissible que l'un des contractants vînt à se soustraire à l'exécution du contrat en se substituant un tiers, surtout dans une convention qui pouvait fréquemment être faite *intuitu personæ* : dans la concession de l'ager publicus, il n'y avait, au contraire, qu'un simple rapport de fait à peu près dépourvu de garanties ou, du moins, considéré comme tel : qu'importait-il donc à l'État d'avoir un concessionnaire plutôt qu'un autre? Si le concessionnaire manquait à la moindre de ses obligations, si sa conduite déplaisait à l'État, celui-ci n'avait-il pas toujours son droit de révocation,

1. C. 3, C. J. de fund. rei priv.

droit qui passait avant tout, et auquel personne
n'aurait pu se soustraire? Cette différence, on le
voit, s'explique de la façon la plus simple, et rien
n'est plus juste que cette plus grande sévérité relative aux concessions de l'ager vectigalis.

Le concessionnaire jouissait encore de plusieurs
avantages : d'abord de l'action *in rem*[1]; puis des
interdits possessoires[2], de l'action *familiæ erciscundæ*[3], et enfin des actions *arborum furtim cæsarum et aquæ pluviæ arcendæ*[4]. Il pouvait aussi
agir par l'action *communi dividundo*[5]; mais, chose
très remarquable, il était interdit au juge de partager, de quelque façon que ce soit, les agri vectigales.

Enfin, grâce à sa qualité de *possessor*, jamais
il n'était assujetti à la caution *judicio sistendi
causa* lorsqu'il se trouvait dans la nécessité de
plaider[6].

Quant à ce qui est de l'action *publicienne in
rem*, il existait une controverse entre M. Vuy et
M. Pépin Le Halleur[7] : le premier accorde sans

---

1. L. 11, par. 26, D. de damno infecto (xxxix, 2); l. 66,
pr. D. de evict. (xxi, 2).
2. L. 15, § 1. D. q. satisd. cog. (ii, 8).
3. L. 9, § 10, D. fam. ercisc. (x, 2).
4. L. 3, § 4; l. 23, § 1, D. de aqua et aquæ pluviæ
(xxxix, 3); l. 5, § 2, 3, arbor. furtim cæsarum (xlvii, 7).
5. L. 7, pr. D. communi divid. (x, 3). Glück, t. VIII,
p. 405; Thibaut Pand., § 777.
6. L. 15, § 1, D. qui satisd. cog. (ii, 8).
7. M. Vuy, op., l. cit., p. 72; M. Pépin Le Halleur, Histoire de l'emphytéose, p. 11.

conteste au concessionnaire cette action *publiciana in rem*, tandis que M. Pépin Le Halleur la lui refuse en ces termes : « Quelques auteurs (M. Vuy) attribuent en outre au concessionnaire d'un ager vectigalis la publiciana in rem actio. Mais le fr. 12 de *Publ. in rem actio*, sur lequel on se fonde, se rapporte évidemment au cas où une personne a reçu un ager vectigalis, le croyant ager privatus et pensant en devenir propriétaire par la tradition qui lui est faite. Autrement, l'objection rapportée par le jurisconsulte que l'ager vectigalis n'est pas susceptible d'usucapion n'aurait pas de portée. »

VI. — La première obligation d'un concessionnaire de l'ager vectigalis était de jouir en bon père de famille du bien concédé, de n'y faire aucune espèce de détérioration. Cette obligation s'explique bien naturellement pour cette raison que le *conductor* n'était pas un véritable propriétaire ; toutefois il ne pouvait être expulsé que si l'on considérait la concession d'un ager vectigalis comme une location ; dans le système contraire, qui assimilait ce contrat à une vente, le concessionnaire ne pouvait être troublé dans sa jouissance, alors même qu'il aurait mésusé du fonds.

Le concessionnaire une fois mis en possession de l'ager vectigalis s'y comportait comme bon lui semblait, pourvu qu'il n'y commît aucune détérioration, ainsi qu'on vient de le voir ; du moment qu'il avait payé le vectigal, il n'avait plus auoune obligation envers personne, si ce n'est ces obligations dont on est toujours tenu envers l'État ou les particuliers, mais qui grèvent aussi bien un plein propriétaire qu'un concessionnaire de l'ager vectigalis.

La seconde obligation consistait dans le payement du *vectigal*, c'est-à-dire de la redevance que l'État percevait pour la concession de ses agri vectigales[1]. Cette redevance consistait en nature, c'est-à-dire en quote-parts de ce que l'on récoltait. Le taux du vectigal variait à l'infini, suivant le temps, suivant les lieux et aussi suivant la nature des biens récoltés; généralement la coutume consistait à donner le dixième; c'est de là qu'est venue l'expression de *decumani* que l'on donne aux fonds eux-mêmes; les possesseurs de ces biens furent également désignés par le mot *decumani*; aussi voit-on dans le discours de Cicéron contre Verrès : *ager decumanus*, et ailleurs ; *frumentum decumanum*. Somme toute, la principale règle relative à la fixation du taux consistait dans la plus ou moins grande fertilité du sol. Certains pays fournissaient jusqu'au cinquième du produit; d'autres le septième seulement : « Alii quintas, alii septimas, nunc mitti pecuniam », dit Hyginus. Enfin, quand les terres étaient extraordinairement peu fertiles, on vit des perceptions n'atteindre guère que le vingtième; c'est ce qui

---

1. L. 1, D. si ager vectig. (VI, 3).

eut lieu pour l'Espagne, au dire de Tite
Live[1].

La loi 15, § 4, *D. locati* (xix, 2), déclare que,
si le fonds se trouvait réduit à un état de stérilité
presque complet, le concessionnaire pouvait fort
bien obtenir la remise du canon : « Si uno anno
remissionem quis colono dederit ob sterilitatem,
deinde sequentibus annis contigit ubertas, nihil
obesse domino remissionem : sed integram pensionem etiam ejus anni quo remisit exigendam.
Hoc idem et in vectigalis damno respondit. Sed,
(et) si verbo donationis dominus ob sterilitatem
anni remiserit, idem erit dicendum : quasi non
sit donatio, sed transactio. Quid tamen, si novis-
simus erat annus sterilis in quo ei remiserit? Ve-
rius dicetur, etsi superiores uberes fuerunt, et
scit locator, non debere eum ad computationem
vocari. »

Mais, si le concessionnaire restait pendant un
certain temps sans payer le montant du canon,
il va sans dire que son droit serait perdu sans
retour. A ce sujet, l'on se trouve en présence
de deux controverses dont la première surtout
n'a en réalité qu'une bien mince importance.
Cette déchéance de l'emphytéote faute de payement du canon résultait-elle de plein droit du
contrat, ou devait-elle être exprimée par une
clause formelle?

1. Tigerström, Uber die früheren Verhältn. des Rechtes
am ager vectigalis, passim.

Nous ne croyons pouvoir mieux faire que de nous rallier à l'opinion de M. Vuy; dans le principe, on exigeait une semblable déclaration, mais dans la suite on la considéra toujours comme sous-entendue. Le savant auteur se fonde sur le texte de la loi 31, *D. de Pign.* (xx, I) : « Lex vectigali fundo dicta erat, ut, si post certum temporis vectigal solutum non esset, is fundus postea ad dominum redeat. »

La seconde question controversée ne se pose plus entre les interprètes modernes du droit romain, mais bien entre les jurisconsultes romains eux-mêmes. Il s'agit de savoir pendant combien de temps le canon doit rester sans être payé pour qu'il y ait péremption du *jus in agro vectigali.* Ici l'on retrouve cette fameuse controverse, qu'il faudra aborder dans quelques instants, sur la nature véritable du jus in agro vectigali. Ce qu'il y a de certain, c'est que pour ceux qui considéraient une telle concession comme un louage il n'y avait aucune difficulté à décider que cette péremption se produirait au bout de deux ans, en appliquant purement et simplement au jus in agro vectigali la théorie et les règles de la location. L'on voit dans cette circonstance l'une des grandes différences qui séparaient la concession de l'ager vectigalis, et il n'est pas besoin d'insister sur l'importance que présentait dans la pratique une semblable distinction.

Le concessionnaire devait enfin subir toutes les

charges publiques qu'on pouvait imposer au fonds :
« Imperatores Antoninus et Verus rescripserunt,
in vectigalibus ipsa prædia, non personas conve-
niri, et ideo possessores etiam præteriti temporis
vectigal solvere debere : eoque exemplo actionem,
si ignoraverunt, habituros. » — « Prædiis a fisco
distractis, præteriti temporis tributum eorumdem
prædiorum (onus) emptorem spectare placuit. »
Une semblable décision peut sembler singulière
au premier abord, car il est certain que ces charges publiques ne se trouvaient pas imposées au
propriétaire, mais bien à un simple possesseur ;
seulement il est juste de remarquer que ce possesseur se trouvait dans une situation spéciale par
suite de la durée du bail qu'on lui avait concédé,
et qu'en tout état de cause il avait peut-être plus
d'analogie avec un propriétaire qu'avec un locataire habituel ; en dernier lieu, le montant du canon était en général assez peu élevé par rapport
au prix des autres locations, de telle façon qu'on
pouvait bien considérer cette mesure comme fort
juste, puisque sans cela il aurait fallu s'adresser
au propriétaire et diminuer par conséquent les
revenus de son fonds, revenus déjà bien peu considérables, lorsqu'il s'agissait d'un fonds concédé
en emphytéose.

Telles étaient les obligations du conductor de
l'ager vectigalis ; l'on voit combien elles étaient
clairement déterminées en comparaison de celles
du possessor de l'ager publicus ; aussi, le conces-

sionnaire venait-il à manquer à l'une d'elles, il se
trouvait entièrement privé de son droit; la location était terminée, il ne restait pas plus de traces
du contrat que si le fonds lui-même avait entièrement péri.

VII. — Les règles que l'on vient d'exposer devaient s'appliquer à tous agri vectigales, même à
ceux appartenant aux communes et aux temples.

Si les jurisconsultes ne font pas mention de ces
derniers, il faut attribuer cette omission à cette
opinion que les terres sacrées étaient considérées
comme la propriété des villes, et cela est d'autant
plus vrai, qu'on appliquait là purement et simplement les principes existant à Héraclée et à
Rome, où les fonds assignés au culte étaient con-
sidérés comme appartenant à l'État et pouvaient
être revendiqués par lui comme tout autre ager
publicus; c'est ce que fit Publius Cornelius Sylla
dans sa guerre contre Mithridate, lorsqu'il vit le
trésor public épuisé[1]. C'est encore cet exemple
que suivit Jules César en l'an 44[2].

VIII. — Nous arrivons maintenant à cette question si longtemps débattue entre les jurisconsultes
romains, et à laquelle nous avons été contraint de
faire allusion plusieurs fois, tant elle tient de place
dans la théorie du jus in agro vectigali : je veux
parler de la nature de ce droit. On comprendra
sans peine toute l'importance que pouvait présen-

1. Appien, Bell. Mithr., 22.
2. Dion Cass., 43, 47.

ter la solution d'une telle question quand on considère toutes les différences qui séparent la vente de la location. Selon que l'on rangeait le jus in agro vectigali dans l'un ou dans l'autre contrat, l'on se trouvait en présence de solutions absolument opposées. Du reste, il est bon de remarquer, avant d'entrer dans la discussion plus approfondie de ce sujet, que sur une foule de points la controverse n'existait pas, puisqu'on se trouvait en présence de solutions législatives données, soit par les jurisconsultes, soit par les empereurs.

C'était sur les points laissés sans solution qu'il y avait lieu d'appliquer l'une ou l'autre théorie. C'est ce qui se présentait, par exemple, sur la question qu'on a rencontrée, il n'y a qu'un instant, relativement à la durée du temps nécessaire pour que le jus in agro vectigali fût détruit faute de payement du canon.

Un autre cas servait encore de base aux controverses des jurisconsultes; c'était la question du trésor. Un trésor se trouve dans le fonds concédé moyennant le payement d'un vectigal, *in agro vectigali :* ce trésor sera-t-il la propriété du conductor? Telle est la question que se posaient les jurisconsultes. Pour ceux qui ne voyaient dans la concession de l'ager vectigalis qu'une simple location plus ou moins modifiée par des règles spéciales, le trésor, cela ne faisait pas doute, n'aurait pu appartenir au concessionnaire; il n'était qu'un simple locataire et ne devait avoir que les droits d'un locataire ordinaire.

Mais les auteurs qui soutenaient que dans le jus in agro vectigali il y avait autre chose qu'une location, qu'on y rencontrait, au contraire, une grande partie des caractères de la vente, professaient le système absolument contraire : le concessionnaire était un véritable acheteur soumis à certaines obligations qu'il devait remplir, faute de quoi il se trouvait privé de son droit; en sa qualité d'acheteur, on devait le considérer comme propriétaire dans tous les cas qui n'étaient pas spécialement prévus et tranchés par la loi : un trésor était-il par conséquent découvert, ces auteurs n'hésitaient pas à en attribuer la propriété au concessionnaire, tout comme s'il avait été le propriétaire pur et simple du fonds.

Quant aux raisons qui pouvaient faire pencher pour l'un ou pour l'autre système, il faut avouer qu'elles étaient assez spécieuses de part et d'autre. La concession de l'ager vectigalis était, en effet, un de ces contrats d'une nature mixte qui peuvent fort bien se prêter à une interprétation aussi bien qu'à une autre, et qui, en définitive, ont une nature parfaitement propre et distincte des autres contrats.

Les auteurs qui croyaient pouvoir régler ce genre de concession d'après les principes de la vente s'appuyaient sur plusieurs raisons que

4

M. Vuy expose d'une façon bien claire et bien succincte.

1° En premier lieu, le conductor avait l'usage le plus large qu'on puisse avoir d'une chose, il faisait les fruits siens par la seule séparation du sol, à la différence du locataire, qui ne les acquérait que par la perception; c'était déjà un premier argument en faveur de la vente contre la location.

2° En second lieu, et cette divergence entre la concesssion de l'ager vectigalis et la location était excessivement considérable, le concessionnaire laissait à sa mort à ses héritiers le fonds concédé, sans qu'il y eût la moindre difficulté à ce sujet; il pouvait également en disposer par testament comme bon lui semblerait; toutes choses qu'un locataire n'aurait jamais pu accomplir.

3° Il jouissait d'une foule d'actions qu'on n'a jamais accordées au locataire; telles sont les actions *in rem, arborum furtim cæsarum, pluviæ arcendæ, communi dividundo, familiæ erciscundæ*, etc. Enfin il n'était pas tenu de fournir la caution *judicio sistendi causa*.

Toutes ces raisons faisaient que dans un pareil contrat on pouvait admettre qu'il y avait là une forte analogie avec la vente, et que, si ce conductor n'avait pas la propriété quiritaire, du moins il pouvait jouir de son fonds de la même manière qu'en jouissaient les possesseurs des fonds provinciaux, et ceux qui avaient la chose simplement *in bonis.* Cette opinion, très-énergiquement soutenue par ses auteurs, se maintint longtemps contre le système opposé, et M. Vuy, dans lequel nous ne saurions puiser trop de documents en cette matière, cite même un texte de Pline dans lequel le concessionnaire reçoit le titre de dominus : « Et ager ipse (civitatis) propter id quod vectigal large supercurrit, semper dominum a quo exerceatur, inveniet[1] ». On voit donc combien cette opinion était non-seulement soutenable, mais encore répandue, puisque des auteurs qui n'étaient certainement pas des jurisconsultes n'hésitaient point à considérer le concessionnaire de l'ager vectigalis comme un véritable *dominus* de son bien.

Toutefois l'opinion contraire n'a pas trouvé des défenseurs moins opiniâtres et moins convaincus.

Le concessionnaire devait payer chaque année à la cité un canon, faute duquel cette dernière avait le droit de l'expulser sans aucune autre forme de procès. Certes, il n'est pas possible de trouver une disposition plus antipathique au caractère de la vente. Et cependant il y avait encore quelque chose de plus catégorique contre le premier système, c'était cette disposition de la loi qui permettait au conductor d'obtenir une décharge entière ou partielle du canon le jour où le fonds se serait trouvé frappé de stérilité. Pour ce qui est du paiement

1. Pline, VII, 18.

périodique, on aurait peut-être pu soutenir qu'il n'y avait là que le paiement du prix de la vente, effectué par annuités et de la façon dont les choses se passent dans la vente moyennant une constitution de rente; dans le cas où la rente n'aurait pas été payée, le contrat se trouvait alors détruit de fond en comble; cette opinion aurait peut-être pu se soutenir, bien qu'elle parût appartenir bien plus au droit féodal qu'au droit romain. Mais comment expliquer cette remise du montant du canon dans le cas de stérilité du fonds? C'était là l'écueil devant lequel venait se briser tout le système de ceux qui rapportaient le jus in agro vectigali au seul contrat de vente.

Une semblable disposition ne trouvait sa place que dans la location : aussi était-ce le principal argument des partisans du second système, et c'est probablement ce qui amena le triomphe définitif de la location sur la vente.

Quoi qu'il en soit, la location finit par triompher, et ce fait est parfaitement démontré par Gaius[1], qui s'exprime en ces termes : « Magis placuit locationem conductionemque esse. » Du reste, on n'a qu'à jeter les yeux sur les Pandectes pour s'assurer que partout le contrat dont nous parlons reçoit la dénomination de *locatio conductio*.

Ce qu'il y a de plus singulier, c'est que tout à

[1] Gaius, III, 145.

l'heure, lorsque l'on étudiera l'emphytéose, on se retrouvera en présence d'une semblable controverse. Comment expliquer ce fait particulièrement bizarre? Voilà la véritable difficulté : peut-être ne faut-il pas chercher la raison de ce phénomène autre part que dans ce fait qu'une pareille discussion n'était pas encore terminée dans le cas des locations perpétuelles. C'est là du moins l'opinion de M. Vuy.

IX. — Telle est la controverse qui passionna si longtemps les jurisconsultes romains et qui donna lieu à tant de luttes opiniâtres. On peut maintenant en comprendre l'importance en se reportant aux points si nombreux et surtout si pratiques que le législateur avait laissés sans solution, et qui, par conséquent, devaient se résoudre d'après le parti adopté par les jurisconsultes. Il n'est pas besoin de dire qu'il serait au moins imprudent de prendre une part active aux débats sur un tel sujet. L'on enregistre les arguments produits pour ou contre chaque solution, et c'est là le seul travail auquel on doive se livrer à une époque si éloignée de cette controverse. En somme, la concession de l'ager vectigalis était à peu près généralement considérée comme une location, au temps de Gaius du moins, ainsi que l'établit le passage de ce jurisconsulte cité quelques lignes plus haut.

X. — L'on a vu quelle était la nature du jus in agro vectigali; il n'y a pas non plus à revenir sur la comparaison qu'on pourrait en faire avec la concession de l'ager publicus; mais il est utile, avant de terminer, de dire quelques mots de la manière dont s'accomplissait cette concession de l'ager vectigalis.

XI. — Les concessionnaires de l'ager vectigalis recevaient le nom de *Publicani*, et ici il faut bien s'attacher à la remarque de M. de Tigerström : il ne faut pas croire que les Publicani étaient des citoyens remplissant une fonction quelconque chez les Romains. A Rome, quiconque traitait avec le peuple romain recevait le nom de Publicanus : « publicani, qui publico fruantur. » Dans le sens avec lequel on le rencontre ici, voici quelle est sa signification : « eum qui vectigal populi Romani conductum habet, publicanum appellamus. »

Les publicains étaient du reste répandus dans toute l'étendue du territoire de l'empire romain, ainsi que le prouvent maints passages de Cicéron, de Tite Live et d'une foule d'autres auteurs.

Les Publicani soumissionnaient la location des terres de l'ager vectigalis en se formant en sociétés. Comme on peut bien le penser, c'étaient là les plus riches habitants du pays, généralement ils sortaient de l'ordre des chevaliers. Mais les concessions faites aux Publicains étaient si vastes qu'il leur était absolument impossible de les cultiver eux-mêmes : aussi chargeaient-ils de ce soin une certaine classe d'individus nommés *aratores*.

Ces aratores, occupés sans aucun doute à la cul-

ture des champs, semblent avoir été de petits fermiers. Il ne faut pas, dans tout ceci, chercher un
travail exécuté pour un prix convenu; les aratores
soignaient la culture des champs et consommaient
les fruits; ils payaient en revanche aux Publicains
un droit consistant partie en fruits du fonds, partie en espèces monnayées. De même que pour les
Publicains, tout le monde pouvait se transformer
en arator, sans qu'il fût besoin de quelques conditions spéciales. Aussi trouve-t-on dans Cicéron
que les peuples vaincus et subjugués cherchèrent
souvent à obtenir qu'on leur louât les terres qui
leur avaient appartenu avant leur défaite, et lorsque cette faveur leur était accordée, on les considérait comme de véritables aratores.

C'est là ce qui se produisit en Sicile et dans
beaucoup d'autres pays.

Il faut du reste remarquer que ces concessions
faites aux Publicani ne portaient pas toujours,
ainsi qu'on aurait pu le croire, sur des immeubles;
on rencontre en effet des exemples nombreux de
Publicani payant un vectigal pour la concession
de certains avantages tels que *salinæ*, *portoria* et
une foule d'autres revenus dont le peuple ne
pouvait profiter sans les soumissionner à des particuliers.

Ces locations se faisaient sous la surveillance de
censeurs qui dans leurs *Tabulis Censoriis* tenaient
un contrôle très-exact et très-sévère sur tout le
territoire de l'empire romain.

Lorsqu'on avait à procéder à une relocation, les choses devaient se trouver dans l'état où elles étaient lors de la première concession, c'est ce qui résulte de l'expression consacrée : « sarta tecta exigere. » Enfin la location se faisait par l'intermédiaire de magistrats créés à cet effet par le peuple, dans les comices par tribus ; c'étaient tantôt les *Decemviri*, tantôt les *Triumviri*, quelquefois les *Quinqueviri*. A côté d'eux se trouvaient d'autres fonctionnaires chargés de les surveiller ; c'étaient les *Centumviri* spécialement affectés à la protection des intérêts du peuple[1].

XII. Les locations se faisaient en général pour cinq ans, lorsqu'il s'agissait de l'ager publicus : mais, quand parut le jus in agro vectigali, on comprend que, par suite de l'immense étendue des biens possédés à cette époque par l'empire romain, une location à si courte échéance ne put se maintenir dans les coutumes. Pour les pays situés à une grande distance de Rome, c'était un grand désavantage d'avoir à renouveler si fréquemment des baux excessivement nombreux : aussi voit-on apparaître peu à peu des baux d'une durée plus considérable ; ces baux sont faits tantôt pour un temps déterminé, tantôt pour une durée absolument illimitée. Enfin cette théorie devint générale par suite des avantages réciproques qui en résultaient pour l'État et pour les particuliers ; le

---

1. Tigerström, op., l. cit. passim.

bail se fit *in perpetuum*, et c'est là le véritable caractère du jus in agro vectigali, s'il faut en croire le jurisconsulte Paul: «Vectigales vocantur, qui in perpetuum locantur: id est hac lege, ut tamdiu pro his vectigal pendatur, quamdiu neque. ipsis, qui conduxerint, neque his, qui in locum eorum successerunt, auferri liceat».

XIII. — Telles furent les transformations qu'eut à subir le jus in agro vectigali avant qu'il ne parvînt au complet développement dans lequel les jurisconsultes l'ont étudié. Il n'y a pas à faire remarquer combien de points sont douteux et sujets à discussion dans une pareille institution; cela tient, on le comprendra aisément, à l'obscurité qui règne au moment où ce droit commence à paraître.

Prend-il sa source directement dans la concession de l'ager publicus ou l'a-t-il longtemps côtoyé sans se mêler à lui? voilà un point douteux: nous inclinerions vers la seconde opinion, tout en constatant que les immenses affinités existant entre ces deux contrats ont dû sans aucun doute apporter une certaine confusion dans ces deux théories et occasionner bien des erreurs de la part aussi bien des jurisconsultes romains que de nos auteurs modernes, surtout lorsque l'on songe au sens peu précis que présentent un grand nombre de documents qu'il faut cependant consulter, puisqu'ils sont les seuls dans lesquels on trouve quelques renseignements sur de pareils contrats.

XIV. — Une dernière question reste maintenant à aborder avant de quitter la théorie du jus in agro vectigali, et encore trouverait-elle sa place plus naturellement peut-être dans le chapitre relatif à l'emphytéose proprement dite.

Cette question purement historique consiste à se demander si l'emphytéose proprement dite, l'emphytéose existant sous les empereurs et que Zénon a définitivement réglementée, prend sa source dans le jus in agro vectigali ou dans les concessions de l'ager publicus.

Deux systèmes sont en présence. La première opinion consiste à dire que l'emphytéose tire son origine des concessions de l'ager publicus: les choses se seraient passées on ne peut plus naturellement. Ainsi qu'on l'a vu plus haut, les luttes obstinées que se livrèrent patriciens et plébéiens eurent pour résultat de faire obtenir à ces derniers une certaine étendue de l'ager contesté; mis en possession de l'ager publicus, les plébéiens s'y établirent complétement, c'est-à-dire se firent concéder ces terres en vertu de locations plus régulières: alors apparurent les baux de cent ans, puis les baux perpétuels, en un mot, l'emphytéose à son origine.

Ce système se fonde sur un texte de Paul[1]: « Agri publici, qui in perpetuum locantur, a curatore sine auctoritate principali revocari non

----

1. L. 11, § 1, D. (xxxix, 4).

possunt. » Dans l'opinion exposée en ce moment, ce texte veut tout simplement dire, non pas que la concession est révocable au gré du prince, mais qu'on ne peut expulser le concessionnaire qu'en vertu d'une autorisation spéciale de ce prince. Il va sans dire qu'il ne saurait être question d'une révocation de la concession dans d'autres cas que ceux prévus par le texte : mais c'est dans de tels cas qu'il faudrait de plus l'autorisation du prince.

Le système contraire s'appuie, pour repousser une semblable théorie, sur le fait même qui caractérise le plus clairement la différence existant entre la concession de l'ager publicus et le jus in agro vectigali, c'est-à-dire sur ce caractère de précarité qu'on rencontre toujours dans le premier et qu'on ne retrouve plus dans le second. Or, ne semble-t-il pas beaucoup plus naturel de faire sortir l'emphytéose de la concession de l'ager vectigalis, puisque ces deux contrats se rencontrent sur cette question si importante de la précarité?

Quant au texte de Paul, il faut l'interpréter dans son sens naturel : ce que veut dire le célèbre jurisconsulte, c'est que le prince a toujours le droit de révoquer la concession d'un ager publicus; et par ces paroles il ne fait que constater une règle qui a de tous temps existé. Quant à nous, nous croyons que c'est bien là l'opinion la plus justement fondée.

Nulle part, en remontant aussi haut que l'on veut dans l'histoire de l'emphytéose, on ne lui

trouve ce caractère de précarité ; le contrat avant
de parvenir à son complet développement subit
bien des transformations, mais jamais on n'a à
enregistrer l'application d'une pareille règle. Au
contraire les concessions de l'ager publicus ont
toujours présenté le spectacle de concessions précaires, et même à une époque assez avancée de
l'empire, l'on doit constater que dans les cas assez rares, du reste, où il est question de semblables
concessions, cette règle de précarité de la possession n'a pas disparu : c'était là en effet le sceau
qui marquait un tel contrat, et le jour où il aurait
été impossible de le retrouver, la location de l'a-
ger publicus n'aurait plus existé ! Voilà les raisons
qui nous ont fait pencher pour le second système ; la suite des événements contribue du reste
à confirmer une pareille opinion : au moment de la
disparition du jus in agro vectigali, ne voit-on pas
le jus privatum, le jus perpetuum, enfin le jus
emphyteuticum, surgir tout à coup et prendre la
place de ce droit dont ils ne sont en somme que
la continuation, avec les modifications nécessitées
par les nouveaux besoins de l'État et par la nouvelle organisation sociale du peuple romain ? Ce
sont ces droits dont le nom a été jusqu'alors in-
connu qu'il sera nécessaire d'étudier dans le chapitre suivant.

CHAPITRE III.

DU JUS PRIVATUM SALVO CANONE; DU JUS PERPETUUM
SALVO CANONE; DU JUS EMPHYTEUTICUM.

1. — Nous avons dit en commençant cette
étude sur l'emphytéose que l'un des caractères
les plus remarquables de ce contrat, c'était de le
voir se modifier suivant les changements que subissait l'état politique et social du pays.

Nous nous trouvons actuellement en présence
d'un pareil fait, c'est-à-dire d'une modification
complète dans l'organisation romaine. La république a cessé, l'empire existe depuis quelques
années et se dépouille peu à peu de ces formes
républicaines qu'il avait conservées sous le règne
d'Auguste, et sous celui de ses premiers successeurs. Aussi les institutions se transforment-elles
insensiblement.

On a beau chercher dans le Code, on n'y retrouve plus ni l'ager publicus ni l'ager vectigalis ;
par contre, on aperçoit de nouvelles expressions
absolument inconnues des jurisconsultes classiques, telles sont : le *jus privatum salvo canone,*
le *jus perpetuum salvo canone,* le *jus emphyteuticum.*

II. — Il importe toutefois avant d'aborder en détail cette matière d'examiner les nouvelles dénominations qu'avaient reçues à cette époque l'ager publicus et l'ager vectigalis.

On rencontre en premier lieu les biens des cités, les biens municipaux, ce sont les *prædia civitatum*, les *fundi civitatum*.

A côté de ce domaine municipal se place un domaine beaucoup plus considérable et beaucoup plus vaste; c'est le domaine de l'État. Les auteurs le divisent en deux classes : le *fundi rei privatæ* et les *patrimoniales fundi*; les premiers se rapportent aux terres du domaine impérial destinées à subvenir aux dépenses de l'État; les seconds désignent la partie de ce même domaine spécialement affectée aux dépenses de l'empereur et de sa maison.

Du reste, l'empereur étant maître absolu de tout l'empire, ces distinctions étaient beaucoup plus théoriques que pratiques; l'empereur se préoccupait fort peu, en effet, lorsqu'il voulait faire une concession de territoire, par exemple, de savoir s'il donnait un fundus rei privatæ ou un patrimonialis fundus; tout cela revenait pour lui à peu près au même, le but qu'il voulait atteindre était de se procurer de l'argent pour faire face aux besoins toujours croissants de l'empire, et ce but, il l'atteignait tout aussi bien d'une façon que d'une autre.

Mais l'état de l'empire était bien changé de ce

qu'il était dans la période précédente : accablés
d'impôts de toutes sortes, en proie à la plus af-
freuse misère, et bien souvent encore exposés aux
attaques de jour en jour plus audacieuses des Barbares, les cultivateurs ne songeaient plus qu'à une
chose, abandonner leurs champs pour se réfugier
dans les villes et renoncer à leurs propres biens
plutôt que de les conserver dans l'état où ils se
trouvaient en ce moment et avec les dangers
auxquels les exposait une telle propriété.

Il n'est nul besoin d'insister sur le désordre
qu'un tel état de choses jetait inévitablement dans
l'État ; le mal ne faisait que s'accroître ; les campagnes étaient abandonnées presque partout, et
les cultivateurs qui restaient encore épars sur
d'immenses étendues, effrayés de leur solitude,
ne songeaient qu'à imiter la conduite de leurs
voisins ; l'agriculture ainsi délaissée, les campagnes désertées, tout cela présentait le plus lugu-
bre spectacle. D'un autre côté les revenus de
l'État devaient inévitablement baisser d'une façon
alarmante par suite de toutes ces considérations,
et cela se produisait à un moment où, plus qu'à
toute autre époque de l'histoire romaine, le gouvernement avait un besoin pressant d'argent.
Comment, en effet, soutenir le luxe de la cour ?
comment subvenir aux dépenses nécessitées pour
l'entretien et l'amusement de cette *plebs* turbu-
lente et avilie ? comment enfin se procurer des
sommes suffisantes pour repousser un ennemi

infatigable et toujours renaissant? Le moment était critique : il fallait de l'argent, de l'argent à tout prix : d'un autre côté, impossibilité d'avoir recours à de nouveaux impôts, la population en était surchargée à tel point, que c'était là une des raisons principales de l'abandon des campagnes.

Les empereurs n'avaient donc qu'un seul et dernier moyen, c'était de se servir d'une façon quelconque de ces immenses propriétés qui depuis un temps plus ou moins long appartenaient à l'État ; aussi n'hésitèrent-ils pas : ce qu'on avait fait de l'ager vectigalis sous la république, ils le firent des biens de l'État : de là naquit le jus privatum salvo canone, le jus perpetuum salvo canone, le jus emphyteuticum.

III. — Pour la plupart des auteurs, le jus privatum et le jus perpetuum sont un seul et même droit. M. Pépin Le Halleur, au contraire, croit trouver deux droits très-distincts, sous ces deux dénominations différentes, et même d'après lui le jus emphyteuticum ne serait pas absolument la même chose que le jus perpetuum.

IV. — Pour ce qui est du jus emphyteuticum, il est incontestable qu'une constitution des empereurs Arcadius et Honorius[1] l'assimile au jus perpetuum : « Ad palatinorum curam, et rationalium officia, omnium rerum nostrarum, et totius

1. L. 1, C. J. de off. com. sac. pal.

perpetuarii, hoc est, emphyteuticarii juris exactio revertatur. »

On voit d'après les propres termes de la constitution que le jus emphyteuticarium n'est autre que le jus perpetuum et qu'il n'y a aucune différence entre ces deux termes : cependant M. Pépin Le Halleur prétend qu'à une certaine époque une différence quelconque a dû exister entre ces deux expressions, que la constitution citée se trouvant au Code de Justinien, il est fort possible qu'elle n'ait pas échappé aux interpolations : ce qui du reste s'est produit dans l'assimilation de l'ager vectigalis avec le jus emphyteuticum, assimilation que l'on rencontre au Digeste et qui sans aucun doute est bien l'œuvre des commissaires de Justinien. Cette théorie est fort admissible, seulement les textes manquent pour donner une certitude complète sur la vérité d'une telle opinion [1].

Quoi qu'il en soit, il est à supposer que l'expression de jus emphyteuticum, bien que le droit fût le même que dans le jus perpetuum, devait porter sur quelque particularité de ce droit, et ces diverses expressions remontaient sans doute à des causes historiques différentes.

À ce sujet, les auteurs se sont livrés à de nombreuses suppositions ; chacun a présenté son système et, comme cela arrive toujours dans de pareils cas, les opinions sont excessivement diver-

1. M. Pépin Le Halleur, op., l. cit. p. 19.

gentes sur la question de savoir ce qu'on voulait
bien exactement désigner par cette expression
de jus emphyteuticum.

M. Vuy[1] prétend rapporter le jus emphyteuticum aux fundi patrimoniales seuls et le jus perpetuum aux fundi rei privatæ. Suivant cet auteur
le jus emphyteuticum ne s'appliquait jamais aux
fundi rei privatæ.

A cela on peut répondre avec M. Pépin Le
Halleur, d'abord que certains textes semblent
distinguer les fundi patrimoniales des fundi emphyteutici; et, de plus, qu'en fait la distinction
de M. Vuy ne paraît pas établie partout. Le
même M. Pépin Le Halleur propose une autre
explication d'une nature entièrement historique;
voici en quels termes il s'explique : « Il me semble
que si l'on rapproche le sens étymologique de
cette expression jus emphyteuticum, de la situation agricole de l'empire au moment où l'expression apparaît dans les sources, on ne peut pas se
tromper sur la particularité qui fait le caractère
distinctif du jus emphyteuticum. »

Aussi, montre-t-il la situation déplorable de l'État,
« placé entre ces deux plaies terribles : la désertion
et la dépopulation du sol de l'empire. » Tout a
été tenté ; on s'est efforcé de mettre à la charge
des décurions les terres abandonnées, mais, malgré tous les avantages qu'on leur a faits, ceux-ci ne

---

1. M. Vuy, op., l. cit., p. 103 et 104.

peuvent résister aux obligations qui les accablent ;
puis on s'adresse aux habitants pour leur imposer
ce surcroît d'impôts, mais là encore sans succès ;
il faut donc se tourner d'un autre côté et c'est
alors que les empereurs se décident, comme on
l'a dit, à concéder les terres du domaine impérial.

C'est très probablement de ces concessions de
terres qu'est venue l'expression de jus emphyteuticum ; elle dérive sans contredit du grec ἐμφυτευτικόν, ἐμφυτεύειν veut dire planter ; or, les empereurs concédaient ces terres devenues incultes, à
la condition que les concessionnaires les culti-
vassent et les rendissent à leur ancienne fertilité.

On trouve des documents fort curieux sur un
tel sujet dans le titre du Code de omni agro
deserto, titre qui trace un tableau bien triste de
l'état politique et social de l'empire romain à une
pareille époque. Les propriétaires voisins sont
contraints de joindre à leurs biens une partie des
terres abandonnées qui les entourent. De plus,
on fait toutes les concessions imaginables à ceux
qui veulent bien prendre possession d'un champ
pour le cultiver ; ils en deviennent propriétaires
si, dans le délai de deux ans, le véritable propriétaire n'a pas réclamé son droit, et, dans le cas
même où un pareil fait se produirait, ils jouis-
sent du droit de rétention tant que le revendiquant ne les aura pas indemnisés de leurs dépenses.

M. Pépin Le Halleur fait remarquer que tout

ceci s'appliquait au cas où les terres incultes appartenaient à des particuliers ; que si le terrain occupé par le cultivateur était un fundus patrimonialis, dans ce cas il y avait un véritable jus perpetuum ac privatum, salvo patrimoniali canone, dont on va s'occuper dans un instant.

Tel était donc le cas dans lequel on peut penser qu'il y avait application du jus emphyteuticum ; il fallait une concession de terrain faite dans le but de cultiver, et la dépopulation de l'empire romain coïncidant exactement avec l'apparition de ce jus emphyteuticum ne fait que confirmer un système qui semble avoir la plus grande apparence de vérité et d'exactitude.

M. Pépin Le Halleur, que l'on ne saurait trop citer dans une théorie qui lui appartient à peu près tout entière, trouve une nouvelle confirmation de son opinion dans la loi 7, Cod. Just. de omni agro deserto, qui imposé aux habitants l'obligation de joindre à leurs propres biens une certaine étendue de territoire inculte : « Cœterum eos qui opimas ac fertiles possident terras aut etiam nunc sibi existimant eligendas, pro defecta scilicet portione, summam debiti præsentis jubemus implere, illas etiam qui *emphyteuticario nomine nec ad plenum idoneas* nec omnibus modis vacuas destinent, sic ex illis quoque quæ præsidio indigent, justam ac debitam quantitatem debere suscipere, ut indulto temporis spatio, post biennium decretum canonem solvendum esse memi-

nerint. » — « Je ne sais si je me trompe, ajoute
le savant auteur, mais il me semble que ce texte
doit fixer désormais les idées sur le point en
question.. »

V. — Maintenant que l'on a vu en quoi le jus
emphyteuticum pouvait différer du jus perpetuum, il est temps de revenir à la question principale : Qu'était-ce que ce jus privatum salvo canone et ce jus perpetuum salvo canone ? Se con-
fondaient-ils tous deux ensemble ou formaient-ils
deux droits différents?

On a vu plus haut que tous les auteurs, jusqu'à
M. Pépin Le Halleur, n'avaient attaché aucune
importance à ces diverses expressions.

M. Pépin Le Halleur [1], au contraire, crut pouvoir trouver dans les textes la trace de deux
théories bien distinctes et ce système semble empreint de la plus grande probabilité; non-seulement il concorde très-bien avec les textes, mais il
est, de plus, en rapport avec la situation que présentait alors l'empire romain.

Si l'on admet le système du savant auteur, le
jus privatum salvo canone se rapporte aux ventes
que les empereurs faisaient des fundi patrimoniales ou des fundi rei privatæ.

Les empereurs ayant besoin d'argent faisaient
une véritable vente, mais, comme ils voulaient se
conserver certaines ressources pour l'avenir, ils

1. M. Pepin le Halleur, op., l. cit., p. 34 et suiv.

avaient recours à un système très-ingénieux : une
partie du prix leur était payée sur-le-champ; quant
au reste, il se composait de redevances périodiques qui, de cette façon, ne pouvaient se con-
sommer entièrement.

Cependant les empereurs ne procédaient pas
toujours à une vente, lorsqu'ils désiraient se procurer des revenus, bien souvent les fundi patrimoniales étaient affermés moyennant une redevance
fixe. Il n'est pas besoin d'insister sur la différence,
bien caractéristique, qui séparait ces deux opéra-
tions, d'un côté il y avait une vente, de l'autre
une concession de territoire qui, sous plusieurs
rapports, aurait pu se rapprocher de la location.

Plusieurs constitutions viennent à l'appui de
cette théorie et distinguent parfaitement les biens
qui étaient vendus salvo canone de ceux qui in
conditione propria constituebantur.

Du reste les deux expressions peignent bien la
nature de chaque contrat : dans le jus privatum
salvo canone, on voit les fundi patrimoniales
tomber dans la propriété privée ; il y a là une véritable aliénation, ce n'est plus une simple concession perpétuelle ou viagère ; le bien sort du
domaine de l'État et devient un bien de particulier ; il change en réalité de condition et ne se
trouvera plus soumis aux règles des propriétés
domaniales, mais bien aux règles de la propriété
privée, c'est-à-dire de la propriété ordinaire.

Le jus perpetuum salvo canone est tout autre

chose : le cultivateur qui reçoit le fonds n'en
devient pas propriétaire; simple concessionnaire
perpétuel, il ne se trouve que possesseur du bien
concédé; l'État reste propriétaire; ce dernier ne
s'est pas amoindri, il n'a pas fait d'aliénation, c'est
un simple contrat qu'il vient de conclure avec
un particulier.

On comprend maintenant la grande différence
existant entre ces deux situations, qui, au premier
abord et sans y regarder attentivement auraient
pu paraître à peu de choses près identiques. Ces
deux contrats bien établis, il faut maintenant les
étudier dans leurs détails.

VI. — Ainsi qu'on l'a déjà dit, le jus privatum
salvo canone était véritablement le droit de propriété : les textes ne laissent aucun doute sur ce
point; car ils s'accordent tous à donner au concessionnaire de ce droit le titre de propriétaire[1].
Il y avait, du reste, une véritable vente et dans
une telle situation les droits de l'acheteur devenu
propriétaire ne sont pas difficiles à exposer.

Le concessionnaire jouissait de presque tous les
droits du propriétaire; il pouvait aliéner le fonds
en question; seulement en ce qui concerne la seconde moitié du prix, c'est-à-dire cette partie du
prix qui ne devait être payée que périodiquement,
le premier acheteur s'en trouvait toujours tenu,
bien qu'il eût sous-aliéné le fonds; l'État en effet

---

1. L. 12, C. J. de fund. patrim.

ne connaissait que le citoyen qui avait traité avec lui, quant au nouvel acquéreur, il n'avait pas à s'en occuper.

Il était donc de la plus haute importance pour le premier acheteur, s'il tenait à se trouver affranchi de toute responsabilité, d'obtenir que l'État donnât son consentement à la sous-aliénation, et considérât le nouvel acquéreur comme son ayant-cause direct.

L'acheteur avait la propriété des esclaves attachés au fonds : il pouvait les affranchir quand bon lui semblait, sans avoir à demander aucune autorisation à l'État. Tout ceci se comprend aisément puisque l'acheteur était devenu véritable propriétaire.

Quant à ce qui est des charges fiscales, la solution de savoir qui devait les acquitter semble peut-être plus difficile à trancher. D'abord les textes sont à peu près muets sur un pareil sujet et ceux qui nous sont parvenus sont loin de présenter une clarté suffisante. Cependant ici encore il est peut-être possible d'arriver à une solution assez simple de la question, en se rappelant toujours que, dans le jus privatum salvo canone, le concessionnaire d'un pareil droit est un véritable acheteur et devient par conséquent propriétaire.

En sa qualité de propriétaire, ne doit-il pas payer à lui seul l'impôt foncier et les charges de même nature ? cela semble aller de soi et ne pas faire le moindre doute.

L'État en aliénant ces biens et en n'en conservant pas la propriété comme il le fait dans le *jus perpetuum*, doit au moins profiter complétement de cette aliénation, en ce sens, que le bien passant tout à fait dans la propriété privée de l'acheteur, puisse être frappé, comme tout fonds ordinaire, des impôts grevant la propriété particulière.

A l'appui de cette théorie, on peut citer les lois 9 et 10 du Code Justinien *de fundo patrimoniali*.

Ces deux constitutions opposant les *fundi patrimoniales empti jure privato, salvo canone* aux *fundi patrimoniales qui in conditione sua constituebantur*, décident que les premiers ne seront en aucune façon dispensés de payer l'impôt foncier, contrairement à ce qui se produisait pour les seconds.

On comprend l'importance d'une pareille décision, quand on songe que l'impôt perçu sur les propriétaires des fundi patrimoniales empti jure privato salvo canone venait dégrever d'autant les propriétaires, et par conséquent alléger de beaucoup les charges de ces derniers.

Par le même motif on s'explique combien les premiers auraient désiré se trouver classés dans la catégorie des possesseurs de bien qui in conditione propria constituebantur et tout l'avantage qu'ils auraient retiré d'une pareille décision.

Mais un tel résultat aurait complétement blessé les règles de la plus simple justice, et la solution que nous venons de donner se trouve beaucoup plus en rapport avec les vrais principes de l'équité et avec le véritable état des choses existant dans le jus privatum.

La situation n'était cependant pas absolument la même entre les concessionnaires des fundi patrimoniales empti jure privato et le propriétaire d'un fonds ordinaire ; la loi 2 Cod. Just. de fund. rei priv. et la loi 11 Cod. Just. de omni agro desert. décident que les propriétaires qui auraient fait des améliorations sur leurs fonds, qui auraient accru le nombre de leurs esclaves et augmenté la quantité des troupeaux, seraient affranchis de toute redevance supplémentaire et même d'une augmentation de capitation au cas où elle viendrait à se produire.

Il faut considérer ce fait comme une sorte de transaction passée entre le fisc et l'acheteur, c'était en un mot un forfait sur la quotité de l'impôt, passé entre les parties intéressées.

VII. — En quittant le jus privatum salvo canone pour aborder le jus perpetuum salvo canone, il faut remarquer avant tout que la situation se modifie entièrement : dans le premier cas il s'agit simplement d'une vente ; ici au contraire on rencontre un contrat spécial qui aurait peut-être plus d'affinités avec la location qu'avec la vente.

Dans le premier contrat, la position est bien claire et bien nette, l'acheteur est devenu propriétaire ; l'État n'a plus qu'un intérêt : c'est de

voir payer régulièrement les redevances périodiques à lui dues par l'acheteur ; de ces principes
découlent naturellement toutes les conséquences
qui en ont été tirées plus haut.

Dans le jus perpetuum au contraire, la position
des parties n'est plus aussi clairement établie ;
c'est sans doute ce qui donne lieu à plus d'hésitation et à plus de controverses dans cette dernière
matière.

Quoi qu'il en soit, il est incontestable que le
perpetuarius, n'est pas propriétaire ; le domaine
impérial conserve la pleine propriété du bien, et
le concessionnaire n'a pas en réalité d'autre droit
qu'un simple droit de jouissance.

Toutefois, comme ce droit de jouissance est
perpétuel et qu'il n'y a rien pour donner de l'a-
nalogie avec la pleine propriété comme ces concessions perpétuelles, on peut bien s'imaginer
que les droits du perpetuarius étaient fort étendus et se rapprochaient dans maintes occasions
de la véritable propriété.

Le perpetuarius jouissait de sa chose comme
bon lui semblait, pourvu qu'il ne s'y livrât pas à
des dégradations par trop considérables et qu'il
la tînt en bon état de culture.

Il pouvait aliéner le fonds : seulement à l'exemple de ce qui se passait dans le jus privatum, le
concessionnaire restait responsable envers l'État
du payement de la redevance annuelle, tant qu'il
n'avait pas obtenu de l'État novation par chan-

gement de débiteur; mais une fois cette novation obtenue il se trouvait complétement libéré.

Nous insistons sur ce point relatif au droit d'aliénation accordé au perpetuarius, par la raison qu'une constitution de Constantin s'exprime en ces termes : « Si quis fundos emphyteutici juris salva lege fisci citra judicis auctoritatem donaverit, donationes firmæ sint, dummodo suis quibusque temporibus ea, quæ fisco pensitanda sunt, repræsentare cogatur. »

Si l'on en croit le texte même de la constitution de Constantin, il n'est question que de la donation, et par conséquent, disent certains auteurs, l'aliénation consentie par le perpetuarius n'était admissible que dans le seule cas d'une donation.

Il n'y a pas besoin de s'arrêter longtemps à une pareille opinion qui trouve une contradiction formelle dans tous les textes; plusieurs fois les constitutions parlent de la responsabilité du perpetuarius en cas d'aliénation du fonds concédé, mais toujours sans établir aucune distinction entre les divers modes de cession.

Cujas a présenté une autre explication de ce texte : suivant lui, dans le cas de donation, le perpetuarius pourrait aliéner sans l'autorisation du juge; quant aux autres modes d'aliénation, le juge aura beau donner son autorisation, le perpetuarius n'en restera pas moins responsable.

Ce système n'est pas plus admissible que le

précédent; il vient en effet se briser contre cette objection insurmontable, que dans le cas où le perpetuarius ferait la donation sans autorisation du juge, la peine dont le frappe la constitution rapportée plus haut, serait de rester responsable et garant de la solvabilité de son donataire; or cette peine le mettrait sur le même rang que le perpetuarius qui aurait vendu avec l'autorisation du juge; ce résultat absolument bizarre ne saurait se comprendre, et l'on doit le repousser formellement.

Constantin a sans doute parlé de la donation sans y attacher d'autre importance et sans vouloir faire de distinction entre les modes d'aliénation.

Lorsqu'une demande en autorisation d'aliénation se produisait, le juge était-il contraint de l'accorder? ou bien lui était-il loisible de la refuser quand bon lui semblait?

M. Vuy constate à ce propos que les textes sont absolument muets sur un tel sujet. Mais M. Pépin Le Halleur fait remarquer que dans cette occasion le juge tenait la place de l'empereur et qu'il est assez plausible de supposer que tout était laissé à son libre arbitre.

De plus, il y a là le moyen d'expliquer une disposition de Justinien qui se rencontrera plus tard dans l'emphytéose, l'obligation de payer au propriétaire le cinquantième du prix à chaque mutation à titre particulier. Comme on le verra,

ce cinquantième du prix n'était qu'une réglemen-
tation des sommes que demandaient les propriétaires pour accorder leur consentement à la mutation de propriété ; dans le cas dont il est actuellement question, le juge remplaçait sans contredit le propriétaire, et avait par conséquent le
droit de refuser son consentement à la mutation.

Voilà ce qu'il est permis de supposer, mais ce
ne sont là que de simples conjectures, car les
textes ne disent pas un mot de cette question.

Le perpetuarius transmettait encore à ses héritiers son droit de jouissance.

Cependant un assez grand nombre de constitutions défendait énergiquement que l'on vînt
troubler le perpetuarius dans la jouissance de son
droit, au cas même où un autre citoyen offrirait
pour le même fonds un canon bien supérieur. On
a conclu de cette constitution que le principe
d'irrévocabilité n'était pas bien solidement établi;
mais c'est là une erreur ; ces constitutions n'a-
vaient pour but que de rassurer les fermiers et
les colons; et ne prouvent qu'une chose, c'est
que les agents du fisc ne se faisaient pas faute
de violer fréquemment un pareil principe d'irrévocabilité[1].

Un droit dont jouissait le concessionnaire du
jus privatum, et dont le perpetuarius ne pouvait

1. C. 1, 5, 16, C. Th. (v, 13)]; C. 1, C. Th. de pascuis
(vii, 7); C. 3, C. Th. de loc. fund. jur. emphyt. (x, 3); C.
3, 5, C. J. de fund. patrim.

profiter, c'était le pouvoir d'affranchir les esclaves attachés au fonds : on comprend en effet que le domaine impérial conservant la propriété du bien et le perpetuarius n'en ayant que la simple jouissance, les esclaves devaient appartenir au propriétaire, à l'État dans l'espèce, et que par conséquent le perpetuarius n'avait aucun droit de les affranchir.

Enfin, le perpetuarius était assujetti au payement d'un *canon* : ce canon consistait, partie en denrées produites par le fonds, partie en espèces monnayées.

Il était de plus contraint de prendre à sa charge une partie des terres incultes qui l'entouraient et de les cultiver en même temps que ses propres biens. Mais tous ces moyens ne parvenaient pas à rétablir un état de choses régulier; l'agriculture n'en était pas plus florissante et les revenus de l'État ne produisaient pas un chiffre aussi élevé que celui qu'il aurait fallu atteindre pour faire face à toutes les dépenses qui croissaient de jour en jour dans une proportion véritablement effrayante.

Par qui devait être supporté l'impôt dans le *jus perpetuum*? C'est là l'une des questions les moins claires de la matière. Nous voyons que dans le *jus privatum*, l'impôt était à la charge de l'acheteur du fonds : dans ce contrat, il y avait, on a pu le remarquer, changement dans la nature de la propriété, qui de publique qu'elle était, devenait privée ; dans le cas du jus perpetuum, au contraire, l'Etat restant propriétaire, la solution ne devait pas être la même.

On peut du reste penser que la position du perpetuarius ne pouvait être autre que celle du conductor de l'ager vectigalis, et comme les textes constatent l'obligation de ce conductor de payer l'impôt, c'est là une présomption qui nous porte à croire que le perpetuarius y était également soumis ; mais en même temps il faut remarquer que les fonds du domaine impérial étaient généralement exemptés de payer l'impôt, c'est ce que prouvent tous les auteurs qui ont écrit sur un pareil sujet.

Voilà la difficulté : d'une part, la position est la même que pour le conductor de l'ager vectigalis, qui pour son propre compte, est soumis à l'impôt ; de l'autre, les biens de l'État en sont dispensés.

Que penser de toutes ces solutions contradictoires ? Il faut, ce semble, distinguer suivant les différentes classes de biens auxquels pouvait se référer le jus perpetuum salvo canone ; c'est en effet la marche que paraissent suivre les textes du droit romain dans une question si obscure et si souvent modifiée selon le bon plaisir des empereurs et selon les besoins pressants de l'État.

Pour ce qui était des terres du domaine municipal, il ne saurait s'élever aucune difficulté. Ces biens ne font pas partie du domaine impérial, les villes les possèdent comme le feraient de simples particuliers, et l'État ne les a jamais affranchis du payement de l'impôt, ce qui eût été se priver de revenus fort importants sans aucune raison sérieuse.

Quant aux biens des églises *fundi sacrorum templorum*, on aurait pu peut-être les traiter comme biens de l'État. Mais il n'en fut rien; sous Constantin, ils furent bien pendant quelque temps dispensés de payer l'impôt, et cette faveur fut même étendue aux biens des *clerici;* toutefois une semblable immunité ne fut pas de longue durée, et depuis Constance, tous les biens appartenant aux églises participèrent aux charges de l'État, sans qu'il y eût aucune différence entre celles-ci et les simples particuliers.

VIII. Maintenant reste la fameuse distinction des *fundi rei privatæ* et des *fundi patrimoniales*, distinction indiquée au commencement de ce chapitre avec cette remarque toutefois que dans la pratique l'intérêt en était à peu près nul : cette question du payement des impôts va peut-être fournir un intérêt à séparer ces deux classes de biens.

En effet, la loi 1 Cod. Théod. de ann. et trib. montre clairement qu'en ce qui concerne les *fundi rei privatæ*, le perpetuarius doit payer l'impôt foncier : le texte est si net, qu'il ne saurait y avoir doute sur une pareille question, et qu'il serait également impossible de soutenir que la constitution comprend avec les fundi rei privatæ les fundi patrimoniales.

Ceci bien établi, que faut-il penser des fundi patrimoniales? Doit-on les assimiler purement et simplement aux fundi rei privatæ et les traiter de la même façon? ou bien au contraire faut-il leur reconnaître un caractère différent et les exempter de toute charge?

C'est là que se produisent les plus grandes controverses.

D'un côté l'on remarque que les fundi patrimoniales ne sont pas autre chose à cette époque que les fundi rei privatæ[1]; d'autre part on croit devoir s'en rapporter strictement au texte de la constitution citée quelques lignes plus haut, et par conséquent soumettre les seuls fundi rei privatæ au payement de l'impôt; dans ce système on exempte complétement les fundi patrimoniales, puisqu'ils ne sont en aucune façon mentionnés dans la constitution. Mais alors on se trouve en contradiction avec toutes les données historiques, unanimes à constater qu'à cette époque toute distinction réelle avait disparu entre les fundi patrimoniales et les fundi rei privatæ, aussi bien qu'entre le fisc et l'ærarium.

Tout cela est fort embarrassant, et nous ne savons trop s'il y aurait un moyen de donner une

1. Ceci se trouve en contradiction formelle avec la distinction que font les textes entre ces deux genres de biens.

solution satisfaisante ; on raisonne, en effet, sur des faits passés à une époque si éloignée qu'il n'y a pas possibilité de se faire une idée bien exacte de la situation des choses en un pareil moment.

De plus les documents dans lesquels on peut puiser les solutions ne sont pas assez nombreux pour permettre d'affirmer quoi que ce soit d'une manière positive. Enfin, il est fort possible que dans l'état de trouble et de bouleversement dans lequel se trouvait l'empire romain, la même question ait reçu des solutions absolument opposées, suivant le moment auquel on se place pour la discuter.

IX. — Tout ce que l'on vient de voir a uniquement trait à l'impôt foncier, à cet impôt que les Romains désignaient sous le nom de *tributum*. Mais ce n'était pas là les seules charges qu'avaient à subir les particuliers : il faut encore y joindre l'*annona* et les *extraordinaria sive sordida munera*[1].

L'annona n'était autre chose qu'une imposition en nature, ayant pour but d'approvisionner Rome, Constantinople et les armées romaines. Quant aux extraordinaria sive sordida munera, ils avaient pour but de pourvoir à l'entretien des routes et à d'autres nécessités analogues.

Pour ce qui est de l'annona, il est à supposer

1. L. 11, C. Th. de extraord. muner.

d'après la nature de cet impôt qu'elle devait être supportée par tous les citoyens, aussi bien par le perpetuarius que par les autres, pour les fundi rei privatæ aussi bien que pour les fundi patrimoniales.

Du reste c'est ce que semble décider une constitution de l'empereur Constance[1] : cette constitution peu explicite dans son texte, prouve cependant que les fundi patrimoniales étaient soumis au payement de l'annona, et c'est là tout ce qu'on a besoin de connaître.

Les extraordinaria sive sordida munera donnent lieu à des questions bien moins douteuses : il existe, en effet, un grand nombre de textes relatifs à cet impôt, et l'on marche par conséquent sur un terrain beaucoup plus sûr.

Ce qui frappe au premier abord c'est la grande variété de la législation et les nombreuses modifications que fit subir à cet impôt le caprice des empereurs romains.

On pourrait croire que les fundi patrimoniales n'étaient pas exempts de tous les sordida munera. Plusieurs constitutions leur accordent en effet certaines immunités, tandis que d'autres les obligent à participer à certaines charges déterminées, telles par exemple que la réparation des routes, etc.

Tout ceci démontre qu'il n'y a pas à donner une

1. L. 4, C. Th. de annona et tributis.

règle absolue relativement à la position dans laquelle se trouvaient les fundi patrimoniales ; ainsi qu'on l'a remarqué, ces extraordinaria sive sordida munera se composaient de charges de diverses natures, et il est assez facile de supposer que quelques-unes d'entre elles s'appliquaient aux fundi patrimoniales, tandis que d'autres leur étaient complétement étrangères[1].

Quant aux fundi rei privatæ, une constitution de l'empereur Constance[2] les exempte de toute charge relative aux sordida munera, et cette constitution se trouve confirmée par l'empereur Julien[3], qui paraît bien maintenir leur immunité, pendant que d'autre part il soumet à l'acquittement de ces sordida munera tous les fundi patrimoniales sans admettre, comme précédemment, aucune distinction[4]. Cet état de choses ne fut pas définitif ; l'empereur Valentinien J[er], et après lui Arcadius et Honorius[5] rétablirent les choses dans l'état où elles se trouvaient sous l'empereur Constance.

Cependant le code Théodosien décide, sans qu'il puisse y avoir le moindre doute à ce sujet, que les charges relatives à l'entretien et à la réparation des routes, sont toujours le fait des per-

1. L. 1, Cod. Th. de ext. mun. (xi, 16); l. 2, C. Th. *ibid.*; l. 1, C. J. de coll. fund. patr. (xi, 19).
2. L. 8, C. Th. de ext. mun. (xi, 16).
3. C. 2, C. Th. de act. proc., etc. (x, 4).
4. C. 2, C. Th. de coll. fund. patr. (xi, 19).
5. L. 4, C. Th. de coll. fund. patr. (xi, 19).

petuarii, et qu'on s'est bien gardé de les affranchir d'une obligation si précieuse pour l'État.

Dans le dernier état du droit, tous les fonds, aussi bien les fundi patrimoniales que les fundi rei privatæ, étaient soumis à la prestation de tous les munera extraordinaria. Cette dernière décision s'explique parfaitement par la situation dans laquelle se trouvait à cette époque l'empire romain : plus les charges croissaient, plus l'État cherchait à se procurer des revenus; aussi n'y a-t-il qu'à jeter les regards sur le spectacle que présentent les historiens de cette époque, pour comprendre comment après bien des hésitations, on en vint à frapper tous les perpetuarii sans distinction, sinon de l'impôt foncier, ce qui aurait pu paraître trop injuste (et encore n'est-il pas certain qu'un tel moyen n'ait pas été employé), du moins de ces charges accessoires qui allégeaient de beaucoup le budget de l'État, lorsqu'il pouvait les faire peser sur les particuliers.

X. — Nous sommes parvenus maintenant au point de cette étude où, après avoir traité du jus privatum et du jus perpetuum, il faut aborder le véritable contrat d'emphytéose tel qu'on le rencontre dans les textes du droit romain.

Mais avant de toucher à cette matière, il peut sembler utile de jeter un regard sur la marche suivie par ce contrat depuis son origine jusqu'à l'époque actuelle.

On a vu en premier lieu ce qu'était l'ager pu-

blicus et tout l'intérêt qu'avait l'État à ne pas
abandonner la propriété de ces concessions qu'il
faisait aux particuliers; on a également examiné
la singulière situation que créait à ces concessionnaires le droit de révocation appartenant à l'État;
puis les luttes des patriciens et des plébéiens; enfin les lois agraires, leur exécution partielle, et
d'autre part, l'usurpation que firent de ces terres
les patriciens. De l'ager publicus il a fallu passer
à l'ager vectigalis, à ses origines, à son histoire,
enfin à la manière dont on l'administrait.

Ici, il existait une question historique très-im-
portante à résoudre : c'était de savoir si l'emphytéose proprement dite provenait des concessions
de l'ager publicus ou des concessions de l'ager
vectigalis ; nous nous sommes prononcés pour la
seconde opinion, en nous fondant sur le caractère
d'irrévocabilité bien caractérisé, qui se rencontre
tant dans l'emphytéose, que dans le jus in agro
vectigali.

C'est donc de ce premier contrat qu'il faut partir pour suivre historiquement la marche de l'emphytéose.

Sous la République, la concession de l'ager vectigalis se fait pour une durée qui ne tarde pas à
devenir perpétuelle, l'État se trouve en possession
de terres d'une étendue si considérable qu'il n'a
qu'un seul moyen de les exploiter convenablement,
c'est de les concéder aux particuliers moyennant
une redevance déterminée. Jusqu'à cette époque,

une concession est en réalité une faveur que fait l'Etat, et que les particuliers se regardent comme fort heureux de pouvoir obtenir.

Mais les événements marchent; à cet état de grande prospérité et de puissance toujours croissante, succède une période d'immobilité; l'État reste stationnaire pendant quelque temps; bientôt on va le voir décliner avec une rapidité effrayante. C'est à cette époque qu'il faut placer la théorie du jus emphyteuticum.

L'État ne fait plus de grâce aux particuliers en leur concédant ses propres terres, bien au contraire, il trouve dans ces concessions un moyen de se procurer des revenus et en même temps de se décharger de biens qui restent incultes et sans profit pour lui. Les empereurs ne se contentent plus de simples concessions, ils forcent les propriétaires à se charger des terres incultes qui les entourent; on a recours à des lois pour les contraindre à accepter, et si le cultivateur préfère encore à une pareille violence abandonner son propre champ, on l'y retient de force, il n'est plus libre d'agir selon son bon plaisir; l'homme se trouve à cette époque immobilisé, s'il est permis de se servir d'une pareille expression, dans la position où il est né, sans qu'il ait la possibilité, sauf des cas fort rares, d'en sortir.

Telle est la situation qui a donné lieu au jus perpetuum salvo canone. Les empereurs s'estiment encore fort heureux de pouvoir faire de sembla-

bles concessions, et les cultivateurs bien souvent
hésitent à accepter des charges auxquelles, malgré
les avantages qu'on leur accorde, il leur sera peut-
être bien difficile de satisfaire.

Quoi qu'il en soit, ce jus perpetuum, ce jus
privatum ne portaient que sur les biens du domaine impérial et peut-être sur ceux du domaine
municipal, mais on comprend fort bien que ce
qui était une nécessité pour l'État, devenait aussi
une nécessité pour les particuliers.

Les mêmes raisons de pauvreté et d'abandon de
la culture des terres, qui jetaient dans un si grand
émoi l'esprit des empereurs romains et les pous-
saient à se défaire d'une manière aussi avantageuse
que possible des fundi patrimoniales et des fundi
rei privatæ, existaient au même degré chez les
particuliers.

On a vu combien ces derniers se trouvaient
isolés dans leurs propres fonds, par suite de la
dépopulation générale des campagnes, et combien
il leur était difficile de trouver des fermiers dans
les conditions ordinaires. On comprendra facilement, en effet, que les fermiers qui consentaient
à entreprendre la culture des fonds d'un propriétaire n'auraient pas accepté les conditions des baux
habituels; et parmi ces conditions, celle qui aurait
principalement souffert le plus de difficultés était
justement la durée très-courte des locations à
Rome.

A quoi bon, en effet, aurait-on travaillé pour

être obligé de remettre au bout de quelque temps
au propriétaire, le fonds rendu fertile? un fermier ne se serait chargé d'une pareille entreprise
que dans le cas où .1 durée de la concession aurait été assez longue pour lui permettre de profiter pendant longtemps des améliorations résultant de sa culture. C'est là ce qui fit que le jus
perpetuum se transforma bientôt en contrat
d'emphytéose, en ce sens que les particuliers trouvèrent très-simple et fort avantageux d'emprunter
à ce droit ses règles pour les appliquer aux rapports qui existeraient entre le propriétaire des
terres incultes et l'agriculteur qui voudrait bien
consentir à en recevoir la concession.

De plus, ce nouveau contrat avait encore un
avantage sur la location, c'est que les fermiers,
classe d'individus en général et à cette époque
surtout fort pauvre, se trouvaient dans une situation très-favorable; au lieu de payer leur loyer en
argent, ils se bornaient à acquitter leur vectigal,
partie en fruits produits par le fonds, partie en
espèces monnayées.

L'emphytéose sortit donc en quelque sorte sans
qu'on s'en aperçût du jus privatum et du jus perpetuum; et ce furent les malheurs de l'époque qui
donnèrent jour à une pareille institution.

CHAPITRE IV.

I. — L'emphytéose devient maintenant un contrat constitué ; le texte que l'on va étudier lui a donné une nature propre : je veux parler de la constitution de Zénon qui règle la matière d'une façon catégorique, en laissant malheureusement encore un trop grand nombre de points dans l'oubli.

Jusqu'au jour où parut cette constitution, l'emphytéose existait bien en réalité, mais pour ainsi dire plus en fait qu'en droit, on la rencontrait mentionnée à chaque instant dans les textes de lois, mais sans jamais en trouver la définition claire et nette.

La première fois que le mot emphytéose est prononcé, c'est par Ulpien dans les termes suivants : « Si jus ἐμφυτευτικόν vel ἐμβατευτικόν habeat pupillus, videamus, an distrahi hoc a tutoribus possit ? Et magis est, non posse, quamvis jus prædii potius sit [1]. »

On peut remarquer incidemment que ce texte

---

1. L. 1, § 4, D. de reb. qui sub. tutel, (xxvii, 9).

confirme bien ce que l'on a dit dans un chapitre précédent : à savoir que ce contrat d'emphytéose prit sans aucun doute naissance en Grèce ou dans les pays d'origine grecque ; la preuve de ce fait, résulte bien clairement des mots grecs dont se sert le jurisconsulte romain pour caractériser le droit en question.

Dans les temps qui suivent Ulpien, l'on rencontre fréquemment ce jus emphyteuticum, mais toujours sans définition ; ce n'est que Zénon qui s'occupe enfin de sa nature pour la déterminer d'une façon exacte.

Mais ce qu'il y a de bizarre, c'est que dans la longue constitution de l'empereur, il oublie, lui aussi, de donner une définition quelconque de l'emphytéose. Que penser de ce silence? Zénon jugea sans doute que la nature du contrat était assez connue pour le dispenser de revenir sur un pareil sujet. Pour trouver une véritable définition de l'emphytéose, il faut chercher dans un passage des Institutes de Justinien : « Ut ecce de prædiis, quæ perpetuo quibusdam fruenda traduntur[1]. »

C'était donc, la concession à perpétuité de la jouissance d'un fonds de terre, et aux fonds de terre, il faut joindre toutes sortes d'immeubles.

II. — Nous croyons devoir rapporter dans son intégrité la constitution de Zénon qui marque une nouvelle phase dans l'histoire de l'emphytéose, et

---

1. Inst. J. 3, de locat. et cond.

tient une place si importante dans l'étude que
nous poursuivons en ce moment : « Jus emphyteuticarium neque conductionis neque alienationis
esse titulis adjiciendum ; sed hoc jus tertium esse
constituimus ab utriusque memoratum contrac-
tuum societate seu simulitudine separatum, con-
ceptionem item definitionemque habere propriam
et justum esse validumque contractum, in quo
cuncta, quæ inter utrasque contrahentium partes
super omnibus, vel etiam fortuitis casibus, pac-
tionibus scriptura interveniente habitis, placuerit,
firma illibataque perpetua stabilitate modis omnibus debeant custodiri : ita ut, si interdum ea,
quæ fortuitis casibus eveniunt, pactorum non
fuerint conventione concepta, si quidem tanta
emerserit clades, quæ porsus etiam ipsius rei quæ
per emphyteusin data est, faciat interitum : hoc
non emphyteuticario, cui nihil reliquum per-
mansit, sed rei domino, qui quod fatalitate in-
gruebat, etiam nullo intercedente contractu habi-
turus fuerat, imputetur. Sin vero particulare vel
aliud leve contigerit damnum, ex quo non ipsa
rei penitus lædatur substantia : hoc emphyteuti-
carius suis partibus non dubitet adscribendum [1]. »

III. — Comme on le voit par le texte précédent,
Zénon cherche dans sa constitution à établir d'une
façon claire et nette la nature et les principales
règles de l'emphytéose.

---

1. C. 1, C. J. de jure emphyteu.

Ce qui doit surprendre particulièrement, c'est de le voir trancher une question qu'on aurait pu croire résolue à propos de l'ager vectigalis : nous avions du reste bien dit à ce moment que malgré le texte de Gaius l'on retrouverait encore dans l'emphytéose une controverse analogue : je veux parler de la question de savoir si l'emphytéose participait à la nature de la vente ou bien à la nature de la location. D'après M. Pépin Le Halleur[1] la seule explication possible de cette controverse serait de supposer que : « lorsque les particuliers empruntèrent à l'administrateur du domaine impérial l'usage des concessions à perpétuité de la jouissance de leurs fonds, on dut se demander s'il n'y avait pas une différence grave entre la portée d'une semblable concession lorsqu'elle émane d'un particulier ou lorsqu'elle émane de l'État, et par suite, si c'était le jus privatum ou le jus perpetuum qui devait servir de type au nouveau droit. » Ce système est parfaitement admissible, mais rien ne prouve que ce soit là la véritable explication de la singularité signalée quelques lignes plus haut : peut-être faudrait-il supposer simplement que la controverse n'était pas terminée aussi complétement que Gaius se plait à le dire.

Ce qu'il y a de certain, c'est que Zénon, tout en croyant donner une définition complète de la

---

1. Pépin Le Halleur, op., l, cit., p. 55 et suiv.

nature du contrat d'emphytéose, n'a pourtant
réussi qu'à dire que ce contrat n'était ni une vente
ni une location, mais qu'il jouissait d'une nature
propre.

Quelle était cette nature propre ?

Voilà ce que l'empereur a oublié de déclarer et
c'était bien là pourtant la plus importante des
questions à régler, Zénon exige en outre, au dire
de M. Vuy, qu'un tel contrat se fasse par écrit.
Cette obligation semble en effet résulter d'une
façon indubitable des termes mêmes de la constitution ; l'empereur après avoir traité d'une façon
générale de la nature du contrat, aborde ensuite
la question de savoir ce que ce contrat peut con-
tenir, puis il passe à la forme et exige en termes
exprès la rédaction d'un écrit[1].

Cependant un grand nombre d'auteurs ont protesté contre une pareille théorie ; d'après eux, un
écrit ne serait pas le moins du monde utile pour
que le contrat d'emphytéose fût valable ; Zénon
ne parlerait dans sa constitution que du *quod plerumque fit.*

IV. — Il faut maintenant examiner quelle est
au juste la nature du droit emphytéotique, puisque
les déclarations de l'empereur ne sont nullement
satisfaisantes sur ce sujet.

Un grand nombre d'opinions ont été présentées à ce propos, dans les auteurs de toutes les

1. M. Vuy, op., l. cit. p. 166.

époques; mais il ne faut s'arrêter qu'aux principaux systèmes.

En première ligne on rencontre les glossateurs;
ces savants entièrement imbus des idées et des
théories de l'époque féodale, complétement igno-
rants des plus simples notions de l'histoire, crurent pouvoir distinguer dans l'emphytéose deux
sortes de domaines : le domaine direct, et le domaine utile. Le domaine direct était attribué par
eux au propriétaire du fonds; quant au domaine
utile, il revenait de droit à l'emphytéote. C'était
là l'application pure et simple des principes du
droit féodal, et cela permettait d'expliquer clairement une foule de questions qui leur paraissaient douteuses. Ils furent confirmés dans leurs
idées par ce fait que dans bien des cas les textes
semblaient réserver le dominium au propriétaire
du fonds; tandis que d'autre part, bien souvent
l'on donnait le nom de dominus au simple concessionnaire du droit emphytéotique.

Nous n'avons pas besoin de démontrer combien
une semblable théorie était empreinte d'erreurs;
il n'y a qu'à porter les yeux sur la législation romaine pour rejeter immédiatement de semblables
utopies; tandis que d'un autre côté la simple
inspection de l'histoire romaine ne permet pas de
supposer que ce peuple ait jamais connu les distinctions subtiles du domaine direct et du domaine
utile inventées par les auteurs du moyen-âge.

Aussi Cujas et Doneau n'hésitèrent-ils pas à

repousser un semblable système; l'emphytéote n'était pas propriétaire, et par conséquent, quels que fussent les efforts qu'on fît pour lui accorder une *actio in rem utilis*, un tel résultat n'était pas possible.

Il fallut donc chercher la solution de cette question autre part, et les savants jurisconsultes ne crurent la trouver qu'en reconnaissant à l'emphytéote un droit de servitude personnelle *jus in re aliena*.

C'est là l'opinion qui semble prédominer de nos jours et avec raison, je crois. Nous ne citerons donc que pour mémoire la théorie de M. de Savigny : le savant auteur allemand n'accordait, avant Justinien, à l'emphytéote que le *dominium bonitarium ;* mais comme cet empereur abolit le nudum jus quiritium, l'emphytéote se trouva en réalité propriétaire absolu de tout le bien ; seulement ce droit de propriété était exposé au danger de la révocation.

Du reste, M. de Savigny ne tarda pas à reconnaître son erreur et abandonna lui-même son système dans une édition postérieure de son Traité du droit de la possession.

Il faut donc admettre avec M. Pépin Le Halleur que le droit emphytéotique n'était autre qu'un jus in re aliena.

V. — Quant aux actions accordées à l'emphytéote pour lui permettre d'exercer son droit, elles sont faciles à déterminer[1].

1. Sur ce point, on ne trouve aucun texte se rapportant à

7

Il y avait d'abord une *actio in rem* en vertu de laquelle l'emphytéote pouvait réclamer le fonds à lui concédé, tant du véritable propriétaire que de tout autre détenteur. Les Romains lui donnaient le nom d'*actio vectigalis*, et l'on peut remarquer qu'il s'était élevé entre les jurisconsultes une controverse assez grave sur le point de savoir si cette action avait été établie par l'autorité des Prudents ou par l'édit du Préteur[1]. Mais jamais les Romains n'ont donné à cette action le nom de *utilis rei vindicatio*, car l'emphytéote n'est considéré nulle part comme propriétaire et l'on n'a même jamais recours à une fiction pour le faire considérer comme tel.

L'emphytéote jouit encore d'une *exceptio* qu'il peut opposer à tout revendiquant : c'est en effet le propre du jus in re d'obliger même celui qui n'a pas pris part au contrat.

Cependant l'on doit remarquer que le propriétaire ne peut être attaqué par l'actio vectigalis ou repoussé par l'exception in rem que dans le cas où l'emphythéote reconnaît son obligation de payer le canon.

Le concessionnaire d'une emphytéose peut aussi exiger de son propriétaire l'exécution de toutes

l'emphytéose elle-même, mais il faut lui appliquer sans hésitation les actions accordées au concessionnaire de l'ager vectigalis. Pépin Le Hálleur, Vuy, Muehler, de jure emphyteut. transfer., p. 22 et suiv.

1. Muehler, op., l. cit., p, 24, not. 87. Gluck (viii, p. 379).

leurs conventions, et cela en vertu d'une action de bonne foi, *l'actio emphyteuticaria directa.*

Pour ce qui est des interdits possessoires, il pourrait y avoir doute ; mais comme le droit emphytéotique était un jus in re aliena, l'emphytéote se trouvait avoir la *juris quasi possessio,* et par conséquent les interdits *veluti possessoria;* du reste, le droit romain alla encore plus loin en accordant à l'emphytéote les interdits possessoires, bien qu'il ne fût pas possesseur : il lui manquait en effet l'animus domini.

VI. — Maintenant que l'on a vu la nature du contrat emphytéotique et les actions qui servent à le mettre en mouvement ou à le protéger contre d'injustes attaques, il faut entrer plus avant dans l'étude de ce contrat; nous étudierons d'abord les droits et les obligations de l'emphytéote, la manière dont le contrat se forme, comment il peut se transmettre, et en dernier lieu comment il prend fin.

VII. — Parlons d'abord des droits de l'emphytéote sur le fonds concédé.

L'emphytéote jouissait de la façon la plus étendue de son droit sur le fonds. Tous les fruits soit naturels, soit civils qui en provenaient, lui appartenaient. Il en devenait propriétaire comme le possesseur de bonne foi, et non pas comme l'usufruitier, c'est-à-dire non pas par la perception, mais par la séparation du sol.

S'il faut en croire les Glossateurs, les accessions

qui seraient arrivées au fonds, seraient soumises aux règles qu'on appliquait pour l'usufruit : elles appartiendraient à l'emphytéote, si elles s'étaient produites insensiblement; elles seraient au contraire la propriété du concédant dans le cas où elles seraient survenues d'un seul coup.

Cependant cette opinion n'est pas universellement admise, et, je crois, avec raison; certains auteurs, au contraire, veulent que toutes les accessions appartiennent à l'emphytéote par analogie aux améliorations faites par ce dernier sur le fonds, améliorations qui lui appartiennent sans conteste.

Le trésor trouvé dans le fonds n'appartiendra certainement pas à l'emphytéote : de quel droit, en effet, pourrait-il le réclamer? Il n'est pas propriétaire, et c'est au propriétaire du fonds qu'il revient légitimement. Cependant, si l'emphytéote a trouvé ce trésor il en aura la moitié, non à titre d'emphytéote, mais par droit d'occupation.

Des servitudes pourraient-elles être imposées au fonds par l'emphytéote? Sur ce sujet grande controverse. M. Pépin Le Halleur n'admet pas que cela puisse se faire, parce que l'emphytéote ne peut autoriser un tiers qu'à faire les actes qu'il pourrait faire lui-même; il lui serait impossible de constituer en faveur de ce tiers un droit réel; la nature du droit romain s'y oppose par la raison que : « les actions réelles sont, en droit romain, des prérogatives singulières qui ne sauraient exister sans une disposition expresse de la loi; d'où il suit que celui qui a un droit de cette nature peut bien le transférer intégralement à un tiers, mais qu'il n'est pas libre de multiplier les actions réelles en les fractionnant. »

M. Muehler répond à cela qu'en effet les servitudes imposées au fonds par l'emphytéote ne peuvent exister en vertu du droit civil, mais que le préteur leur accorde son appui, pourvu toutefois qu'elles ne nuisent pas à la substance du fonds; mais que, bien entendu, ces servitudes tomberont le jour où l'emphytéose elle-même viendrait à tomber [1].

Cujas avait cru pouvoir permettre à l'emphytéote d'affranchir les esclaves en se fondant sur une constitution de Justinien[2]; c'était là, pour lui, ce qui distinguait l'emphytéote du perpetuarius; mais nous ne pouvons suivre le grand jurisconsulte dans cette voie; le texte cité ne fait en réalité allusion qu'au jus privatum, à la propriété, dans ce cas on s'explique fort bien que le concessionnaire puisse affranchir les esclaves, puisqu'il en est devenu propriétaire, mais dans le cas d'emphytéose la situation n'est plus la même; il faut au contraire appliquer les règles posées en traitant du jus perpetuum.

1. C'est aussi l'opinion de M. Accarias qui ne considère pas la question comme devant causer le moindre doute : il invoque en faveur de son système le § 61 des Fragmenta Vaticana. (*Précis de droit romain*, § 283.)

2. L. 12, C. J. de fund. patrim.

VIII. — Tels sont les droits de l'emphytéote;
quant à ses obligations, elles se rapprochent beaucoup de celles du concessionnaire de l'ager vectigalis et du perpetuarius, ce qui prouve une fois
de plus que l'emphytéote est bien le continuateur
de ces deux personnages.

La première obligation de l'emphytéote est de
pourvoir à l'acquittement des charges publiques;
il doit payer tous les impôts, et cela non-seulement à l'égard du fisc, mais aussi à l'égard du propriétaire qu'il doit garantir entièrement.

Cela résulte clairement de la Constitution 2 du
titre de Jure Emphyteutico. « Si neque pecunias
solverit neque apochas domino tributorum reddiderit. »

Nous voyons en second lieu que l'emphytéote
doit payer exactement le canon, c'est-à-dire la redevance annuelle convenue entre les contractants.
On connaît assez les raisons qui ont donné naissance à l'emphytéose pour comprendre que ce canon était toujours de beaucoup inférieur au produit du fonds.

La constitution de Zénon déclare que dans le
cas où des changements viendraient à se produire
dans le fonds, la quotité du canon ne saurait varier, aussi bien si le fonds subissait des améllio-
rations, que s'il se trouvait souffrir des déprécia-
tions par cas fortuit. C'était là une différence bien
évidente avec le louage; dans ce dernier contrat,
en effet, la quotité du loyer pouvait se trouver

modifiée par suite des changements qu'aurait subis le fonds. Mais comme compensation à cette décision assez défavorable à l'emphytéote, l'empereur décidait immédiatement dans sa constitution que, si le fonds venait à périr, la perte serait supportée par le seul propriétaire, et que l'emphytéote n'aurait plus à acquitter le canon.

Cette décision prouve bien que le contrat d'emphytéose n'avait pas plus de rapports avec la vente qu'avec le louage, puisque dans le cas de vente le canon qui représentait le prix de l'achat aurait dû être payé même après l'extinction du droit.

Le conductor de l'ager vectigalis n'était pas soumis au payement du vectigal, le jour où le fonds se trouvait frappé de stérilité ; faut-il appliquer la même règle à l'emphytéote de notre époque ? c'est là un point controversé sur lequel les auteurs ont été fort divisés ; il semble cependant impossible d'admettre dans ce cas une analogie complète entre le jus in agro vectigali et le contrat d'emphytéose. Ne savons-nous pas, en effet, que la concession vectigalienne se trouvait, au temps de Gaius du moins, participer entièrement à la nature et aux règles de la location ? On appliquait par conséquent purement et simplement la théorie de la location à la question actuellement discutée.

Mais pour ce qui est de l'emphytéose, la solution se trouve entièrement différente ; l'emphytéose est un contrat d'une nature spéciale ; il n'y a donc plus à lui appliquer les règles du louage.

surtout quand elles ne présentent pas un résultat
bien satisfaisant.

Que produira, en effet, la décision, dont il s'a-
git, transportée du jus in agro vectigali à l'emphytéose? Rien de sérieux; la remise que l'on accorde au concessionnaire n'est que temporaire,
et, les textes le disent très-clairement, si les années qui suivent sont abondantes, cette remise
se trouve supprimée, l'on ne tient aucun compte
de la stérilité d'une année, lorsqu'elle se trouve
compensée par d'autres années fertiles : en trans-
portant cette théorie dans l'emphytéose, on s'a-
perçoit que tel doit toujours être le résultat final;
la jouissance de l'emphytéote étant en général
perpétuelle, il est bien impossible que dans une
pareille hypothèse des années fertiles ne viennent
pas rétablir la proportion avec les années sté-
riles.

Certains auteurs, tout en admettant ce système,
ont cependant pensé qu'il y aurait lieu à remise
du canon dans le cas de pertes extraordinaires et
totalement imprévues, telles qu'une invasion en-
nemie, une inondation, etc.

Là encore nous ne pouvons nous trouver d'accord avec eux; ce serait reconnaître à l'emphytéose la nature d'un louage, que de lui faire remise du canon, puisque, dans cette occasion, le
canon ne serait pas payé par suite de la non-
jouissance du fonds. Or, on l'a déjà dit, le contrat emphytéotique n'est pas plus un louage

qu'une vente et il y aurait inconséquence à lui
appliquer dans une espèce quelconque les règles
de la location.

L'emphytéote est enfin chargé d'entretenir le
fonds, et cela se comprend sans peine, puisqu'il
jouit du droit de percevoir les fruits et de s'en
servir comme bon lui semble.

Si le fonds se trouve avoir besoin de réparations d'entretien, l'emphytéote doit les exécuter
à ses frais ; l'immeuble ne se trouvant plus suffisamment entretenu, dépérira, et incontestablement ce serait là un cas de déchéance du contrat.

Quant aux travaux exécutés sur le fonds, il est
hors de doute que l'emphytéote pourra faire toutes les améliorations qu'il lui plaira ; seulement, le
jour où le contrat viendrait à se dissoudre, que se
produira-t-il ? Le propriétaire sera-t-il forcé de
rembourser à l'emphytéote le prix de ses améliorations ? On comprend tout ce qu'il pourrait y
avoir de dangereux dans un pareil résultat ; d'autre part, il serait pourtant fâcheux de faire perdre de la sorte à l'emphytéote les dépenses qu'il
a pu faire dans de très-bonnes intentions et de
très-bonne foi.

Heureusement, une constitution de l'empereur
Justinien vient fort à propos trancher la difficulté ; voici ce que dit en effet cette constitution[1] : « Volenti ei licere eum a prædiis emphyteuti-

1. L. 2, C. J. de jure emph.

cariis repellere, nulla ei in posterum allegatione, nomine meliorationis, vel eorum quæ emponemata dicuntur, vel pœna opponenda. » On le voit, un cas est spécialement visé dans ce texte, c'est le cas où l'emphythéose vient à tomber par suite de la déchéance de l'emphytéote; une autre espèce peut encore se produire, c'est l'arrivée d'un terme fixé comme échéance à la convention.

Sur ce second point, Justinien reste muet, et cela permet de supposer que la solution doit justement se trouver opposée à celle qui a été donnée dans le premier cas : tout' ceci s'explique à merveille par la raison que, dans l'hypothèse du texte, l'emphytéote, ayant encouru par sa faute une déchéance, c'est-à-dire une peine, doit se trouver traité beaucoup moins favorablement que celui qui voit finir son droit par suite d'une clause arrêtée lors de la formation du contrat, et sans qu'il y ait le moindre reproche à lui adresser.

En somme, l'emphytéote doit améliorer le fonds, en ce sens qu'il doit rendre à la culture les terres restées en friche, relever même les bâtiments d'exploitation; c'est bien là le but que s'est proposé le propriétaire en concédant ses terres moyennant une redevance excessivement minime.

Mais là s'arrêtent ses obligations; il serait absurde, en effet, d'accorder au propriétaire le droit de contraindre l'emphytéote à exécuter des améliorations d'un autre genre, qui pourraient, sans aucun doute, donner une valeur beaucoup plus considérable au fonds, mais qui ne rentreraient en aucune façon dans le but du contrat emphytéotique, la culture et l'exploitation des terres rurales.

IX. — On a examiné jusqu'à présent la nature du contrat emphytéotique, les droits et les obligations de l'emphytéote; maintenant que l'on en connaît le caractère et les principales règles, il faut rechercher la façon dont il se formait.

On rencontre deux modes d'établissement de ce droit : le contrat et le testament; quant à la prescription, c'est un sujet très-controversé, et dont la solution n'est pas la même chez tous les auteurs.

X. — L'emphytéose s'établissait par contrat, cela ne souffre pas de difficulté; car bien longtemps avant la constitution de Zénon, une semblable opinion ne faisait pas doute, soit qu'on regardât ce contrat comme une vente, soit qu'on n'y vît qu'une simple location; il n'en est pas moins vrai qu'on le considérait comme un contrat purement consensuel, par conséquent dispensé de toute formalité externe.

Zénon donna à l'emphytéose une nature spéciale, mais sans modifier la nature consensuelle du contrat.

Certains auteurs ont cependant cru pouvoir avancer que dans sa constitution l'empereur exigeait la rédaction d'un écrit; c'est, on l'a vu un

peu plus haut, l'opinion de M. Vuy; mais la plupart des jurisconsultes modernes repoussent une
semblable théorie, et cela avec raison, ce semble;
les termes de la Constitution ne paraissent pas suffisamment explicites pour permettre une si grave
modification; tout ce qu'a sans doute voulu dire
Zénon, c'est que les parties sont censées s'en remettre au droit commun, à moins qu'il n'y ait
quelques clauses écrites modifiant ce droit commun. On s'était aussi appuyé, pour soutenir le
système de M. Vuy, sur une disposition relative
aux emphytéoses des biens ecclésiastiques[1]; mais
cette disposition ne prouve rien, car les biens ecclésiastiques étaient régis par des règles spéciales
et très-différentes des règles ordinaires.

On peut se demander maintenant si, dans le
droit emphytéotique, le droit réel, le jus in re
aliena, a besoin de la tradition pour se trouver
établi? On sait ce qui se passait dans la vente; le
contrat était parfait par le seul consentement des
parties, mais il fallait autre chose pour que la
propriété de l'objet vendu passât du vendeur à
l'acheteur, cette chose, c'était la tradition : la
question revient donc à se demander si, dans
l'emphytéose, il faut appliquer la même règle, et
si le jus in re aliena ne se trouve appartenir à
l'emphytéose qu'après la tradition. Beaucoup
d'auteurs ont refusé d'admettre un pareil résul-

1. Nov. 120, C. 5, pr., et C. 6, § 2.

tat ; d'après eux, le contrat d'emphytéose se
trouve formé par le seul consentement, et il n'y a
aucun besoin de la tradition pour permettre à
l'emphytéote de jouir de tous ses droits.

Cependant l'opinion contraire paraît de beaucoup préférable : nos adversaires ont, croyons-
nous, oublié que le contrat pouvait être parfaitement valable sans que le droit réel fût constitué :
dans ce cas, l'emphytéote aura la faculté d'user
de l'actio em· ' yteuticaria pour obtenir toutes les
prestatio. personnelles qu'il lui plaira de demander ; mais, remarquons-le bien, il ne pourra
demander que des prestations personnelles ;
quant au droit réel, la tradition seule pourra lui
donner le droit de l'exercer. En effet, pour qui
veut bien jeter les yeux sur le caractère de la législation romaine, il ne saurait faire doute que jamais, à aucune époque, on n'a vu constituer un
droit réel quelconque autrement que par la tradition[1].

Doneau[2] fait encore remarquer un résultat fort
singulier, produit par le système contraire : on se
trouverait en présence d'un acheteur auquel la
tradition aurait été faite, et qui, par conséquent,
pourrait repousser un précédent acheteur, du
moment où celui-ci n'aurait pas été mis en possession, tandis que ce même acheteur se trouve-

1. Contra M. Gide, à son cours.
2. Doneau, comment. jur. civil.

rait évincé par l'emphytéote auquel on n'aurait
fait aucune tradition du fonds. Ce résultat, nous
n'avons pas besoin de le dire, était absolument
inadmissible et aurait dû suffire à prouver le peu
de fondement de l'opinion qui refusait d'admettre la tradition comme nécessité du transfert du
droit réel, si les données que l'on possède sur le
droit romain n'avaient pas complétement établi
la justesse du dernier système.

XI. — Le second mode d'établissement de
l'emphytéose était le testament. En droit romain,
le testament a toujours été considéré comme un
moyen de transférer la propriété, et c'est bien là
ce qui le fait admettre dans l'emphytéose; car, en
fait de texte, il est absolument impossible d'en
trouver un seul relatif à cette question; il est donc
à supposer tout simplement que ce mode de constitution était assez peu employé, et cela se comprend sans peine quand on sait dans quelles occasions on avait recours à un pareil contrat.

Du temps des jurisconsultes classiques, alors
que l'on reconnaissait quatre sortes de testament,
l'emphytéose pouvait se constituer soit *per vindicationem*, soit *per damnationem*. Il fallait alors
appliquer à l'emphytéose les règles ordinaires de
ces testaments.

Le legs était-il fait per vindicationem? le droit
d'emphytéose se trouvait immédiatement constitué; l'emphytéote tenait son droit du *de cujus*. Le
legs avait-il lieu per damnationem? l'héritier était

condamné à constituer l'emphytéose en faveur du
légataire : mais c'est lui, et non plus le défunt,
qui était l'ayant-cause. Jusqu'au moment de l'accomplissement du legs, c'est-à-dire jusqu'au moment où l'héritier concédait par contrat l'emphytéose au légataire, en exécution du testament, ce
dernier n'avait qu'un simple droit de créance, un
jus ad rem, et non pas un jus in re. Mais lorsque
Justinien eut supprimé toutes ces distinctions entre les différentes sortes de legs, le testament con-
féra immédiatement le droit réel sans que l'héritier eût à intervenir en aucune façon, si ce n'est
pour abandonner à l'emphytéote la jouissance
d'un fonds légué.

Doneau[1], qui s'occupe encore de ce sujet, indique une différence très-grande et même très-in-
génieuse entre l'usufruit et l'emphytéose.

Au dire du savant auteur, le legs de l'usufruit,
lorsque bien entendu il n'est accompagné d'aucune condition spéciale, est un legs pur et simple,
ayant par conséquent une existence immédiate.

Dans le legs d'une emphytéose, au contraire,
il y aura toujours une condition sous-entendue :
ce sera l'acceptation par le légataire de l'obligation de payer le canon. Cette distinction s'explique fort bien par la raison que dans le droit emphytéotique le légataire va se trouver astreint à
l'obligation de payer le canon ; il faut donc qu'il

---

1. Doneau, op., l. cit., IX, 13, 13.

déclare consentir à l'acquittement d'une semblable dette.

Comme résultat pratique, nous pouvons constater avec Doneau que le legs se trouvera absolument nul dans le cas où le légataire décéderait sans avoir manifesté sa volonté d'accepter ou de refuser le legs.

XII. — On a maintenant parcouru les deux modes d'établissement de l'emphytéose, il faut ici aborder une question beaucoup plus difficile ; c'est celle de savoir si le droit emphytéotique peut s'établir par prescription.

Il existe d'abord une question hors de doute, c'est qu'au bout de trente ans le propriétaire n'a plus le droit de réclamer à l'emphythéote les redevances qu'il a négligé de demander : cela ne saurait faire doute et ce n'est pas du reste le point sur lequel porte la difficulté[1].

On rencontre encore un cas qui donne lieu à une solution tout aussi simple. Que l'on suppose, par exemple, un titre valable de constitution d'emphytéose, ce titre a été régulièrement transmis par une personne qui passait pour l'ayant-cause de l'emphytéote originaire ; dans ce cas le possesseur de bonne foi se trouvera garanti par la prescription : mais ici ce n'est pas en réalité la prescription qui donne naissance à l'emphytéose, puisque le contrat a été constitué par le véritable

---

1. C. 2. C. J. de prescr. XXX vel. XL ann.

propriétaire. Dans cette espèce la prescription ne fait que consolider une transmission vicieuse du droit emphytéotique. Mais ici comme dans le paragraphe précédent, l'on ne se trouve pas encore en présence de la véritable question.

Cette question peut se poser dans trois situations différentes, ainsi que le fait remarquer M. Pèpin Le Halleur: « D'abord le véritable propriétaire, se considérant comme simple emphytéote, a payé le canon à une personne qu'il considérait comme propriétaire.

En second lieu, le véritable propriétaire a reçu le canon d'une personne qui possédait à titre d'emphytéose.

En dernier lieu, un propriétaire apparent a constitué une emphytéose au profit d'une personne qui a cru traiter avec le véritable propriétaire. »

Ces trois hypothèses du reste doivent recevoir la même solution, car la question de droit se rencontre toujours la même dans chaque espèce particulière.

Quelque intéressante que puisse paraître dans certains cas la situation des parties, on vient toujours se briser contre une impossibilité juridique.

En effet, jamais à Rome on n'a songé à admettre que la prescription pourrait créer une obligation: or c'est ce qui devrait se produire infailliblement, puisque le droit emphytéotique ne peut exister qu'à deux conditions, le droit réel et l'obligation de payer une redevance périodique, le canon. Il serait donc impossible de sortir de l'impasse créée par une semblable théorie.

Du reste, il existe encore une raison pour ne pas admettre la prescription comme mode d'acquisition de l'emphytéose, c'est que la loi Romaine n'a jamais admis la prescription comme un mode d'acquisition de droit commun applicable à tous les droits réels, sans qu'il y ait besoin d'un texte pour cela.

L'usucapion, chacun le sait, ne s'appliquait pas dans l'origine aux choses non susceptibles de tradition, c'est-à-dire, aux choses incorporelles[1]. A partir de la loi Scribonia les servitudes ne purent plus être usucapées[2].

Toutefois le Préteur faisait respecter la longue possession en matière de servitudes prédiales, à l'aide d'interdits, ou même au moyen de l'action utile.

Mais pour ce qui est des servitudes personnelles, jamais il n'a été question d'une protection prétorienne quelconque; le préteur ne songea qu'aux servitudes prédiales et particulièrement aux servitudes urbaines.

Justinien réunit la prescription longi temporis du droit prétorien et l'usucapion du droit civil. On a longtemps pensé que cet empereur avait ap-

1. L. 43, § 1, D. de adq. rer. domin.
2. L. 4, § 29, D. de usurp.

pliqué à toutes les servitudes la prescription de dix à vingt ans, c'était une erreur. Justinien créa un droit nouveau, mais n'apporta aucune modification aux objets sur lesquels portaient ces deux institutions. Ceci nous amène à reconnaître qu'au temps de Justinien comme aux temps antérieurs, la prescription ne put en aucune façon donner naissance au droit emphytéotique.

Une dernière objection est encore opposée par les partisans du système contraire. Elle prend son fondement dans ce fait que les textes accordent à l'emphytéote le droit de se servir de l'action publicienne, pendant qu'il se trouve en possession : or comme l'action publicienne ne se donne qu'à celui qui est en train de prescrire, cette action étant concédée à l'emphytéote, il en résulte bien clairement qu'il est en voie de prescrire.

A cela nous répondrons simplement qu'il existe là une exception à la règle ; ce qui le prouve c'est que cette même exception existe en faveur de l'usufruitier : sans aucun doute le préteur entraîné par l'analogie des motifs, n'aura pas hésité à assimiler l'emphytéose à l'usufruit pour donner dans ces deux cas une décision exceptionnelle. Seulement pour ce qui regarde l'emphytéose, ni le propriétaire, ni le véritable emphytéote n'auront à craindre cette action publicienne, car ils auront l'un et l'autre le moyen de la repousser, le premier par l'exception justi dominii et le second par une exception de même nature ; l'action publicienne n'aura par conséquent d'utilité que contre les simples tiers.

En résumé, il nous semble impossible de reconnaître dans la prescription un mode d'établissement du contrat emphytéotique: il n'y a donc dans le droit romain que le contrat et le testament qui puissent donner naissance à l'emphytéose.

XIII. — Après avoir recherché la manière dont pouvait se constituer l'emphytéose, il faut maintenant étudier comment le contrat se transmettait soit entre-vifs, soit après décès.

Il est hors de doute que toutes ces concessions qui furent l'origine de l'emphytéose, telles que le jus in agro vectigali, le jus perpetuum, etc., pouvaient fort bien se transmettre de main en main, et l'on ne comprendrait pas comment une telle faculté n'aurait pas existé au profit des emphytéoses de biens de particuliers, d'autant plus que la concession étant perpétuelle, c'eût été une situation bien fâcheuse pour l'emphytéote que de se voir condamné à conserver perpétuellement lui et ses héritiers un bien dont ils n'auraient plus trouvé moyen de tirer parti.

La constitution de Zénon est, il faut le reconnaître, entièrement muette sur ce sujet; mais elle passe sous silence tant de points importants qu'il n'y a aucun argument à tirer de ce silence; on doit au contraire penser que l'empereur s'en référait sur ce point à ce qui se passait antérieurement.

XIV. — Le monument qui vient apporter une modification à cet ancien droit, n'est autre qu'une constitution de Justinien, la loi III au Code de jure emphyteutico.

Cette constitution, trop longue pour qu'il soit possible de la transcrire ici, règle avec de grands détails la transmission du droit emphytéotique, et pourtant un grand nombre de points restent encore un sujet de doute et de controverses.

Dans cette longue constitution, Justinien s'est occupé successivement de trois questions différentes : en premier lieu, l'empereur expose les conditions des formes exigées pour la transmission du droit emphytéotique; puis dans une seconde partie, il traite du droit de retrait accordé au propriétaire en cas d'aliénation du fonds; enfin il termine en faisant connaître un droit nouveau, le droit concédé au propriétaire de toucher le cinquantième du prix de l'aliénation consentie par l'emphytéote.

On doit seulement remarquer, avant tout, que l'inexécution de toutes ces dispositions avait une seule et unique sanction, c'était la déchéance, preuve de l'importance que Justinien attachait aux nouvelles dispositions qu'il venait de publier.

XV. — Pour ce qui est des formalités exigées pour l'aliénation du droit emphytéotique, l'emphytéote devait dénoncer au propriétaire son aliénation et le prix pour lequel elle se faisait.

Il devait ensuite attendre deux mois, pour que

le propriétaire lui fît parvenir son consentement
et procédât à l'installation du nouvel emphytéote.

Cela ne fait pas doute lorsqu'il s'agit d'une
aliénation résultant d'un contrat de vente, le texte
de la constitution est formel sur ce point.

Mais des controverses s'élèvent lorsqu'on passe
de la vente à toute autre aliénation du droit
emphytéotique.

Trois opinions se trouvent en présence.

Dans un premier système, on soutient que,
comme le propriétaire n'a pas la faculté d'exercer
son droit de préemption dans les aliénations
autres que la vente, il n'y a nul besoin de lui demander un consentement qu'il ne pourrait refuser.

Une seconde opinion, tout en admettant la
nécessité d'obtenir le consentement du propriétaire, dispense l'emphytéote de l'obligation d'attendre deux mois, il suffit que sa demande en
autorisation se fasse au moment du contrat.

Enfin, en troisième lieu, on peut soutenir qu'il
n'y a aucune distinction à établir entre la vente et
les autres modes d'aliénation, et que, par conséquent, on doit leur appliquer les mêmes règles à
tous.

Il nous semble d'abord que, pour ce qui est du
système intermédiaire, nous devons l'écarter sur-
le-champ; de deux choses l'une, ou l'on doit
demander l'autorisation du propriétaire, et alors
il faut attendre les deux mois, pour que celui-ci
puisse se renseigner sur la situation du nouvel

emphytéote, ou bien il faut reconnaître que le consentement est une formalité inutile, puisque le propriétaire ne peut le refuser. Enfin nous ne voyons ni quels avantages un tel système pourrait produire dans la pratique, ni quelles raisons de textes on pourrait faire valoir à son profit.

Restent en présence les deux autres systèmes. Quant à nous, notre opinion serait favorable au dernier; il a d'abord le mérite de cadrer avec le texte de la loi, en ne faisant aucune distinction entre la vente et les autres contrats ; de plus, la première opinion a le tort, selon nous, d'admettre que le seul motif qu'ait eu le législateur en exigeant l'autorisation du propriétaire et le délai de deux mois, soit le droit de préemption accordé à ce dernier, tandis que celui-ci trouve encore d'immenses avantages dans ce délai, par exemple celui de pouvoir prendre des renseignements sur l'emphytéote présenté.

Ajoutons à cela que, pour qu'un tel système puisse se produire, il faut d'abord admettre la solution d'une question également controversée, celle de savoir si le droit de retrait ne peut être exercé que dans le seul cas de vente ; pour notre part, nous pencherions vers la solution contraire et toute la théorie de nos adversaires se trouverait par là détruite.

Ceci nous confirme dans notre opinion première et nous fait penser qu'il n'y avait aucune distinction à établir entre la vente et les autres modes d'aliénation au point de vue des formes exigées pour la transmission de l'emphytéose.

On peut maintenant se demander dans quel cas le propriétaire pouvait se refuser, ainsi qu'il vient d'être décidé, à donner un consentement à l'admission d'un nouvel emphytéote.

Le texte de la constitution déclare que le propriétaire doit rechercher si la personne présentée pour prendre le lieu et place de l'emphytéote n'est pas une *persona prohibita*, mais bien une *persona concessa et idonea ad solvendum emphyteuticum canonem*. Mais qu'entendre par cette expression de persona idonea?

Là encore il y a controverse, et quelques auteurs ont pensé qu'il s'agissait de certaines classes d'individus qu'un usage constant repoussait, les militaires et les curions par exemple. C'était là ce qui se produisait pour les biens de l'État et pour les propriétés de l'Église, parce qu'alors on avait lieu de craindre l'influence de semblables personnalités; dans les biens des particuliers, les mêmes craintes n'avaient plus raison d'être, aussi pensons-nous qu'il n'y avait pas à opposer l'expression *persona prohibita* à l'expression *persona concessa et idonea ad solvendum emphyteuticum canonem*, l'une désignant les personnes à qui la loi défendait formellement de devenir emphytéotes, l'autre s'appliquant aux simples insolvables.

Il est beaucoup plus simple de considérer tout

ceci comme une de ces rédondances si ordinaires
à Justinien et de supposer que l'empereur n'a
songé qu'à donner au propriétaire le droit très-
légitime de refuser un emphytéote qui ne lui pré-
senterait pas des garanties de solvabilité suffisantes.

Telles sont les formalités exigées pour l'aliénation du droit emphytéotique ; on a pu voir que
Justinien les avait énumérées assez minutieuse-
ment pour qu'on doive croire qu'il y attachait une
grande importance.

XVI. — Il faut examiner maintenant le droit
de retrait accordé au propriétaire.

Ce droit de retrait pourrait fort bien se définir :
« le droit accordé au propriétaire de se porter
acheteur lorsque l'emphytéote vient à aliéner, en
payant le prix que celui-ci aurait reçu ou aurait
pu raisonnablement recevoir d'un tiers. » Ce
droit a du reste d'assez grandes affinités avec les
droits de retraits de l'époque féodale, et Pothier
trouve à ce propos une différence entre ces deux
sortes de droits, qu'il caractérise d'une façon bien
ingénieuse en appelant le droit dont il est question
en ce moment *jus prælationis in re vendenda*,
tandis que pour lui le retrait féodal est un *jus
prælationis in re jam vendita*.

Il y a lieu de penser que Justinien fut l'innova-
teur de cette disposition ; nulle part, dans les
textes, on n'en trouve la trace avant lui, et c'est
dans sa constitution qu'il en est fait mention pour

la première fois. Quel est le but qu'a cherché à atteindre l'empereur par une semblable disposition ?

Cela n'est pas difficile à découvrir. Sans aucun doute, lorsque l'emphytéote venait à aliéner son droit, il avait tout intérêt à ce que le prix qu'il déclarait au propriétaire ne fût pas fort élevé, de telle sorte que le montant du droit perçu par celui-ci se trouvât assez faible. Ceci devait toujours se produire ; il est même à supposer que bien souvent on dénonçait un prix peu considérable, quitte à augmenter entre les parties la somme convenue. Aussi Justinien crut devoir chercher un remède contre de telles fraudes, et le seul moyen qui s'offrit à son esprit fut d'accorder au propriétaire le droit de prendre le marché à son compte le jour où il le trouverait avantageux.

Cette disposition présentait plusieurs avantages. On cédait d'abord à ce mouvement très-caractérisé de l'opinion publique qui répugnait profondément à la décomposition de la propriété ; l'on donnait en outre au propriétaire, jusqu'alors désarmé, la possibilité de recouvrer un bien qu'il avait peut-être concédé dans un moment de détresse ; enfin on le garantissait des fraudes auxquelles il aurait été exposé sans cette faculté.

Du reste tout ceci se produisait sans nuire en aucune façon aux intérêts de l'emphytéote, si ce dernier n'agissait pas dans des intentions malhonnêtes ; peu lui importait, en effet, de voir son

droit passer à un autre ou retourner au véritable
propriétaire ; ce qu'il cherchait, c'était à se dé-
barrasser des charges emphytéotiques et à toucher
une somme déterminée pour prix de l'abandon
qu'il faisait de son droit. Or, que le bien appartînt
à un autre emphytéote ou que le propriétaire
reprit son fonds, le résultat n'en était pas moins
toujours le même pour l'emphytéote.

Voilà quel était le but de ce retrait inventé par
Justinien : mais dans quel cas pouvait-il s'exercer ?

On fait ici allusion à une controverse célèbre
déjà mentionnée à propos des formes relatives à
la transmission du droit emphytéotique.

Il a été en effet soutenu que ce droit de retrait
ne peut s'exercer qu'en cas de vente, et qu'il ne
saurait au contraire trouver place dans les autres
modes d'aliénation.

L'opinion qui croit devoir admettre une semblable distinction, se fonde en premier lieu sur
ce fait que la Constitution ne parle jamais du droit
de retrait qu'à propos de l'*emptio*; sans mentionner nulle part les autres modes d'aliénation ; à
cela on peut répondre que la Constitution n'a fait
que statuer sur le plerumque fit, et qu'en effet,
dans la pratique, il est hors de doute que, dans la
grande majorité des cas, le droit emphytéotique
se transmettait par vente, plutôt que par donation
ou par échange, le premier contrat se rencontrant
beaucoup plus fréquemment dans la vie habituelle
que les deux autres.

Un second argument en faveur du premier système consiste à établir que jamais en cas de donation ou d'échange un semblable droit de retrait
ne pourra se rencontrer ; car le but que voulait
atteindre l'emphytéote ne se trouvera plus rempli
le jour où le propriétaire viendra se substituer au
donataire ou au coéchangiste.

On doit reconnaître ce qu'il y a de fondé dans
cet argument surtout en ce qui concerne l'é-
change : il est incontestable en effet que l'intervention du propriétaire venant exercer son retrait, empêchera inévitablement qu'un semblable
contrat puisse se former ; le but que se propose
le coéchangiste ne se trouvant plus atteint, puisqu'au lieu du fonds, objet du contrat, on lui
donne une somme d'argent, il est hors de doute
que celui-ci préférera se retirer que de traiter dans
de pareilles conditions.

Mais pour ce qui est de la donation, le résultat
ne semble plus devoir être le même ; qu'importe-
t-il en effet au donataire de recevoir un fonds plutôt qu'une somme d'argent égale à la valeur de
ce fonds ? on ne voit pas son intérêt à refuser à
un semblable marché, si ce n'est pour quelques
cas exceptionnels dans lesquels à la donation se
trouverait jointe une question d'affection ou de
famille.

Somme toute, nous ne voulons pas dire qu'il
n'y ait pas dans l'objection de nos adversaires un
côté très-sérieux et très-raisonnable : nous som-

mes au contraire tout disposé à reconnaître que
le retrait dans la donation ou dans l'échange ne
produira plus les mêmes avantages que dans la
simple vente, qu'il sera même quelquefois une
source considérable de difficultés ; seulement en
présence du texte de la constitution de Justinien,
en la relisant avec la plus grande attention, il
nous semble impossible de faire une distinction
quelconque entre la vente d'une part, et la donation et l'échange d'une autre'. La suite des idées
s'enchaîne d'une façon trop nette et trop claire
pour permettre de couper les phrases de la constitution ainsi que l'a fait M. Vuy. Que dit en
effet ce texte ? : « disposuimus attestationem domino transmitti et prædicere quantum pretium ab
alio revera accipi potest. » N'est-ce pas décider la
chose entièrement en notre faveur ? ce n'est pas
le prix stipulé avec l'acheteur que pourra payer le
propriétaire, mais bien le prix qu'il eût été possible de tirer de la chose, phrase qui s'applique
évidemment à la donation aussi bien qu'à l'é-
change. Enfin le propriétaire exercera son retrait
en se portant acheteur, et non pas en prenant à
son compte le contrat de vente et en payant le
prix que l'emphytéote aurait pu raisonnablement
espérer recevoir d'un tiers : « Et quidem dominus
hoc dare maluerit, et tantam præstare quantitatem, quantam ipse revera emphyteuta ab alio accipere potest, ipsum dominum omnimodo hæc
comparare. » Enfin en dernier lieu ce qui doit en-

lever toute hésitation, c'est que Justinien s'est posé
une question générale au début de la constitution ;
dans tous les cas d'aliénation, l'emphytéote a-t-il
besoin du consentement du propriétaire? or ne
serait-il pas absurde de penser qu'après une question aussi générale, l'empereur en soit venu à une
série de distinctions dont il est même impossible
de trouver la trace dans le texte.

XVII. — Le troisième et dernier point dont fait
mention la constitution de Justinien, consiste à
étudier le droit du propriétaire de percevoir le
cinquantième du prix ou de la valeur de la chose.

Cette dernière faculté accordée au propriétaire
suppose bien entendu que les formalités d'aliénation ont été exactement remplies; ce dernier n'a
pas jugé à propos d'exercer son droit de retrait, et
c'est dans un tel état de choses que la constitution
de Justinien lui accorde le droit de percevoir le
cinquantième du prix, ou s'il n'y a pas de prix stipulé, le cinquantième de la valeur du fonds concédé.

Ce droit est évidemment nouveau et c'est bien
Justinien qui l'établit pour la première fois ; seulement en y regardant de près, on arrive à un résultat complétement opposé à l'idée qu'on se formait des motifs qui auraient pu donner lieu à son
introduction dans la législation.

Au premier abord, il semble que Justinien n'a
eu en vue dans une telle disposition que l'avantage des propriétaires et qu'il leur accorde là un

droit très-favorable puisqu'il les met à même de
ne pas exercer le retrait quand cela leur serait par
trop onéreux. Mais ce ne sont là que des apparences trompeuses ; en examinant plus attentivement
les formalités exigées pour la transmission emphytéotique et en se reportant à ce qui se produisait
lors de l'aliénation d'un ager vectigalis ou d'un
fonds grevé d'un jus perpetuum salvo canone, on
voit les choses sous un tout autre aspect.

Il ne faut pas oublier en effet que de tous temps
une semblable aliénation du droit emphytéotique
pouvait à la vérité se faire sans le consentement
du propriétaire, mais que, comme dans ce cas le
premier emphytéote se trouvait rester indéfini-
ment responsable, il fallait toujours demander au
propriétaire de consentir à l'aliénation, et de traiter le nouvel emphytéote comme son ayant-cause
direct. Dans un tel état de choses, il n'est pas besoin de perspicacité pour comprendre que le propriétaire chercha à tirer parti de la situation ; aussi
exigeait-il généralement de très-fortes sommes
pour consentir à opérer la novation qu'on lui demandait.

Toutes ces choses existaient au temps de Justinien, probablement même aggravées par l'état de
désordre dans lequel se trouvait plongé l'empire
romain ; on saisit alors le motif de la décision de
l'empereur, et l'on comprend combien nous
étions dans le vrai en disant que cette constitution
avait un but absolument opposé à celui qu'on au-

rait pu lui supposer à la première inspection des
choses.

L'empereur se trouvait sans doute en présence
d'abus considérables, et c'est pour y porter un
remède énergique qu'il a décidé que le propriétaire ne pourrait, s'il n'exerçait pas la faculté de
retrait, percevoir une somme supérieure au cinquantième du prix : c'était là un maximum fixé
par sa constitution, maximum qu'il était interdit
de dépasser sous peine de déchéance du contrat.

Maintenant l'on peut fort bien se demander si
le cinquantième du prix peut se retenir même en
cas de retrait opéré par le propriétaire : ce qui
revient à chercher si le propriétaire pourra payer
le prix de l'aliénation déduction faite du cinquantième du prix.

Au premier abord la solution affirmative ne paraît pas devoir souffrir de difficulté : le texte
semble formellement résoudre la question dans ce
sens : « Disposuimus attestationem domino transmitti, et prædicere, quantum pretium ab alio revera accipi potest. Et si quidem dominus hoc dare
maluerit et tantam præstare quantitatem, quantam ipse revera emphyteuta ab alio accipere potest, ipsum dominum omni modo hæc comparare. » Ce fragment de la constitution de Justinien ne paraît laisser planer aucun doute sur la
question ; ce que veut la loi, c'est que le propriétaire paie à l'emphytéote ce que ce dernier aurait
reçu d'un tiers ; or ce dernier n'aura évidemment

que le prix de l'aliénation diminué du cinquantième que perçoit le propriétaire? c'est pourquoi l'on doit autoriser celui-ci à retenir le cinquantième tout en exerçant le droit de retrait; l'emphytéote n'en éprouvera aucun dommage, puisque sa position ne sera en aucune façon modifiée et rendue plus mauvaise.

Cependant il existe une double raison qui ne nous permet pas de nous rendre à cette opinion, quelque spécieuse qu'elle puisse paraître.

En premier lieu, lorsque Justinien parle du droit de retrait, il n'est pas encore question de la perception du cinquantième; ceci démontre bien que le prix dû à l'emphytéote est le prix intégral de l'aliénation. En second lieu, si l'on veut se reporter à ce qui a été dit des raisons qui firent réglementer ce droit, cette perception du cinquantième n'était autre que le prix du consentement donné à l'aliénation par le propriétaire. Or ce consentement ne se trouvait plus avoir de raison d'être, le jour où l'aliénation se faisait en faveur du propriétaire lui-même : car il est bien évident qu'on n'avait pas, dans un pareil cas, à craindre un refus de sa part. Telles sont les raisons qui nous font admettre le second système.

Cette obligation de payer le cinquantième du prix de l'aliénation étant bien établie dans les seuls cas où la transmission de l'emphythéose se fait en faveur de tiers étrangers et non du propriétaire, il s'agit actuellement de savoir si toute

9

espèce d'aliénation se trouve soumise à cette règle? Nous faisons allusion à ces distinctions qui
existent entre les aliénations à titre onéreux et les
aliénations à titre gratuit, entre les transmissions
entre-vifs et les transmissions pour cause de
mort.

Quant à ce qui est des transmissions entre-vifs,
je ne crois pas possible d'admettre une différence
quelconque entre les aliénations à titre gratuit et
les aliénations à titre onéreux. Du reste rien ne
peut faire supposer qu'il y ait eu question à ce
sujet; les auteurs paraissent unanimes à constater
la solution ici rapportée. Le texte de la constitution de Justinien est de plus trop général pour
qu'il puisse y avoir lieu à une controverse fondée
sur une telle distinction.

Les mutations pour cause de mort pourront,
au contraire, fournir une division très-spé-
cieuse.

On a, en effet, cru devoir opposer la transmission héréditaire, c'est-à-dire faite aux héritiers
directs de l'emphytéote à la transmission du droit
par l'effet d'un legs.

Pour ce qui est de la transmission héréditaire,
là encore il ne saurait y avoir doute, et personne
que je sache n'a osé soutenir que dans un pareil
cas, il y ait lieu à la perception du cinquantième.
Remarquons, en effet, que presque toujours les
emphythéoses se trouvaient perpétuelles, et qu'elles
étaient concédées à l'emphythéote et à ses héri-

tiers. Il n'y avait donc pas en réalité de mutation
de propriété; le jour où le premier emphytéote
venait à décéder, ses héritiers légitimes lui succédaient dans l'ordre réglé par la loi.

Ce n'était là que l'application de ce double
principe; d'abord que l'emphythéose, comme on
vient de le voir, se concédait aussi bien aux héritiers qu'au concessionnaire lui-même; et ensuite
que l'on ne rencontrait ici qu'une application pure
et simple de la théorie générale en droit romain,
à savoir que les héritiers continuent la personne
du de cujus.

Tout ceci ne présente aucune espèce de difficulté; mais le doute reparaît, lorsque au lieu de
se trouver en présence d'une transmission héréditaire, on rencontre un legs transférant à un tiers
étranger le droit emphytéotique.

La plupart des auteurs croient devoir assimiler
le cas dont il est actuellement question, aux aliénations entre-vifs, et en lui appliquant les règles
déjà connues, ils décident que le propriétaire aura
le droit de percevoir le cinquantième de la valeur
estimative du bien légué. Cette opinion semble
au reste parfaitement juste et parfaitement fondée : il n'y a plus ici le moindre rapport avec
l'espèce envisagée dans le paragraphe précédent;
comment soutenir en effet que le propriétaire a
entendu concéder le droit emphytéotique au concessionnaire immédiat de l'emphythéote et à ses
légataires? autant vaudrait dire qu'il a consenti

également à toutes les aliénations, même aux aliénations entre-vifs, et alors que deviendrait la constitution de Justinien ?

Du reste, l'on ne trouve plus à appuyer sa solution sur ce motif excellent puisé dans les principes fondamentaux du droit romain que les héritiers continuent la personne du défunt; car il n'en saurait être de même des légataires.

Je sais bien que la constitution de Justinien est absolument muette sur le compte des légataires; mais que pourrait-on inférer de cela? Rien de sérieux, car, dans le doute, il faut choisir entre les deux solutions opposées, assimiler des légataires aux héritiers légitimes, ou bien rattacher le cas de la transmission par legs aux aliénations entre-vifs; or ce dernier parti nous semble le seul admissible.

On ajoute encore qu'il est impossible d'appliquer dans son intégrité la constitution de Justinien; ainsi la partie qui règle les formalités requises pour obtenir le consentement du propriétaire, se trouvera forcément inapplicable dans le cas où ce serait à un légataire que serait transmis le droit emphytéotique. Mais cela ne prouve encore rien contre notre solution; il y a, en effet, impossibilité de fait à obtenir un consentement dans un cas où le droit réel se trouve transféré ipso jure, mais c'est là une impossibilité matérielle qui n'a rien à voir avec le droit accordé au propriétaire de percevoir le cinquantième du prix.

Cette dernière raison ne modifierait donc pas notre opinion.

On s'est demandé si dans le cas où l'emphytéote viendrait à céder entre-vifs son droit à son héritier présomptif, il y aurait lieu d'appliquer la règle de la perception du cinquantième du prix? La négative a été soutenue, en se fondant sur ce fait qu'il n'y avait en somme dans ce contrat aucune de ces aliénations rentrant dans le domaine de celles que Justinien frappe de la perception du cinquantième, pourvu, toutefois, qu'au moment du décès du premier emphytéote, celui en faveur duquel il eût consenti son aliénation se trouvât encore être son héritier légitime.

Nous ne saurions admettre une semblable opinion[1], lorsque la concession se fait à titre onéreux, il me semble que l'on ne doit voir là qu'un contrat ordinaire intervenant entre des parties absolument étrangères les unes aux autres; en effet, que se passera-t-il dans le cas où le jour du décès du premier emphytéote, le nouvel emphytéote ne se trouverait plus être l'héritier de celui-ci?

Pourrait-on percevoir le cinquantième du prix à ce moment? En admettant une pareille solution, le propriétaire n'en supporterait pas moins une perte, puisqu'il ne touchera le cinquantième du prix qu'au moment où il sera prouvé que le se-

---

1. M. Pépin Le Halleur, op., l. cit., p. 138; M. Vuy op., l. cit., p. 194; M. Thibaut, Syst. des Pand., § 778.

cond emphytéote n'est pas l'héritier du premier ;
or ceci pourra fort bien ne se produire qu'après
un espace de temps considérable.

Ou bien dans le cas où la personne en faveur
de laquelle l'aliénation aurait eu lieu, se trouvera
être, au décès du premier emphytéote, héritière
de celui-ci, faudrait-il décider qu'alors le propriétaire sera dans l'obligation de rendre le cinquantième du prix perçu au moment de l'aliénation du
fonds emphytéotique? C'est ce qu'il faudrait admettre pour être conséquent avec soi-même, dans
le système que nous combattons, et pourtant je
ne sache pas qu'on ait jamais songé à pousser les
choses à ce point.

Toutes ces solutions nous semblent bien com-
pliquées, et c'est là ce qui nous fait penser que
dans le cas d'un contrat à titre onéreux, le propriétaire aura le droit de percevoir le cinquantième du prix d'aliénation, quand bien même
cette aliénation se ferait en faveur de l'héritier de
l'emphytéote. On a cherché à soulever la même
discussion à propos du cas où l'aliénation se produirait à titre gratuit, en se fondant sur ce que
dans une telle espèce, il y avait un simple avan-
cement d'hoirie : mais ici encore nous ne pouvons soutenir un pareil système; il y a en réalité
changement de propriétaire, et en vertu de ce
changement, l'emphytéote doit payer le cinquantième du prix, voilà la règle : du reste, rien ne
prouve encore que le donataire de l'emphytéose

sera un jour l'héritier du donateur. Or ce n'est
pas sur de simples probabilités qu'il faut se fonder
pour retirer au propriétaire un droit aussi juste
que celui de percevoir le cinquantième du prix à
chaque aliénation.

Cette question une fois vidée, on se retrouve
encore en présence d'une nouvelle controverse.

Un texte, la novelle 112[1] a donné lieu à ce débat, il est ainsi conçu : « Quando res litigiosæ per
successionem ad hæredes perveniunt, harum rerum inter hæredes divisio non debet pro alienatia-
tione haberi. »

On s'est fondé sur ce texte pour soutenir qu'au
cas où une emphytéose se trouverait indivise entre plusieurs héritiers et que l'un des héritiers se
serait rendu acquéreur du fonds tout entier, l'emphytéote acquéreur n'aurait pas à payer le cinquantième sur sa part (ce qui ne fait doute pour
personne), mais que de plus il ne serait pas tenu
d'acquitter le cinquantième sur les parts de ses
cohéritiers.

On raisonne en disant que ce texte est des plus
explicites en faveur de ce système, puisqu'il décide que : « quand les choses litigieuses viennent
aux héritiers, la division de ces choses entre eux
ne doit pas être considérée comme une aliénation.
Par conséquent, du moment où les autres parts
appartenant primitivement aux autres héritiers,

1. Nov. 112, c. 1.

sont considérées comme ayant toujours été la propriété du seul emphytéote existant au moment de
la perception, il est incontestable que l'emphytéote n'a rien à payer, puisqu'il se trouve héritier
pour le tout[1].

Ce raisonnement serait parfaitement juste s'il
ne conduisait beaucoup plus loin que là où l'on
veut aller. En effet, à prendre le texte tel qu'on
l'explique, il faut lui donner une application générale; ceci amène à dire qu'en droit romain le
partage n'était pas attributif de propriété, mais
bien au contraire déclaratif.

Or, on vient ici se heurter contre un principe
qui ne saurait être douteux dans la législation romaine. Jamais à Rome on n'a songé à considérer
le partage comme déclaratif de propriété; il était,
au contraire, purement translatif et, par conséquent, assimilé à tout autre mode d'aliénation de
la propriété.

Quant à l'explication du texte sur lequel se base
l'opinion contraire, elle est fort simple; au lieu
d'y voir une thèse générale, il faut tout simplement lui donner un sens restreint, et le considérer
comme réglementant un tout autre point de droit;
on sait qu'une règle générale interdisait dans la
législation romaine l'aliénation des droits litigieux.
Ne semble-t-il donc pas beaucoup plus simple de
penser que ce texte consacre une exception à cette

---

1. Glück, Comm., t. VIII, 491.

règle et permet dans ce cas l'aliénation, que l'on ne considère pas alors comme une aliénation de choses litigieuses?

On peut maintenant se demander qui doit payer au propriétaire le cinquantième du prix dû pour chaque aliénation.

Par cette question, il ne s'agit pas de rechercher qui doit, en définitive, supporter le payement du cinquantième, cela ne saurait souffrir de difficulté, puisqu'en fin de compte, dans la vente, ce sera toujours le vendeur, l'acheteur s'arrangeant pour ne jamais dépasser un prix déterminé; dans la donation, au contraire, ce sera, très-probablement, le donataire qui aura à débourser la somme à laquelle se monte le cinquantième de la valeur estimative de la chose donnée.

Mais ce n'est pas là la question; on veut simplement rechercher à qui le propriétaire doit s'adresser pour obtenir le cinquantième qui lui revient d'après la constitution de Justinien.

La solution semble découler bien naturellement des principes fondamentaux de la matière; le cinquantième du prix perçu par le propriétaire n'était autre que le prix de son consentement; or, lequel de l'aliénateur ou de l'acquéreur avait besoin de ce consentement? Les deux, bien entendu, mais particulièrement l'aliénateur, avec lequel le propriétaire se trouvait seul en rapport ; aussi paraît-il aller de soi que le propriétaire doive s'adresser à ce dernier, puisqu'il ne connaît pas l'autre contractant, et qu'il n'a, en aucune façon, à se préoccuper de lui, si ce n'est pour savoir s'il est *idoneus ad solvendum canonem*.

Constatons toutefois que le nouvel emphytéote se trouvait fort intéressé à ce que le payement fût effectué très-exactement; car, dans le cas contraire, il se trouverait déchu de son droit; on sait, en effet, que la résolution du droit était la peine et la conséquence du non-payement.

M. Pepin Le Halleur pense que dans le Bas-Empire où les emphytéoses avaient pris une très-vaste extension, il se serait alors produit ce qui eut lieu bien plus tard pour les censives du moyen âge; l'acquéreur se trouvait chargé d'effectuer le payement du cinquantième en le précomptant sur le prix d'acquisition.

Une dernière question reste encore à discuter : on a vu que Justinien accorde au propriétaire le droit de percevoir le cinquantième du prix ou de l'estimation de la chose aliénée. Quel est le motif de cette distinction que l'empereur croit devoir faire entre le prix et l'estimation de la valeur de la chose?

Certains auteurs ont vu là la faculté accordée au propriétaire de provoquer une nouvelle estimation de la chose dans le cas où il prévoirait une collusion entre l'ancien et le nouvel emphytéote.

Pour nous, nous ne pensons trouver dans cette

distinction qu'une différence nécessitée par les
faits eux-mêmes; l'empereur a voulu faire remarquer que le nouveau droit institué par sa constitution s'appliquerait aussi bien à la donation qu'à
la vente, et c'est pour cela qu'il oppose le prix de
la chose à l'estimation de la valeur du fonds
aliéné.

On peut répondre qu'il faut cependant venir au
secours du propriétaire qui, faute d'argent, se
trouvera dans l'impossibilité d'exercer le retrait et,
par conséquent, hors d'état d'empêcher les fraudes
que voudraient accomplir l'emphytéote et son
acquéreur; ceci est, en effet, parfaitement exact
et pourra se produire dans certains cas; mais il
ne faut pas oublier qu'alors on arrivera ainsi à
une injustice encore plus criante, ce sera de faire
payer à l'emphytéote le cinquantième d'un prix
beaucoup trop élevé comme estimation, d'un prix
que, par conséquent, il n'aura jamais reçu de son
acheteur.

Cette raison nous paraît décisive surtout quand
on veut bien considérer que les textes sont peu
favorables au système qui admet la possibilité de
recourir à une nouvelle estimation.

XIII. — Après avoir vu les règles qui régissent
les aliénations entre-vifs de l'emphytéose, il faut
constater que la transmission héréditaire de ce
droit se faisait d'après les règles ordinaires, sur
lesquelles on n'a pas, par conséquent, à s'é-
tendre.

Si plusieurs héritiers se trouvaient succéder à un emphytéote, le droit emphytéotique devait appartenir indivisément à chacun d'eux. Chaque héritier se trouvait obligé à payer non pas tout le canon, mais une part du canon en proportion avec sa part héréditaire.

Les héritiers s'arrangeaient comme ils l'entendaient, ou pour percevoir les fruits, ou pour louer les fonds et se partager entre eux le prix de la location ; pour tout cela, ils n'avaient besoin d'aucune autorisation du propriétaire.

Une question assez délicate est celle de savoir s'il faut que tous les héritiers soient en faute pour que la déchéance du droit emphytéotique vienne à se produire. On verra bientôt qu'en cas de nonpayement du canon, pendant un certain laps de temps, l'emphytéote se trouvait frappé de déchéance. Qu'arrivera-t-il donc si l'un des héritiers avait payé sa part dans le canon, tandis que l'autre avait négligé de le faire? La plupart des auteurs décident qu'alors l'emphytéose tout entière doit disparaître. En effet, l'obligation de payer le canon se divise bien de plein droit entre les héritiers, mais sous cette condition résolutoire que dans le cas où le canon ne se trouverait pas intégralement payé, elle serait alors considérée comme une obligation indivisible. Seulement, le propriétaire devra, pour conserver son droit, faire en sorte de ne recevoir aucun payement partiel du canon, ou bien de ne recevoir ce payement

partiel qu'en faisant toutes ces réserves au sujet
de ce qui lui reste à toucher.

Ceci s'explique parfaitement par la raison que
le morcellement de l'emphytéose causerait un
grand préjudice au propriétaire : c'est pour cela
qu'en cas de partage, bien que susceptible d'être
comprise dans l'action familiæ erciscundæ, et dans
l'action communi dividundo[1], l'emphytéose doit
être attribuée à un seul des héritiers ou à plusieurs indivisément, mais jamais séparées en parts
héréditaires[2].

XIX. — Il ne reste plus pour terminer l'histoire de l'emphytéose au temps de Justinien, qu'à
examiner quelles sont les causes d'extinction de
ce contrat. Il existe deux classes bien différentes :
d'abord les causes d'extinction qui rentrent dans
le droit commun; puis celles qui se trouvent spéciales au contrat lui-même.

XX. — Dans la première classe se trouvent :

1° La perte de la chose ; il est incontestable
que si la chose sur laquelle porte l'emphytéose
vient à périr, le droit ne saurait plus exister; il
faut ajouter, du reste, que l'emphytéose portant
généralement sur des fonds de terre, un semblable mode d'extinction aura assez peu d'application dans la pratique. Dans le cas où une partie
seule de la chose viendrait à périr, l'emphytéose

1. L. 7, pr. D., Comm. Divid. (x, 3).
2. Muehler, op., l. cit., p. 70.

continuerait à exister sur le reste, cela va sans dire.

2° L'échéance du terme. Comme dans l'espèce précédente, ce cas se produira encore très-rarement,

On sait que l'emphytéose est perpétuelle de sa nature ; mais comme elle ne l'est pas de son essence, une semblable clause d'extinction pourra fort bien se trouver stipulée dans un contrat emphytéotique, et c'est pour cela qu'il faut la mentionner en ce moment.

3° La mort de l'emphytéote sans successeurs. On doit ici entendre par successeurs, non pas seulement ses héritiers testamentaires, mais bien encore ses légataires, etc. Il faut que le droit emphytéotique se trouve absolument dépourvu de personnes capables de le recueillir pour que ce cas d'extinction vienne à se produire.

4° La confusion de la qualité d'emphytéote et de celle de propriétaire. On comprend que dans un pareil cas l'emphytéose disparaisse, puisque ce n'est que la jouissance d'un fonds moyennant le payement d'une redevance : c'est absolument ce qui se produisait pour l'usufruit.

5° La prescription. L'emphytéote ne pouvait jamais prescrire, cela ne fait pas doute, puisqu'il possédait au nom d'autrui; il était dans le même cas que le fermier, c'est-à-dire qu'il possédait non pour son propre compte, mais pour le compte du propriétaire.

Tout ce que pouvait faire l'emphytéote, c'était de prescrire après trente ans de non-payement les annuités du canon ; il y avait là, en effet, des prestations périodiques dont la prescription commençait à courir à partir du jour où chaque prestation était due.

La prescription, au contraire, était possible au profit d'un tiers, et aurait eu pour effet de le rendre plein propriétaire. Elle s'exerçait au profit du propriétaire dans le cas où l'emphytéote serait resté pendant trente ans sans faire valoir aucun de ses droits.

6° La condition résolutoire. On peut, en effet, fort bien comprendre comment une emphytéose aurait été constituée sous condition suspensive, ou sous condition résolutoire.

Dans ce dernier cas, lorsque la résolution se produisait, l'emphytéose était censée n'avoir jamais existé.

7° Le consentement mutuel des parties. C'est le dernier mode d'extinction de l'emphytéose. Il n'est nul besoin de rappeler la règle du droit romain : les contrats pouvaient se dissoudre par mutuel consentement, seulement l'on devait respecter les effets déjà produits.

On a prétendu que l'emphytéote pouvait toujours et à lui seul se départir du contrat. Qui a pu donner lieu à une telle opinion ? C'est vraiment ce que j'ignore : les textes sont absolument contraires à un pareil système et la loi 3 au Code

de Justinien, de fundo patrim. ne laisse aucun
doute à cet égard : « Quicumque possessiones
ex emphyteutico jure susceperint, ea ad refun-
dendum uti occasione non possunt, qua asserant
desertas esse cœpisse, tametsi rescripta per obrep-
tionem meruerint : sed nec avelli eas ab his
posse, nec si licitatio ab alio fuerit promissa, sed
eas in perpetuum apud eos, qui eas susceperint,
et eorum posteritatem remanere, nec si super hoc
rescriptum fuerit adversus eos impetratum. » Tout
ce qu'on peut admettre, c'est que l'emphytéote
pouvait renoncer à cultiver le fonds, mais en
continuant à payer le canon; dans ce cas, le propriétaire aurait pu obtenir la déchéance de l'emphytéote; mais là n'est pas la question, car dans
l'hypothèse actuelle il s'agit d'un emphytéote
cherchant à faire tomber le contrat par son propre fait, et contre le gré du propriétaire; or, dans
un tel état de choses, nous ne lui voyons qu'un
moyen d'arriver à son but, c'est d'abandonner le
fonds, tout en continuant à payer le canon stipulé au moment de la convention.

XXI. — Après les causes d'extinction du contrat emphytéotique assimilables aux causes d'extinction des autres contrats, se présentent les
causes de déchéance de l'emphytéote, c'est-à-
dire les cas dans lesquels l'emphytéose se trouve
disparaître par suite d'une disposition spéciale.
Ces cas sont au nombre de trois : 1° Les abus de
jouissance; 2° le défaut du payement du canon;

3° l'irrégularité dans la transmission du droit emphytéotique.

1° Le premier cas n'est autre que l'abus de jouissance. Il est incontestable qu'à l'époque du jus perpetuum, la dégradation du fonds était une cause de déchéance pour le concessionnaire; on appliquait alors la théorie du louage, ainsi que le disent les auteurs.

Zénon, dans sa constitution, ne dit pas un seul mot sur ce sujet, et cela doit faire présumer qu'il ne se produisit aucun changement sur cette matière. Il existe en outre une constitution de Justinien qui règle la question de la façon la plus nette; cette constitution se rapporte, il est vrai, en termes formels à l'emphytéose des biens ecclésiastiques, mais comme on ne parle nulle part dans le texte d'une exception à la règle générale, il faut penser que ce n'était qu'une application de la règle.

A ce propos on controverse vivement sur la question de savoir ce qu'il faudrait décider au cas où un emphytéote aurait amélioré le fonds, tandis que d'un autre côté il lui aurait fait subir de notables détériorations.

Certains auteurs allemands ont soutenu que l'emphytéote aurait dû être privé des parties du fonds par lui détériorées, mais en vérité sur quoi se fonde cette opinion? Outre que les textes lui sont contraires, on ne sait où trouver une seule raison sérieuse pour accepter cette théorie. D'au-

10

tres jurisconsultes ont parlé d'une compensation
qui s'opérerait entre les améliorations et les détériorations. Dans un dernier système on a cru devoir s'en tenir purement et simplement au texte
de la Novelle de Justinien et considérer, par conséquent, dans cette hypothèse le droit de l'emphytéote comme entièrement détruit. Au milieu de
ces controverses, M. Pepin Le Halleur pense qu'il
n'y aura pas lieu à déchéance tant que la somme
des détériorations ne dépassera pas la valeur des
améliorations : cette théorie nous paraît parfaitement raisonnable. Quel est en réalité le but du
législateur ? C'est que les fonds concédés en emphytéose ne diminuent pas de valeur ; or, ceci ne
saurait se produire tant que les améliorations seront équivalentes aux dégradations commises sur
le fonds.

2° Le défaut de payement. Tel est le second cas
de déchéance du droit emphytéotique.

Remarquons que dans le principe cette cause
de déchéance a dû être stipulée en termes exprès,
si l'on en croit le jurisconsulte Scævola :

« Lex vectigali fundo dicta erat, ut, si post
certum temporis vectigal solutum non esset, is
fundus ad dominum redeat.... »

Mais peu à peu cette clause, d'expresse qu'elle
était, se sous-entendit dans les contrats ; elle
devint tacite. C'est là ce qu'on doit inférer du
texte qui, parlant de l'emphytéose, déclare qu'elle
est constituée : « ea lege, ut, quamdiu pensio

præstetur, tamdiu prædium auferre non liceat. »
Ce qui revient à dire qu'il est de l'essence de l'emphytéose que dans le cas où le prix n'est pas payé,
le propriétaire puisse retirer la concession.

Cette opinion est consacrée en termes formels
par l'empereur Justinien dans la loi 2 du Code de
jure emphyteutico. Quant à la question de savoir
à partir de quel moment se produisait la déchéance
du droit emphytéotique, elle donne lieu à des
controverses sans fin.

Au dire des uns, le contrat emphytéotique dis-
paraît de plein droit le jour même où l'obligation
de l'emphytéote ne se trouve pas accomplie; selon les autres il faut la volonté clairement exprimée du propriétaire; enfin, quelques personnes
vont même jusqu'à demander qu'il intervienne sur
ce sujet une sentence du juge.

De toutes ces opinions la première nous semble
seule admissible : la concession emphytéotique est,
à notre avis, faite sous cette condition résolutoire
que le contrat sera dissous si le payement du canon ne s'effectue pas régulièrement; or le jour où
cette condition résolutoire vient à s'accomplir, le
contrat emphytéotique se trouve résolu de plein
droit ; c'est bien là l'idée qu'expriment les textes
quand ils disent que l'emphytéose : « suo jure
cadet. » — « fient omnimodo extranei emphyteu-
matis. » On nous opposera sans doute cet autre
texte déclarant que la déchéance aura lieu si le
propriétaire y consent. « Volenti ei (domino)....

licet repellere. » Et plus loin : « Si dominus vo-
luerit. » Mais ceci ne prouve rien contre notre
opinion. Que le propriétaire soit maître de provoquer ou de ne pas provoquer l'expulsion de l'emphytéote, c'est ce qui ne saurait faire doute après
la lecture de la constitution de Justinien, mais
c'est là une chose tout à fait distincte de ce dont il
s'agit en ce moment. On peut, en effet, parfaitement comprendre que la déchéance se trouve encourue de plein droit pour le non-payement du canon, mais comme ce non-payement ne fait en
somme que léser le propriétaire, et que ce dernier trouve peut-être encore plus avantageux
d'attendre quelque temps que de se retrouver
en possession de son fonds, il est fort admissible qu'il préfère encore conserver l'emphytéote
qui, du moins, ne laissera pas ses champs sans
culture.

Une situation intermédiaire pouvait quelquefois se présenter, lorsque, le contrat étant résolu par suite de non-payement du canon, le
propriétaire ne s'était pas décidé à prendre un
parti définitif relativement au maintien ou à la déchéance de l'emphytéote ; mais cela ne produisait pas de bien grands inconvénients : si le propriétaire maintenait l'emphytéote dans son droit,
les choses restaient dans leur état antérieur : si, au
contraire, on optait pour la résolution du contrat,
alors la concession emphytéotique était considérée comme résolue de plein droit à partir du mo-

ment où le payement aurait dû avoir lieu, de telle
sorte que le propriétaire n'avait pas à réclamer le
payement du canon pour l'époque écoulée entre le
non-payement et la déclaration de volonté du propriétaire; d'autre part l'emphytéote n'avait droit
de retenir aucun des fruits perçus à cette époque.

Pendant combien de temps l'emphytéote devait-il rester sans payer le canon pour qu'on
le déclarât déchu de son droit? Sur cette question
il y a plusieurs époques à distinguer. D'abord
lorsque l'on assimilait l'emphytéose au louage, on
lui appliquait les règles de ce dernier contrat; on
décidait donc que l'emphytéose se trouvait résolue au bout de deux ans.

Justinien, dans la constitution qui règle cette
matière[1], porta ce laps de temps de deux à trois
ans, modifiant en cela le système de Zénon qui, en
distinguant l'emphytéose du louage, ne changeait
rien au laps de temps exigé.

Mais le propriétaire qui procède à l'expulsion
de l'emphytéote, pourra-t-il demander à la fois
son expulsion et les canons arriérés? Nous ne
voyons pas comment on a pu lui refuser une semblable faculté; et cependant Vinnius[2] donne cette
solution, en se fondant sur cette raison qu'on ne
peut pas demander deux fois la même chose; mais ici
on ne demande pas en réalité deux fois la même
chose : n'est-il pas, en effet, de toute justice que

1. C. 2, C. J., de jure emphyt.
2. Vinnii, Selectæ quæst., 11, 3.

le propriétaire, tout en expulsant l'emphytéote, se fasse payer ce qui lui est dû? Il y a là deux choses toutes différentes, et je ne comprends pas comment on en est venu à les confondre l'une avec l'autre.

Il reste encore sur cette constitution une dernière question fort controversée et fort embarrassante.

On se demande dans quel cas cette déchéance peut se produire, et Justinien, qui règle cependant cette matière avec beaucoup de soin et de minutie, ne parvient à donner ici que deux solutions absolument contradictoires.

En effet, l'empereur déclare qu'il faut que l'emphytéote n'ait payé ni les impôts ni le canon : « Si neque pecunias solverit neque apochas domino tributorum reddiderit. » Puis un peu plus loin il donne la solution contraire : « Si solitam pensionem vel publicarum fonctionum apochas non præstiterit. »

On comprend que, dans le premier cas, Justinien semble exiger que pour que la déchéance soit encourue il faille que ni l'une ni l'autre des deux obligations n'ait été remplie : « Neque pecunias.... neque apochas. » Mais dans sa seconde phrase l'empereur détruit ce qu'il vient de dire en déclarant l'emphytéote déchu s'il a manqué d'accomplir l'une ou l'autre obligation : « Solitam pensionem vel publicarum functionum apochas. » Que penser de tout cela ?

Il est assez difficile de le dire; on se trouve en face d'une contradiction patente, impossible à résoudre en se renfermant dans le seul texte de la constitution de Justinien. Il faut donc chercher la solution dans un principe plus large et plus général; ce principe se trouve dans la loi 85 du Digeste de verb. oblig. [1], ainsi conçu : « Item si ita stipulatio facta sit, *si fundus Titianus datus non erit, centum dari?* nisi totus detur, pœna committitur centum partes fundi tradere, cessante uno, quemadmodum non prodest ad pignus liberandum partem creditori solvere. » Ce texte donne, en effet, l'application d'un principe bien connu, c'est que toute obligation partiellement remplie ne produit pas plus d'effet pour la libération du débiteur qu'une inexécution absolue. Force nous sera donc de décider que la déchéance sera encourue par l'emphytéote quand il aura manqué de payer les impôts ou le canon.

3° Telles sont les dispositions de la constitution de Justinien qui constate le cas de déchéance faute de payement du prix, il faut encore examiner le dernier cas de déchéance spécial : c'est l'irrégularité dans la transmission du droit emphytéotique.

Mais ici il n'y a rien de nouveau à apprendre; lorsqu'en effet on a traité des formalités à remplir pour qu'il fût possible de procéder à l'alié-

---

1. L. 85, § 6, D., de verb. oblig. (xLv, 1).

nation de l'emphytéose, il a été bien constaté que Justinien établissait là des formes nouvelles auxquelles il attachait une grande importance, puisqu'il exigeait leur accomplissement sous peine de déchéance.

Une seule chose est à remarquer, c'est que cette déchéance ne peut se produire que dans le cas où le propriétaire jugerait à propos de la réclamer : s'il préfère ne pas agir, l'emphytéote ne pourra pas se prévaloir de sa faute pour faire tomber le contrat emphytéotique.

XXII. — Il ne reste plus pour terminer cette étude sur l'emphytéose à l'époque de Justinien qu'à parler très-sommairement de quelques emphytéoses particulières dont les règles différaient, sur certains points, des dispositions de l'emphytéose du droit commun.

Ces emphytéoses exceptionnelles avaient lieu pour les biens du domaine impérial et pour les biens ecclésiastiques.

XXIII. — Quant à ce qui est des biens du domaine impérial, l'historique en a été fait en traitant du jus privatum et du jus perpetuum. Il est vrai que c'était à une époque antérieure à la constitution de Zénon; mais cette constitution s'applique à l'emphytéose des biens de particuliers et laisse entièrement de côté l'emphytéose des biens du domaine impérial.

Du reste les textes s'accordent tous à constater qu'il existe une différence notable entre ces deux classes de concessions : il y a donc lieu de penser que toutes les solutions données au sujet du jus privatum et du jus perpetuum s'appliquent encore après la constitution de Zénon et même sous le règne de Justinien.

XXIV. — Quant aux emphytéoses des biens ecclésiastiques, Justinien décide que les concessions n'en pourront être faites que temporairement ; c'était le contraire de ce qui se produisait dans les emphytéoses ordinaires où la concession était généralement perpétuelle.

Cette disposition avait sans doute pour but de protéger les établissements sacrés contre les abus qu'auraient pu occasionner un pareil droit de concession perpétuelle ; ce qui confirme une semblable opinion, c'est que la concession d'une emphytéose de biens ecclésiastiques, se trouvait entourée d'une foule de formalités minutieuses qui avaient évidemment pour but d'empêcher toute tentative de pression et de supercherie.

La durée de ces emphytéoses n'était pas réglée d'une façon uniforme ; elle pouvait même être indéterminée, c'est-à-dire que le jour où devait se terminer l'emphytéose, n'était pas fixé d'une façon formelle ; tout ce qu'on exigeait c'était que le contrat ne fût pas perpétuel. Le plus souvent ces emphytéoses étaient constituées pour toute la vie de l'emphytéote primitif et reversibles sur la tête de deux descendants successifs.

Quelquefois l'on stipulait que dans le cas où les

deux descendants n'existeraient pas ou viendraient
à disparaître, le droit emphytéotique serait reporté
sur le conjoint survivant : mais pour que cela eût
lieu, il fallait qu'une semblable condition eût été
insérée en termes formels dans le contrat de
constitution.

Justinien modifia toutes ces dispositions dans
sa Novelle 120. Il autorisa la constitution d'emphytéoses perpétuelles sur les biens ecclésiastiques : toutefois il est permis de penser que, même
après ces changements, les emphytéoses n'étaient
considérées comme perpétuelles que dans le cas
où cela était formellement exprimé.

L'empereur ne maintint les anciennes dispositions dans toutes leur rigueur qu'en ce qui con-
cernait les biens de l'Église de Constantinople, et
encore y apporta-t-il quelques modifications. Lorsque cette Église se trouvait posséder des constructions tombées en ruine, elle fut autorisée à les concéder en emphytéose ; seulement, par mesure de
prudence, le montant du canon fut réglé d'une façon invariable. L'emphytéote devait payer le tiers
du revenu des édifices avant leur ruine, s'il con-
sentait à le payer du jour où le contrat se trouvait
constitué. Si au contraire l'emphytéote préférait
ne faire partir le canon que du jour où les travaux
de réparation seraient terminés, dans ce cas le
canon au lieu du tiers devait égaler la moitié du
revenu. On comprend toute la sagesse de semblables dispositions.

Il y avait encore plusieurs points de différence entre l'emphytéose des biens ecclésiastiques et l'emphytéose ordinaire.

La première devait être rédigée par écrit ; quant à la seconde on sait qu'il y avait controverse ; en général on décidait même qu'aucun écrit n'était exigé.

Dans le cas de déchéance de l'emphytéote par suite du non-payement des impôts et du canon, il y avait encore une différence très-remarquable à signaler ; dans les emphytéoses ordinaires, la déchéance se produisait au bout de trois ans, ici au contraire on en était resté aux anciennes règles, l'emphytéote se trouvait privé de son droit au bout de deux ans.

Enfin il n'est pas douteux que, dans une pareille situation, le propriétaire pût demander à la fois et la déchéance du concessionnaire et le payement des termes arriérés du canon : on se souvient, en effet, que dans la controverse existante sur cette question au sujet de l'emphytéose ordinaire, nous avons fondé notre solution sur un texte de Justinien qui s'appliquait aux emphytéoses des biens ecclésiastiques.

Quant à ce qui est du droit de retrait, il est incontestable que l'Église pouvait l'exercer comme tout autre propriétaire. Mais il y avait un autre retrait absolument exceptionnel, et existant en faveur de l'Église seulement. C'est ce qui résulte

du texte suivant[1] : « Si vero contigerit quamlibet
rem in aliquo prædictorum locorum venerabilium
emphyteutico jure datam, aut in imperialem domum, aut in sacrum nostrum ærarium, aut in
civitatem alienam, aut in curiam, aut in aliquam
venerabilem aliam domum pervenire : licentiam
præbemus ordinatoribus venerabilium locorum a
quibus a principio emphyteusis facta est, mox'ut
pervenerit in unam prædictarum personarum ipsa
emphyteusis, manifestare suam voluntatem intra
biennium, et aut ab iis derelinqui eamdem rem
ad quos pervenit, et annuam pensionem, quæ
pacto continetur, inferri, aut hoc recipere emphy-
teusi soluta, eo quod hoc sibi prodesse existimant. » On voit par ce texte combien ce retrait
était spécial à la matière; il pouvait avoir lieu
pendant deux ans à partir de l'aliénation ou de
la transmission du droit; du reste toute aliénation
ou transmission, quelle qu'elle fût, donnait lieu à
ce retrait, et il n'existait aucun moyen d'y échapper lorsque l'Église était décidée à l'exercer.

Telle est, aussi succinctement que possible,
l'histoire de l'emphytéose : nous l'avons suivie
tant qu'elle a conservé le caractère spécial, que
lui avaient imprimé la législation de Zénon et plus
tard celle de Justinien.

Maintenant on va la trouver tout autre au milieu du bouleversement général de l'empire, et ce

1. Nov. 120, c. 1, § 1.

n'est bien souvent qu'avec la plus grande peine qu'il sera possible d'en retrouver la trace, au milieu de ces documents si obscurs et si contradictoires qui se rencontrent à chaque pas. En y regardant de près on pourra constater que bien souvent là où se trouve le mot emphytéose, il n'y a que le nom du contrat emphytéotique et rien de plus : tandis qu'au contraire dans une foule d'institutions diverses, on reconnaîtra quelquefois des principes puisés dans ce contrat : aussi sera-t-il, dans certains cas, facile en comparant ces nouvelles institutions de leur trouver bien des points de contact avec le droit emphytéotique.

C'est que dans cette crise suprême qui renversa l'empire romain, et modifia entièrement la face du monde, les institutions ne disparaissent pas aussi complétement qu'on pourrait le croire à première vue; elles se trouvèrent profondément bouleversées par les changements qui se produisirent dans l'état social des peuples; et cela explique parfaitement la transformation subie vers cette époque par le contrat emphytéotique.

DEUXIÈME PARTIE.

L'EMPHYTÉOSE
DEPUIS LA CHUTE DE L'EMPIRE D'OCCIDENT JUSQU'A LA RÉVOLUTION FRANÇAISE.

CHAPITRE I.

DE L'EMPHYTÉOSE DANS LE BAS-EMPIRE APRÈS JUSTINIEN.

I. — Nous avons mené l'histoire de l'emphytéose jusqu'aux modifications que lui fit subir l'empereur Justinien, et, en étudiant ces modifications, nous avons même empiété légèrement sur les matières que nous aurons à examiner dans cette deuxième partie. En effet, pour étudier le contrat d'emphytéose tel qu'il existe à l'époque où nous nous plaçons, il faut revenir sur nos pas pour rechercher ce qui se produisit au moment de l'invasion des barbares dans l'empire d'Occident.

Ces invasions multipliées, jointes à un grand nombre d'autres maux, furent une des causes principales qui donnèrent à l'emphytéose un développement des plus considérables ; il n'a été parlé jusqu'ici de ces invasions que par occasion, et en se plaçant uniquement au point de vue de l'emphytéose romaine; maintenant on cherche ce qu'il advint de ce contrat, après la chute de l'empire d'Occident : il faut donc se placer au milieu des Germains, pour étudier, autant que faire se pourra, leur organisation sociale et la façon dont ils envahirent les provinces de l'empire romain.

On verra comment l'emphythéose subit des changements si considérables qu'on a fort bien pu soutenir qu'elle disparut complétement au milieu d'un tel désordre.

C'est pourtant là une erreur considérable; l'emphytéose exista toujours, mais avec des modifications si importantes qu'il ne faut plus songer à consulter le droit romain pour en trouver les principales règles.

Pour reconstituer l'histoire de ce contrat au moyen âge aussi complétement qu'il sera possible de le faire, il existe deux sources de documents : d'abord l'histoire de l'emphytéose dans le Bas-Empire après la chute de l'empire d'Occident ; et ensuite les documents fort obscurs relatifs aux barbares et à leur établissement sur les différentes parties de l'Empire romain.

Nous aurons à nous occuper dans ce chapitre de la première source de renseignements, c'est-à-dire de l'histoire de l'emphytéose au Bas-Empire.

Il n'est pas besoin de faire remarquer que ce

serait ici véritablement le lieu d'examiner les modifications apportées à l'emphytéose par l'empereur Justinien : on sait en effet que lorsque cet
empereur monta sur le trône, les Ostrogoths oc-
cupaient déjà l'Italie : ce fut même lui qui recon-
quit cette province ainsi que l'Afrique et une faible
partie de l'Espagne. Nous avons préféré cependant
nous occuper de l'emphytéose de Justinien au moment où nous traitions de l'histoire de ce contrat
en droit romain : ce qui nous a permis de présenter un tableau beaucoup plus exact de la législation romaine sur ce sujet, et de faire saisir très-
facilement la suite et l'enchaînement de toutes ses
transformations.

II. — Une seule question mérite quelques instants d'attention : c'est celle de savoir si le droit
emphytéotique connu par les barbares d'Occident
est bien celui de Justinien, et ne se trouverait
pas au contraire puisé dans le Code Théodosien.

Un assez grand nombre d'auteurs ont admis
cette dernière solution qui, au premier abord, peut
paraître assez spécieuse.

Lorsque Justinien occupa l'Italie, un grand
nombre de ces peuples barbares, il faut bien le reconnaître, était déjà établi sur les anciennes provinces de l'empire romain ; il y a donc lieu de
croire que l'emphytéose avait déjà pris naissance
à une pareille époque. Ce qui paraît encore plus
grave, c'est que le *Petri excerptiones* ne fait mention de l'emphytéose qu'en parlant des biens ec-

11

clésiastiques : or chacun sait que le Code Théodosien n'appliquait l'emphytéose qu'à ces seuls biens.
Ce serait donc là une preuve irréfragable de laquelle il résulterait que les lois de Justinien ne furent pour rien dans l'organisation de l'emphytéose
au moyen âge, et qu'ils ne prirent de l'importance
que le jour où parut au douzième siècle l'école
des Glossateurs : jusqu'à cette époque le Code
Théodosien aurait été le seul connu et le seul appliqué par les barbares lors de leur établissement
en Occident.

A cela on peut répondre : d'abord que la pro-
mulgation des lois de Justinien[1] dut avoir, quoi
qu'on en dise, une certaine influence dans les pays
qu'il avait conquis, c'est-à-dire en Italie, en Afrique et dans l'Est de l'Espagne; il est impossible
de penser que ces lois y passèrent inaperçues.

Ce ne sont là, il est vrai, que de simples suppositions, mais voici un fait qui, ce semble, doit
mettre un terme à toute controverse. Le passage
cité par le « Petri excerptiones » parle des biens
ecclésiastiques, mais la règle qu'il donne est entièrement et uniquement empruntée au droit de
Justinien. Il est impossible de trouver une preuve
plus directe et plus convaincante de ce qui a été
avancé, c'est-à-dire de la connaissance du droit
de Justinien par les diverses lois barbares qui
traitent de l'emphytéose.

1. Pramagtica sanctio Justiniani imperat. ann. 554, ch. xi.

Du reste, il n'y a pas à s'étendre plus longuement sur ce contrat : il est incontestable qu'il
continua d'exister dans l'empire d'Orient pendant
le temps qui suivit la mort de l'empereur Justinien.

Quant à l'empire d'Occident, on ne saurait également mettre en doute que, durant le temps de
l'occupation de l'Italie par les troupes de cet empereur, il dut se produire des cas d'emphytéose
réglés d'après les lois romaines ; mais, comme
l'occupation romaine ne fut point de longue
durée en Italie, il est impossible de supposer
qu'à l'envahissement du pays par les Lombards, l'emphytéose ait pu résister à une invasion beaucoup plus sauvage encore que la plupart de celles qui s'étaient présentées jusqu'à ce
jour.

III. — Il existait encore, à cette époque, un autre contrat qui, au premier abord, semblait avoir
la plus grande analogie, pour ne pas dire identité,
avec le droit emphytéotique ; ce contrat, que l'on
rencontre dans l'une des Novelles de l'empereur
Léon[1], paraissait se rapporter directement à l'emphytéose dont le nom même lui servait de désigna-
tion : « Narratum est... quum domus in emphy-
teusim datæ sint... » Mais en y regardant de près, il
est facile de constater que le *libellarius contractus*
(c'était le nom donné à ce genre de concession par

---

1. Imp. Léon. August., novel. constitut. XIII.

Cujas[1]), n'avait que des relations fort lointaines
avec l'emphytéose du droit romain.

Ce contrat n'était autre qu'une concession de
terre moyennant le payement d'un prix immédiat
et d'une redevance annuelle pour une durée expressément limitée. A l'expiration du terme, le
concessionnaire pouvait exiger la continuation du
contrat, mais à charge pour lui de payer une
somme fixée en général au double du canon annuel. On voit combien ce contrat était différent
de l'emphytéose ; d'abord la concession était faite
pour un temps déterminé; or ce qui, dans le libellarius contractus était la règle, n'était que l'exception dans le contrat emphythéotique. De plus rien
de semblable à cette faculté accordée au concessionnaire de continuer le contrat dans le cas où
il payerait le double du prix n'existait dans l'emphytéose; quand par hasard ce contrat se trouvait fait à terme, l'emphytéote n'aurait pas pu à
l'échéance le prolonger en se bornant à payer le
double du canon annuel; jamais à aucune époque
il n'a été question d'une pareille faculté accordée
au concessionnaire.

Cujas, qui donne quelques renseignements sur
ce contrat, observe que la propriété était transférée *jure venditionis*, c'est-à-dire à titre de vente;
mais c'était une vente qui se trouvait résolue le
jour où l'acheteur ne payait pas à l'échéance du

1. Cujacii Recitat. solemn. ad titul. cod. de jure emphyteutico.

terme fixé, le double du canon annuel ou toute autre somme déterminée par le contrat.

Rien de semblable n'existait dans l'emphytéose : on a vu que, dans le dernier état du droit, ce contrat avait une existence particulière et ne se rattachait ni à la vente ni à la location : ici au contraire on se trouve en présence d'une vente ordinaire, à laquelle il faut appliquer toutes les règles de la vente, sans s'inquiéter aucunement de celles de l'emphytéose.

Cependant il faut bien reconnaître qu'il y avait une certaine analogie entre ces deux contrats et c'est-là ce qui nous a amené à les rapprocher l'un de l'autre.

La propriété n'était pas transférée d'une manière définitive pas plus dans le libellarius contractus que dans l'emphytéose, et ceci pourrait bien faire supposer que le premier contrat ne fut dans le principe qu'une variété du second ; on pourrait peut-être en trouver la preuve dans ce fait que le libellarius contractus s'appliquait aux biens ecclésiastiques et qu'il ne fut imaginé que pour parer à l'interdiction d'aliéner les biens de l'Église. « Il fallait donc que celle ci conservât le titre de propriétaire. » Telle est du moins l'opinion de M. Pépin Le Halleur.

IV. — Un contrat qui se rapproche de l'emphytéose et qui se produit avec un caractère absolument romain, c'est le précaire.

On rencontre, en effet, dans le Bas-Empire une concession faite par les Églises du surplus de ce qu'elles avaient en biens, ce qui leur procurait un accroissement de richesse : mais ce n'est pas là le contrat analogue à l'emphytéose.

Il faut remonter au moyen âge pour le trouver d'une façon complète. Sans aucun doute le précaire dont il s'est agi au paragraphe précédent, et qui naquit au Bas-Empire, est bien l'origine du précaire que nous voulons comparer à l'emphytéose, mais tout cela s'est modifié par le temps et par suite des perfectionnements qu'on s'est efforcé d'y apporter.

Le moyen âge fournit l'exemple de *præcariæ epistolæ*, lettres par lesquelles les particuliers demandaient une concession à l'Église ; on leur répond par une *præstaria epistola*, qui leur accorde cette concession[1]. Ce fut là le précaire du moyen âge ; seulement comme on tenait toujours à protéger l'Église contre les dangers d'appauvrissement, on fixe d'une manière précise la proportion qui devait exister entre les terres que donnaient les particuliers et celles que l'Église leur concédait en retour pour un temps déterminé. Lorsque l'Église ne recevait qu'une nue propriété, cette proportion était du double : si c'était la pleine propriété qui leur était abandonnée, alors

1. Nov. 7, pr.; Nov. 120, C, 2.
2. Vuy; Formules de Marculfe et en général toutes les chartes de l'époque.

la proportion était du triple. Ces renseignements précieux résultent d'un Capitulaire de Charles le Chauve[1], et tout ceci se rapporte bien à la révolution qui se produisait vers cette époque.

Ce que les Romains avaient commencé à faire, les Germains le firent d'une façon encore bien plus générale, puisqu'ils se trouvaient en possession d'immenses territoires. Aussi les rapports qu'on vient de décrire devinrent-ils très-fréquents entre les particuliers et l'Église. Du reste, les événements portaient l'habitant à de semblables contrats; dans les siècles suivants, le même spectacle se reproduira, mais ce sera cette fois les particuliers qui, au lieu de s'adresser à l'Église, s'adresseront aux personnages marquants de l'État.

Voilà ce qu'était le précaire du moyen âge; c'est ce précaire qu'il faut maintenant comparer à l'emphytéose.

Le principal point de ressemblance entre ces deux contrats consiste dans le fractionnement de la propriété.

Dans l'un et l'autre contrat, ce fractionnement se rencontre au même degré, et c'est là le plus grand rapport qui puisse exister entre ces deux genres de concession.

Du reste, la durée assignée à chaque contrat pouvait quelquefois être la même; mais il n'en

---

1. Baluze, II, 32, Cap. Ch. le Ch. in villa Sparnaco, ann. 846, cap. xxii.

était pas fréquemment ainsi. On sait, en effet, que
le précaire ne pouvait jamais être que temporaire,
il aurait été absolument impossible de le conce-
voir autrement. Pour ce qui est de l'emphytéose,
la solution ne sera pas toujours identique. En
droit romain, ce contrat était généralement perpétuel, non pas qu'il ne pût en être quelquefois autrement, mais cette situation n'était qu'une exception et pour ainsi dire un accident.

Ce qui vient d'être dit, il faut bien y prendre
garde, ne s'applique qu'à l'emphytéose ordinaire;
si l'on jette les yeux sur une emphytéose qui, à
cette époque, prenait des proportions de plus en
plus considérables (l'emphytéose des biens ecclésiastiques), on trouve un spectacle tout différent;
il y a dans ce cas une ressemblance frappante entre ce contrat et le précaire. Est-il besoin de rappeler que l'emphytéose ecclésiastique était toujours
temporaire ? C'était une de ces nombreuses garanties dont on se plaisait à entourer ce contrat pour
empêcher, autant que possible, toute aliénation
par trop nuisible et par trop défavorable à la richesse de l'Église.

Le précaire et l'emphytéose se rencontrent encore
dans l'obligation de payer un cens annuel : cette
obligation existait, en effet, dans les deux contrats,
mais il ne faut pas voir là un signe absolu d'analogie, car à pareille époque, un assez grand nombre d'institutions se trouvaient astreintes à ce
genre de redevance qui répondait fort bien aux

besoins des parties et à l'état social de l'Europe.

Ce payement d'un cens avait une grande utilité en ce qu'il opposait parfaitement la concession en précaire à la concession en usufruit; du reste, cette différence même n'eût-elle pas existé, il restait encore un bien grand nombre de questions sur lesquelles ces deux institutions n'auraient pu se rencontrer et qui les auraient très-facilement distinguées l'une de l'autre.

V. — On a vu ce qu'était le précaire, mais pour cela il a fallu se placer à une époque plus avancée que celle à laquelle se trouve actuellement l'histoire de l'emphytéose, c'est-à dire au moment de la chute de l'empire d'Occident et de l'établissement des Barbares : à cette époque, l'expression de précaire était si générale et s'appliquait à des situations si variées, qu'il aurait été absolument impossible d'en dégager la nature d'une manière assez complète pour permettre de le comparer à l'emphytéose et d'en traiter d'une façon un peu claire et un peu suivie.

Ce que nous voulions en mentionnant ici le précaire que l'on retrouvera un peu plus loin, c'était faire ressortir l'origine romaine de cette institution, et c'est pour cela que nous avons cru devoir le ranger dans les contrats tirant leur nature de la législation de ce peuple.

Tels sont les différents contrats qui présentent une certaine analogie avec l'emphytéose et qui

prennent leur source dans le droit romain: dans
le chapitre suivant, il faudra examiner l'emphytéose et les nouvelles institutions qui se produisent à la suite de l'invasion des barbares dans l'empire d'Occident.

CHAPITRE II.

DE L'EMPHYTHÉOSE PENDANT L'ÉTABLISSEMENT DES
BARBARES SUR LES RUINES DE L'EMPIRE D'OCCI-
DENT.

I. — Il faut quitter maintenant le Bas-Empire
pour en revenir à ce qui se passait en Occident
vers les troisième, quatrième et cinquième siècles.
On a vu, dans l'histoire de l'emphytéose en droit
romain, que déjà depuis longtemps les barbares
se pressaient aux portes de l'empire, ga-
gnant peu à peu du terrain et finissant par s'installer, sinon définitivement, du moins pour un
temps plus ou moins long, sur les territoires par
eux conquis ou à eux concédés par les empereurs
d'Occident.

C'est à ce point qu'il faut reprendre l'histoire, et l'on doit se placer, pour étudier l'emphytéose, non plus au milieu des Romains eux-
mêmes, mais bien au centre de ces populations
nouvelles aux mœurs sauvages et malheureusement assez peu connues.

Ainsi qu'on vient de le dire, ces peuples du
Nord s'avançaient peu à peu, faisant disparaître
devant eux, non pas précisément l'organisation

romaine, mais détachant les pays du pouvoir central et s'appliquant à eux-mêmes cette organisation, singulièrement modifiée par leurs coutumes et par leurs usages particuliers.

II. — Il n'y a pas à s'étendre sur la nature de la société barbare en Germanie; on sait tout ce qu'il y a d'incertitude dans un pareil sujet et combien de controverses ont occasionnées les divers systèmes proposés sur une semblable matière.

César et Tacite s'accordent pour peindre les Germains sous des couleurs assez sauvages; d'après ces deux auteurs, on ne trouve en Germanie que des peuples errants, sans aucun établissement stable et sans cesse en lutte ouverte les uns contre les autres; leur besoin de combat les pousse même à se faire la guerre de famille à famille, et l'on peut voir ces coutumes persister jusqu'à une époque très-avancée de l'histoire, puisque les Capitulaires multipliés de Charlemagne et de ses successeurs ne peuvent mettre un terme à ces *fœda* ou guerres privées.

Les écrivains allemands, d'autre part, et particulièrement MM. Betmann, Olweg et Zöpfl, cherchent à prouver que tel n'était pas la situation normale de la Germanie, et qu'au contraire les peuples y étaient beaucoup plus avancés en civilisation qu'on ne se plaît à le dire. Mais ces affirmations semblent bien risquées, et malgré toutes les études et les profondes recherches de ces sa-

vants auteurs, il paraît bien impossible d'admettre une pareille opinion, contre laquelle protes-
tent au premier chef les invasions elles-mêmes
des barbares. Comment, en effet, pourrait-on
s'expliquer une nation quittant ses champs, ses
habitations, enfin sa patrie, pour se transporter à
des centaines de lieues, si cette population était
une population agricole, vivant de son travail,
comme cela se produit dans toute nation civilisée?
Aussi doit-on croire que les Germains, ainsi que
le dit Strabon, changeaient fréquemment de place,
vivant dans des maisons de construction fort légère, et emportant sur leurs chars tout leur mo-
bilier lorsqu'ils voulaient émigrer et se rendre
dans des territoires très-distants. Telle est l'opinion des auteurs romains, et c'est à ceux-ci que
l'on doit accorder le plus de confiance, puisqu'ils
se trouvent contemporains de ces peuples dont
ils écrivaient l'histoire.

Ce sont ces nations, sans lois et sans organisation déterminée, qui firent invasion sur l'empire
romain; on comprend alors, en se reportant à ce
que Tacite dit des mœurs de ces peuples, quelle
fut la nature de leur établissement sur les territoires romains.

Lorsqu'une nation civilisée vient à conquérir un
pays, elle lui applique presque toujours ses lois,
ses mœurs et ses coutumes, de manière à unifier
le pays vaincu à la nation victorieuse. A cette époque, il ne se rencontre rien de semblable, les na-

tions germaniques sont trop peu constituées pour pouvoir imposer leurs lois aux populations romaines ; ce sont au contraire ces dernières qui font participer les vainqueurs à une partie de leur civilisation.

On doit, du reste, reconnaître que les diverses nations qui envahirent l'empire romain n'avaient généralement que fort peu de rapports les unes avec les autres, et c'est ce qui explique les différents traitements qu'eurent à subir les populations indigènes.

III. — Toutefois Gaupp[1] a cru pouvoir distinguer les nations germaniques qui envahirent l'empire romain en deux classes, et cette division nous paraît à la fois très-exacte et très-judicieuse.

Le savant auteur range dans la première classe les peuples qui reçurent des Romains mêmes des concessions de territoire ou qui, du moins, s'installèrent dans l'empire avec le consentement des empereurs.

Dans la seconde classe se trouvent, au contraire, les nations qui ne parvinrent à s'établir que par droit de conquête, et après avoir triomphé des armées romaines. On comprend facilement que la position des vainqueurs et des vaincus ne fut pas la même dans les deux cas ; aussi, c'est ce que Gaupp

1. Gaupp. Die germanische ansiedl. und landtheilungen, §§ 26 et 29.

tenait à faire ressortir avec évidence, et ce qu'en effet il a expliqué d'une façon très-claire.

On a l'habitude de raisonner sur cet immense événement de l'établissement des barbares chez les Romains vaincus, comme s'ils avaient partagé les terres dès leur arrivée, et sans perdre de temps : or l'on ne saurait sérieusement admettre que les choses se soient produites d'une telle façon. Tout se réunit pour s'opposer à de pareilles conclusions, aussi bien le caractère connu de l'invasion des barbares que la situation encore assez indépendante des populations romaines qui, à cette époque, ne paraissaient pas, dans la plupart des cas, assimilées aux esclaves ordinaires. Voici, du reste, ce que dit encore Gaupp sur ce sujet.

« On n'a pas besoins de démontrer pourquoi les barbares n'ont pas immédiatement partagé les terres. Les Germains trouvaient une législation très-complète et réglée avec de très-minutieux détails sur la matière des logements militaires ; il est donc tout naturel que ces peuples se soient appliqué cette législation dans son intégrité, et nous devons, par conséquent, considérer comme certain que les Germains se comportèrent à l'égard des possesseurs romains d'une façon absolument identique à la manière dont se conduisaient les armées impériales dans ces cas de logements militaires. »

Tout ceci explique fort bien comment il se passait toujours un certain temps entre l'arrivée des

barbares et la division des terres; c'est ce qui fait
également comprendre pourquoi les vainqueurs
étaient éparpillés de côté et d'autre au milieu des
populations romaines. Enfin, c'est de là que sont
venues les expressions de *hospes, hospitalitas,* expressions employées pour désigner un pareil contrat, et qui, au premier abord, paraissent assez bi-
zarres pour caractériser les rapports de vainqueurs
à vaincus; mais, en se reportant à l'origine que
l'on vient de voir, il est facile de se convaincre
de la raison qui les a fait appeler du nom dont on
désignait justement le logement des troupes romaines, puisque ces occupations barbares revêtaient, dans certains cas, la nature et les formes
de ces occupations militaires qui, pendant ces
temps troublés, devaient se reproduire très-fréquemment dans toutes les parties de l'empire
romain.

Si l'on veut maintenant se rendre compte d'une
façon exacte de la différence qui existe entre les
deux sortes d'établissements des barbares que
Gaupp a cru pouvoir distinguer, il n'y a qu'à jeter
les yeux sur ce qui se produisit en Espagne au
cinquième siècle; on y verra avec la plus grande
clarté le tableau des deux sortes de conquêtes,
venant en quelque sorte se superposer l'une sur
l'autre.

Le 31 décembre de l'année 406, les Vandales,
les Suèves et les Alains passèrent le Rhin et dé-
vastèrent la Gaule pendant trois ans consécutifs;

puis ils franchirent un jour les Pyrénées, se répandirent en Espagne, la pillèrent et la saccagèrent de tous côtés, jusqu'à ce qu'au bout de deux ans, désireux de trouver enfin un établissement stable et définitif, ils envoyèrent à l'empereur Honorius une ambassade chargée de lui demander l'autorisation de s'établir en ce pays. Comme on peut aisément se le figurer, l'empereur n'hésita pas à accepter la soumission de ces peuples, et à leur accorder une demande qu'il était hors d'état de leur refuser. Les barbares prêtèrent donc serment de fidélité à l'empire, et, suivant leur coutume, tirèrent au sort les provinces qui devaient appartenir à chaque peuple. La Gallice échut aux Suèves, la Lusitanie aux Alains et la Bétique à une bande d'origine vandale.

Quel fut le traitement qu'eurent à subir les indigènes en pareille occurrence? Les auteurs nous racontent qu'une partie de la population se réfugia dans les montagnes, tandis qu'une autre jura amitié aux barbares sur les Saints-Évangiles. Au dire de Paul Orose[1], bien peu d'indigènes ne préférèrent pas : « Inter barbaros pauperem libertatem quam inter Romanos tributariam sollicitudinem sustinere. » Et ailleurs : « Execrati (les barbares) gladios suos ad aratra conversi sunt, residuosque Romanos ut socios modo et amicos forent. » Que conclure de ces témoigna-

1. Paul Oros., 8, 41.

ges irrécusables, puisqu'ils proviennent d'un auteur contemporain? Rien ne semble plus simple; c'est là une de ces invasions barbares que Gaupp aurait sans contredit rangée dans la première classe.

Les barbares ont pillé et saccagé un grand nombre de contrées, mais sans y prendre une assiette fixe; lorsqu'ils ont voulu s'établir définitivement, ils se sont adressés à l'empereur, et c'est par une concession de sa part qu'ils se sont mis en possession des territoires dont on vient de parler; aussi les indigènes n'ont-ils pas été traités comme l'étaient, à cette époque, les peuples vaincus, et se sont-ils facilement accommodés de la puissance barbare, qu'ils n'ont pas tardé, s'il faut en croire les documents de l'époque, à préférer à la protection bien peu solide que leur offrait l'empire romain.

Ce sont bien là tous les caractères que Gaupp envisage lorsqu'il distingue les peuples qui s'installèrent sur l'empire par suite de concessions de territoires ou avec l'approbation même de l'empereur, des peuples qui firent la conquête de leurs territoires par la force des armes. Aussi peut-on présenter cet établissement des Suèves, des Alains et des Vandales dans les provinces espagnoles, comme l'un des exemples les plus parfaits que l'on puisse trouver d'occupations rentrant dans notre première classe, et, par conséquent, se produisant avec un caractère beaucoup plus régulier

et beaucoup moins sauvage que les invasions dont
nous allons avoir occasion de nous entretenir.

Si l'on veut maintenant trouver une de ces invasions que Gaupp a rangées dans sa seconde catégorie, il suffit de continuer l'histoire de l'Espagne; on y verra que, dans l'année 416, les
Wisigoths, sous la conduite de leur roi, nommé
Vallia, envahirent à leur tour l'Espagne; les nouveaux venus allaient sans aucun doute en venir
aux mains avec les Suèves, les Alains et les Vandales, lorsqu'il se produisit un événement qui
changea la face des choses et empêcha une lutte à
peu près inévitable. Le gouverneur de l'Afrique, se
croyant trahi par l'impératrice Placidie, leva l'é-
tendard de la révolte, et ne trouva rien de mieux
que d'appeler à son secours les peuples barbares
établis en Espagne en leur ouvrant les portes de
l'Afrique.

Ces derniers préférèrent passer le détroit sous
la conduite de leur roi Genséric que de traiter
avec les nouveaux venus. Les Wisigoths se trouvèrent donc seuls en Espagne; ils ne s'adressèrent
plus à l'empereur dans le but d'obtenir des concessions de terre, ils s'établirent d'eux-mêmes,
comme le font des conquérants, et cette fois le
traitement qu'eurent à subir les Romains fut bien
celui que subissent des vaincus; les Wisigoths se
conduisirent en Espagne comme on se conduisait
alors en pays conquis.

Il n'est pas besoin d'insister sur un pareil sujet,

et de faire remarquer combien cette conquête est différente de la première ; ce sont là les exemples de conquêtes de vive force que Gaupp avait désignées dans sa seconde classe.

IV.— Tel est le spectacle que présentent, à cette époque, les Gaules, l'Espagne, l'Afrique et même l'Italie ; les barbares s'établissent partout avec leurs lois et leurs coutumes, mais en laissant aux Romains, le plus souvent du moins, leur législation propre.

Cette situation, tout à fait nouvelle et complétement anormale, devait donner lieu, bien entendu, à des institutions entièrement inconnues jusqu'à ce jour ; aussi c'est de là qu'est venue l'*hospitalitas.*

Un peu plus tard, les propriétaires abandonnèrent leur terre aux chefs de ces bandes germaniques, à charge d'obtenir de ceux-ci secours et protection, et ce seront ces mêmes institutions qui mèneront au régime féodal, à l'emphytéose du moyen âge, aux fiefs, aux censives, en un mot à tous ces contrats si communs dans l'ancien droit français.

Au siècle où nous nous trouvons, nous ne pouvons examiner autre chose que le mouvement et l'établissement de ces peuples barbares sur les territoires de l'ancien empire romain. Quant aux contrats qui peuvent intervenir entre les particuliers, on en est un peu réduit aux conjectures, car le droit privé des barbares est en général fort peu

connu, et il n'est pas nécessaire de rappeler qu'à
cette époque chaque citoyen, barbare ou romain,
se trouvait régi par ses lois particulières, sans
qu'on pût jamais lui appliquer celles d'une autre
nation : le Romain ne sortait jamais de la loi romaine, et le barbare n'avait à connaître que la lo
de son pays.

Nous ne pouvons donc parler que de ces contrats qui présentaient, non pas le caractère d'un
contrat intervenant entre particuliers, mais qui,
tout au contraire, revêtaient la forme d'institutions générales applicables à tous les citoyens, et
provenant, non pas de la volonté d'un simple
particulier, mais bien d'une décision législative
prise par le gouvernement des peuples contractants.

Pour preuve de ce que nous avançons, on peut
encore ici prendre comme exemple l'hospitalitas ;
cette institution s'applique en effet d'une manière
générale, comme une mesure d'ordre public : tous
les membres de la nation germanique envahis-
sante recevaient l'ordre de s'installer chez l'habitant, et ce moyen était évidemment employé pour
parer aux inconvénients qu'aurait présentés le
partage des terres, à un moment où rien de stable
n'existait encore et dans un temps où la nation,
qui s'établissait aujourd'hui dans un pays, pouvait fort bien se voir contrainte de changer de
contrée le lendemain même de son installation.

Quant à ce qui était des redevances dues par

les Romains et par les indigènes, l'on comprend combien il est impossible de rien fixer d'exact sur ce point ; cela dépendait d'une foule de circonstances spéciales, les unes au pays, les autres aux populations victorieuses.

Cependant il faut constater qu'en Espagne la position des indigènes ne fut pas trop mauvaise, et que, même dans une grande partie de l'empire, la situation se régularisa à mesure que les peuples barbares s'installaient d'une façon définitive sur les terres conquises ; c'est ce qui se produisit pour les Wisigoths ; leur puissance s'établit tous les jours avec plus de régularité, et les auteurs contemporains[1] disent même qu'à cette époque la redevance payée par les vaincus fut déterminée d'une façon régulière.

Cet état de prospérité ne fut malheureusement pas de longue durée, les troupes de Justinien envahirent l'Italie, et, loin d'y porter l'ordre, ne firent au contraire que replonger tout ce pays dans une anarchie complète ; ce qui fait dire à M. Élia Lattes[2] « qu'à la prospérité des Goths succéda l'avarice byzantine. » Cependant si les soldats de l'empereur d'Orient avaient pu s'établir définitivement en Italie, on peut bien supposer que les lois de Justinien, déjà promulguées et connues dans ce pays, auraient sans doute produit un ex-

1. Cassiodore Var, 2, 16; Procop. Bell. Goth., 1, 1.
2. M. Lattes, op., l. cit., p. 180.

cellent résultat ; mais ces effets n'eurent pas le temps de se réaliser.

Des barbares beaucoup plus sauvages que ceux que l'on avait eu à combattre jusqu'à ce jour paraissaient déjà au delà des Alpes, c'étaient les Longobards ou Lombards. Rien ne put leur résister ; dans le courant du VI° siècle, ils étaient déjà maîtres de tout le nord de l'Italie, et de là se répandirent bientôt avec une grande rapidité dans tout le reste du pays, si bien qu'il ne restait plus guère à l'empire grec que la seule ville de Ravennes.

Ces peuples Lombards étaient l'une des nations les plus sauvages de la race germanique ; aussi peut-on se figurer que leur conquête fut accompagnée d'un caractère de férocité peu commune. Les vainqueurs s'établirent chez l'habitant comme l'avaient du reste fait les autres peuples germains ; mais tandis que ceux-ci s'appropriaient, le plus généralement du moins, une quotité déterminée des terres appartenant auparavant aux vaincus, ils aimèrent bien mieux frapper les propriétaires romains d'une redevance égale au tiers du revenu de leurs terres. Ceci se comprend à merveille quand on songe que ces peuples n'avaient jamais dû se livrer à la culture et ne se sentaient par conséquent aucunement portés aux travaux de la terre.

Les populations romaines eurent énormément à souffrir de cette dernière invasion ; si l'on regardait comme une chose désastreuse le fait d'être obligé de partager son bien avec les barbares vainqueurs, à bien plus forte raison la position des vaincus se trouvait-elle digne de pitié, lorsqu'ils se voyaient dans l'obligation de recevoir dans l'intérieur de leurs maisons le vainqueur, ses armes, et ses chevaux, et qu'au lieu de lui abandonner une certaine étendue de terres, ils ne pouvaient que lui donner une quotité de leur récolte, se trouvant ainsi dans la nécessité de cultiver leurs biens à son profit.

Aussi peut-on penser qu'une pareille situation ne pouvait être de fort longue durée. Comme les autres barbares, les Lombards se civilisèrent peu à peu, mais sans contredit avec beaucoup moins de rapidité que ne l'avaient fait les Goths et les Bourguignons, et cependant cette situation du logement des barbares chez les Romains et de la perception par eux du tiers des produits du fonds, se modifia après un certain temps.

Lorsque les Lombards se furent définitivement établis dans l'Italie, lorsqu'ils eurent abandonné toute intention de changer de pays et de pousser plus loin leurs conquêtes, il leur arriva, ce qui arriva à tous les peuples germains : leur caractère farouche s'adoucit au contact des mœurs romaines, leur passion pour la guerre dut forcément disparaître, puisque partout vainqueurs ils n'avaient plus le moyen de continuer à l'exercer ; enfin par suite de leur résidence prolongée dans les mêmes contrées, ils finirent par prendre in-

térêt à ce qui s'y produisait; de cette façon les
Lombards en vinrent à désirer eux aussi posséder
pour leur propre compte quelques biens dont ils
auraient la faculté de jouir en maîtres absolus et
qu'ils cultiveraient comme bon leur semblerait.

C'est ce qui donna lieu au partage de terres
dont les monuments du temps font mention à
plusieurs reprises. C'était là la solution d'une
question qui n'avait pas encore été tranchée, car
on ne pouvait évidemment considérer la position
des Lombards en Italie que comme un fait absolument provisoire. Aussi tout le monde s'accorde-
t-il à regarder ce partage de terres, intervenu à
cette époque entre les Lombards et les Romains,
comme un événement fort heureux pour la civilisation et en même temps très-avantageux pour
les deux partis.

Il est en effet impossible de ne pas voir que la
position des Lombards se trouvait modifiée d'une
façon fort heureuse pour eux-mêmes; jusqu'à ce
jour ils étaient sans contredit vainqueurs et rien
ne pouvait s'opposer à l'exercice de leur volonté;
mais ils se trouvaient au milieu de ces populations
romaines, sans aucun lien, sans aucun rapport
avec elles, dans la position, en un mot, de ces armées romaines auxquelles les premières on avait
appliqué les règles des logements militaires, c'est-
à-dire de troupes qui séjournaient aujourd'hui
dans telle contrée, mais qui le lendemain devaient
la quitter pour n'y jamais revenir : telle était, ce

semble, la position des Lombards en quelque
sorte, cantonnés chez les Romains, mais hors d'é-
tat de prendre une part quelconque aux affaires
intérieures.

C'est donc chose bien simple que de démontrer
l'avantage qu'eurent ces peuples le jour où, par un
partage des terres, ils se virent établis sur le sol
dans une situation et avec des droits analogues à
ceux de ces populations romaines, au milieu desquelles ils avaient jusqu'alors vécu comme des
étrangers. Sans contredit il se passa encore bien
du temps, avant que Romains et Lombards fussent gouvernés par une même législation. Là encore
on trouve, comme partout à cette époque, le système de la personnalité des lois ; mais l'on comprend sans peine qu'un grand nombre de questions durent s'élever entre les citoyens des deux
nations, vivant maintenant côte à côte, questions
qu'il fallait trancher législativement et qui forcément devaient produire une certaine confusion
entre les deux législations ; c'était un premier pas
vers l'unification de ces deux nations sous une
même loi et en même temps un grand avantage
pour les Lombards.

Quant aux Romains, il serait puéril de vouloir
nier avec quelle satisfaction ils durent envisager ce
fait du partage des terres. N'était-ce pas là en effet
un soulagement pour eux de se voir ainsi délivrés
de l'obligation assujétissante de travailler au profit du vainqueur ? Ne devaient-ils pas regarder

comme mille fois préférable une diminution de terre à la charge de loger et de nourrir les Lombards ? Cela ne saurait faire doute ; aussi n'a-t-on jamais songé à présenter ce partage des terres comme le partage des terres qui se produisait sous l'empire romain, alors que le général en chef des armées romaines victorieuses dépouillait les indigènes de la totalité ou d'une partie de leurs biens pour les attribuer au peuple vainqueur,

On voit que ce que nous avons dit plus haut n'avait rien d'exagéré ; ce partage des terres, qui vint remplacer une situation insupportable pour les vainqueurs aussi bien que pour les vaincus, fut sans contredit un grand bien pour l'un et l'autre peuple, et il y a tout lieu de croire qu'à l'époque même il fut considéré de cette façon par les contemporains et imposé en quelque sorte par la force des choses aux Lombards aussi bien qu'aux Romains.

Pour résumer ce chapitre malheureusement trop confus, par suite du peu de certitude que présentent les documents de l'époque, il n'y a, ce semble, qu'une seule chose à remarquer : à partir de la chute de l'empire romain, le contrat qui a le plus d'analogie avec l'emphytéose, c'est l'hospitalitas que mirent en pratique le plus grand nombre des peuples germains.

Cependant il ne faut pas pousser trop loin l'analogie, c'est là, non plus un contrat de droit privé, mais bien un contrat de droit public, si nous osons nous servir d'une pareille expression, s'appliquant en faveur d'une peuplade tout entière au détriment de tous les habitants du pays où cette peuplade s'est établie.

Enfin, il faut encore remarquer que, dans l'emphytéose romaine, c'était le propriétaire qui percevait le canon et se trouvait dans une situation un peu supérieure à l'emphytéote; dans l'hospitalitas, au contraire, c'est le propriétaire qui paye la redevance et qui se trouve dans une position incontestablement dépendante de son hospes : nous nous sommes assez étendus sur le caractère des invasions germaniques pour ne pas avoir besoin d'expliquer un pareil résultat.

.Quant à l'emphytéose romaine, on peut peut-être conjecturer qu'elle exista encore pendant quelque temps, surtout lorsque Justinien eut répandu ses lois en Italie ; ceci paraît assez probable, mais on ne sait rien de certain sur un pareil sujet.

CHAPITRE III.

I. — Le précédent chapitre se termine à une époque où tout se trouve encore dans le chaos, les peuples sont à peine installés sur le territoire qu'ils devront à l'avenir occuper d'une façon plus stable, et l'ère des invasions barbares n'est pas encore absolument fermée : aussi cet état de choses nous a mis dans l'impossibilité de rien affirmer de bien positif, relativement à ce qu'était l'emphytéose dans une période aussi mouvante que celle que l'on vient de traverser.

A l'époque où s'ouvre ce chapitre, c'est-à-dire vers le sixième siècle, les choses, sans être pour cela fort régulières, prennent une tournure beaucoup plus civilisée; les nations barbares établies sur l'empire romain ont bien conservé leurs lois nationales et n'ont pas encore fusionné avec la population indigène, mais par la force même des choses, la législation romaine a exercé une certaine influence sur un grand nombre de lois barbares, et les rapports journaliers des deux populations produisent un certain rapprochement, dans lequel Germains aussi bien que Romains abandonnent une partie de leurs mœurs et de leurs coutumes pour adopter celles de la nation à côté de laquelle ils vivent depuis un certain temps.

Ceci ne se produit pas d'un seul coup, en vertu d'un monument législatif quelconque; ce n'est que peu à peu, pour ainsi dire imperceptiblement que s'accomplissent de pareilles révolutions.

C'est ce que fait remarquer M. Guizot lorsqu'il montre l'organisation municipale de Rome, après une résistance de quelques siècles, disparaissant sans qu'on sache trop comment et sans qu'on puisse fixer l'époque exacte où cette organisation municipale fit place à un nouvel ordre de choses beaucoup plus en rapport avec les besoins et les mœurs de l'époque; ce nouvel ordre de choses, qui finit par mener à la féodalité, se produit particulièrement du sixième au neuvième siècle; on peut voir ces nouveaux principes poindre au milieu des institutions romaines et grandir peu à peu; puis ils se trouvent devenir la règle générale des peuples de ce temps, sans qu'on se soit en quelque sorte aperçu de leur accroissement et de la disparition des coutumes romaines les plus importantes.

Mais on comprend que s'il est facile de saisir la marche générale des événements et la tendance des peuples vers un tel résultat, il est au contraire fort mal aisé de se rendre compte, au milieu des obscurités de cette époque, des vicissitudes qu'eut

à subir un contrat tel que le contrat d'emphytéose. Sa nature s'est en effet complétement modifiée ; le but pour lequel il fut établi dans la législation romaine n'existe plus et n'a plus de raison d'exister : enfin, l'on rencontre très-souvent,
dans les monuments de ce temps, le mot d'emphytéose appliqué à tout autre chose qu'au contrat emphytéotique ; tandis que, d'autre part, certaines institutions ont une grande relation avec ce
contrat et n'en reçoivent jamais le nom ; c'est du
reste là un fait dont on a pu facilement se convaincre dans le chapitre précédent.

II. — Pour en revenir au sixième siècle, il faut
constater, en premier lieu, une bien plus grande
régularité dans l'hospitalitas ; c'est ainsi que le
taux des sommes payées par le possesseur du
fonds se trouve fixé d'une manière certaine, tàn-
tôt par le propriétaire, tantôt par une clause du
contrat ; c'était là un avantage incontestable pour
l'indigène propriétaire du fonds, car si le taux du
prix à payer par lui à son *hospes* se trouvait déterminé par le contrat, cela permet de supposer
qu'il avait alors la faculté de discuter les termes
de ce contrat, et qu'il ne subissait plus d'une façon absolue la loi du vainqueur.

Cependant il ne faut pas croire que tout désordre eût disparu à cette époque et que la
plus grande régularité existât dans les rapports
créés par l'hospitalitas ; ce serait une étrange erreur.

On rencontre en effet un exemple frappant des abus qui existaient encore à cette époque, dans un épître de Grégoire le Grand à un sous-diacre de Sicile. Il paraît qu'on avait pris l'habitude d'exiger du concessionnaire qu'il payât son tribut avant que la récolte ne fût ramassée : il en résultait que le cultivateur se trouvait réduit à emprunter à un taux usuraire pour effectuer le payement de la redevance, puisque la récolte n'étant pas encore faite, il n'avait pas eu la possibilité de se procurer de l'argent.

Aussi c'est pour éviter de telles irrégularités que Grégoire-le-Grand s'exprime en ces termes[1] : « Cognovimus rusticos Ecclesiæ vehementer in frumentorum pretiis gravari ita ut instituta in summæ abundantiæ tempore non serventur. Et volumus ut juxta pretia publica omni tempore nec minus sive amplius frumento noscantur in eis comparationis mensura teneatur. »

Il paraît qu'on ne se contentait pas de percevoir un tribut hors de proportion avec les produits du fonds, on avait encore recours à d'autres moyens tels que la falsification des poids et des mesures : « Super justa ergo pondera præter excepta et vilia cibaria nihil aliud volumus a colonis Ecclesiæ exigi. » Dans la même épître, Grégoire-le-Grand poursuit en ces termes : « Cognovimus etiam in aliquibus massis Ecclesiæ exactionem

1. Grégoire le Grand, op. 1, 44.

injustissimam fieri, ita ut a septuaginta terni
semis, quod dici nefas est, conductores exigantur
et adhuc neque hoc sufficit, sed insuper aliquid
ex usu jam multorum annorum exigi dicuntur. »

Quel fut le résultat d'une pareille décision ? Il
est assez difficile de s'en rendre compte. Cependant, comme il est impossible de trouver un
changement un peu important dans la situation
des emphytéotes dans cette période, force nous
est bien de penser que, quelque grande qu'ait
été l'influence de l'épître de Grégoire le Grand sur
le cas spécial qu'il prévoyait, elle n'eut aucun
résultat pratique sur l'ensemble du régime emphytéotique.

III. — Du reste, ces contrats, auxquels se réfère
le pape Grégoire le Grand, avaient peut-être plus
de rapports avec le colonat qu'avec l'emphytéose.

Il ne faudrait pourtant pas en conclure qu'il
n'y eut pas d'autres institutions emphytéotiques
dans cette période de l'histoire.

M. Elia Lattes fournit au contraire l'exemple
de contrats qui avaient véritablement tous les
caractères d'un contrat emphytéotique. On les
rencontre quelquefois avec le véritable nom
d'emphytéose, d'autres fois ils reçoivent la dénomination de *Libelli* ou concessions *Libellariæ*,
par suite du *Libellum*, l'acte par lequel l'emphytéote demandait la concession d'une certaine
quantité de terres. Le concédant manifestait son
consentement à la concession par un *præceptum*

et de nom servit bien souvent aussi à désigner
l'emphytéose du moyen âge.

Marini[1] cite un fragment de canon du Concile
de Ravenne, conçu en ces termes : « Ne quis
præcepta sibi fieri postulet de massis sive de colonis. » Le loyer finit même par recevoir la 'dési-
gnation de *libellaticum* : « Ipsa etiam libellatica
moderantur » , disent les épitres grégorien-
nes. On voit que ce contrat avait une grande
analogie avec le précaire que l'on a rencontré
dans le Bas-Empire, et rien ne prouve que ce ne
soit pas là une institution dont l'idée première
fut puisée dans ce précaire et qui subit peu à peu
les modifications exigées par la diversité des
mœurs et des coutumes.

Il est incontestable que les emphytéoses, qui se
rencontrent à cette époque, sont en grand nombre
des emphytéoses ecclésiastiques; nous n'en voulons pour preuve que cette épitre, adressée à un
rector du patrimoine Sicilien : « Multi huc ve-
niunt, qui terras aliquas vel insulas in jure Ecclesiæ nostræ in emphyteusin sibi dari postulant et
aliquibus quibus negamus, aliquibus vero jam
concessimus. » Mais il ne faut pas croire qu'il n'y
eût jamais d'emphytéoses laïques, ce serait là une
grave erreur, très-clairement contredite par tous
les documents de ce temps[2]; seulement il semble
résulter des documents dont il s'agit qu'on appli-

1. Marini, 132.
2. M. Lattes, op., l. cit., p. 200 et suiv.

quait dans tous les cas une règle jadis réservée aux seules emphytéoses ecclésiastiques, je veux parler de l'obligation de rédiger un écrit constatant le contrat emphytéotique.

Quoi qu'il en soit, les emphytéoses ecclésiastiques se trouvaient en bien plus grand nombre dans cette période de l'histoire, et cela s'explique fort bien par suite de la situation sociale de l'Europe occidentale vers le huitième siècle.

Les habitants, effrayés du désordre qui régnait partout, se sentant absolument incapables de se protéger eux-mêmes, s'adressaient, pour obtenir assistance, à tous ceux qui pouvaient avoir une influence quelque peu considérable dans l'État. On comprend que l'Église, qui avait pris une situation si puissante vers la fin de l'empire romain et qui n'avait fait que grandir sous les monarchies franques et germaniques, servit une des premières de refuge à ces populations, qui se groupèrent immédiatement autour d'elle. Ce fait de se trouver ainsi jouer le rôle de protectrice des populations rurales lui fournit encore l'occasion d'étendre l'influence qu'elle exerçait à cette époque. Il était en effet beaucoup plus avantageux pour le propriétaire, qui ne se trouvait plus en sûreté dans son domaine, d'en abandonner la propriété à l'Église qui lui rétrocédait, à l'aide d'un contrat emphytéotique, ce même bien pour lui et ses descendants et de se soumettre, de cette façon, à des règles connues de tout le monde

plutôt que de s'en remettre à la protection d'un
chef quelconque ne présentant à cette époque,
pour toute garantie, que son bon plaisir.

Ce fut là une des causes qui contribuèrent à
rendre si considérable le domaine ecclésiastique ;
cela en vint à tel point que l'Église suivit l'exemple des Romains au moment de leur concession
de l'*ager publicus* et de l'*ager vectigalis* ; elle con-
céda des terres à des particuliers et très-fréquemment à des clercs.

Il ne paraît pas pourtant que ces concessions
donnèrent de grands profits ; on voit en effet
Grégoire-le-Grand protester énergiquement contre un certain nombre de clercs qui avaient reçu
en emphytéose des fonds ecclésiastiques africains
et refusaient de payer le tribut annuel : « Ob
quam rem scriptis te presentibus admonemus,
ajoute-t-il, quatenus ad persolvendum pensionem
nulla mora nullaque excusatione eosdem clericos
uti permittas. »

On trouve encore la trace de pareilles usurpations dans les canons d'un concile tenu à Rome
sous Nicolas Ier, et enfin le Concile de Ravenne
prononça une interdiction formelle en ces termes : « Ne quis præcepta sibi fieri postulet de
massis sive de colonis. »

IV. — Marini[1] fournit encore un exemple fort
curieux d'emphytéose vers le milieu du septième
siècle.

1. Marini, 132.

Il s'agit d'une maison et de ses dépendances qu'un exarque de Ravenne, Théodore Calliopa, demandait qu'on lui concédât en emphythéose ; cette demande lui fut accordée pour lui, sa femme et ses enfants, à la condition de payer chaque année une somme déterminée par le contrat. C'était bien là un contrat emphytéotique dans toute sa pureté et l'on peut facilement s'en assurer ; l'exarque doit restaurer les maisons à ses frais et améliorer les fonds sans aucune diminution du canon à titre de différence entre l'argent dépensé et la plus-value résultant de l'amélioration du fonds ; le canon doit se payer au mois de mars, terme habituel des emphytéoses de l'Église de Ravenne, sans qu'on admette aucun retard. Il était défendu à l'emphytéote de vendre ou d'aliéner, ou de faire tout acte qui porterait atteinte aux droits de l'Église bienfaitrice. Le concessionnaire doit s'adonner à la défense de l'Église, et s'il venait à manquer aux conditions susmentionnées il se trouverait frappé de la peine de déchéance. De plus, si l'emphytéote ne payait pas le canon pendant deux ans consécutifs, il encourait la déchéance, en vertu de la Novelle de Justinien qui, comme on peut s'en souvenir, fixait un pareil délai pour les emphytéoses ecclésiastiques. Si le concessionnaire décédait sans enfants, ou à l'extinction de sa postérité, les fonds concédés devaient retourner à l'Église de Ravenne, avec leurs augmentations et leurs améliorations.

Ce n'est là, on le comprend bien, qu'un
exemple de ce qui se produisait très-fréquemment
vers les septième, huitième et neuvième siècles.
M. Lattes déclare qu'on trouve encore un grand
nombre de semblables contrats dans le Code bavarois[1], seulement le mot emphythéose ne se rencontre plus, il est remplacé par l'expression *peti-
tio*; la peine encourue par celui qui viole le
pacte est en général de douze sous. Une chose
bien digne de remarque, dans ce genre de contrat,
c'est que, dans presque toutes les circonstances,
les emphytéotes sont des personnes de qualité,
des personnages de grande famille ou bien
d'une haute importance politique.

Dans l'exemple qui vient d'être cité, on a pu se
convaincre que le concessionnaire rentrait bien
dans cette règle, puisqu'il était l'exarque de Ravenne, un personnage politique par excellence.
Dans tous les autres documents de l'époque, il en
est de même; ce sont tantôt des comtes, tantôt
des ducs, enfin de hauts et puissants seigneurs;
si bien qu'il est assez plausible de penser qu'il y
avait là un moyen pour les principaux chefs de la
nation d'accroître, au détriment de l'Église, leur
puissance et leur fortune territoriale à l'aide de
violences et d'exactions malheureusement trop
fréquentes dans cette période de notre histoire.

V. — Il n'a été jusqu'à présent parlé que d'em-

---

1. Fantuzzi, Monum. Ravenn. 1, not. 38.

phytéoses libres, cela n'a pas besoin de se démontrer, puisque dans tous ces contrats il n'était
question que de personnages influents; il serait
pourtant faux de croire qu'il n'y eût que des emphythéoses de cette espèce.

On découvre, en effet, à côté de ces emphytéoses libres des emphytéoses serviles; les documents de l'époque ne laissent aucun doute à ce
sujet : Marini donne même les loyers et prestations, auxquels étaient assujettis les emphytéotes
de l'Église de Ravenne; il est aussi question d'ouvrages hebdomadaires.

Dans la plupart des documents, ces travaux reçoivent le nom d'*angariæ*, comme dans le Code
Théodosien. Marini produit un passage du Code
bavarois, ainsi conçu : « Angariæ quattuor cum
bovibus et quinque a manibus; » et ailleurs :
« Opere octo quattuor cum bovibus et quattuor
cum manu. » Ce fait est très-intéressant, parce
qu'il montre un acheminement à la féodalité : ce
sont là, en effet, des servitudes publiques limitées
à l'utilité des seigneurs privés.

Il serait, du reste, bien impossible de fixer
d'une manière exacte l'époque où se produisit,
en réalité, le système féodal; comme cela a déjà
été dit plusieurs fois, aucune de ces institutions
ne parut d'un seul coup; ce fut l'état social de
l'Europe qui engendra la féodalité : le besoin de
protection et d'appui chez les faibles amena cet
état de choses qu'on aurait peine à comprendre

aujourd'hui, si l'on oubliait la façon dont se trouvait constituée la société naissante.

VI. — Avant de terminer ce chapitre, il convient de faire remarquer que c'est à l'époque actuelle, au huitième et au neuvième siècles, que se rencontre, dans toute sa force, ce contrat dont il a été question dans de précédents chapitres, le précaire.

Les monuments de l'époque s'accordent tous pour présenter un grand nombre d'exemples de cette institution, et cela permet de conclure que c'est un des contrats qui eut le plus d'influence dans le triomphe de la féodalité et qui sut se maintenir encore assez longtemps après l'établissement de cette dernière.

Le précaire se produisait le plus souvent entre des particuliers et l'Église. L'Église concédait des terres aux particuliers, qui s'engageaient à les cultiver et à les faire fructifier par leur travail. Charles le Chauve décida en 846 que, si le donateur abandonnait à l'Église la propriété absolue de toutes ses terres, cette dernière devait lui concéder l'usufruit de trois fois autant de terres que celles par lui abandonnées ; si, au contraire, le particulier ne concédait qu'une partie de son bien ; dans ce cas, l'Église n'avait à lui abandonner que le double. L'empereur eut encore soin d'exiger que cette concession, selon l'ancienne coutume, fût renouvelée de cinq ans en cinq ans.

On comprend les avantages d'un pareil contrat

pour l'Église; aussi vit-on bientôt une interdiction
générale de concéder les biens ecclésiastiques autrement que de la façon dont il vient d'être parlé.
Seulement les guerres et les troubles perpétuels
de cette époque fournirent une occasion propice
aux détenteurs de ces biens; ils se firent maintenir en possession de ces terres ecclésiastiques; de
là à une usurpation complète il n'y avait qu'un
pas; ce pas fut rapidement franchi et l'on put voir
les emphytéotes se conduire comme s'ils étaient
les seuls propriétaires du fonds. Pépin, pour remédier à un mal aussi grave, ordonna que le jour
où le terme de la concession serait échu, les terres
seraient restituées aux églises, sauf ensuite le droit
réservé à celles-ci de les con ider de nouveau à
qui bon leur semblerait.

Les violences, à l'aide desquelles les principaux
personnages de l'État se mettaient en possession
des biens de l'Église, ne furent pas toujours
étrangères aux rois francs eux-mêmes; comment,
en effet, expliquer autrement ce capitulaire qui
prend soin de distinguer les précaires « de verbo
nostro factas », de ceux : « quas spontanea vo-
luntate de ipsis rebus Ecclesiarum faciunt »? C'est
là un bien remarquable et bien triste exemple du
désordre qui existait dans ces temps!

Il est juste d'ajouter, du reste, que Pépin pro-
mit au sein du concile de Leptine de restituer les
terres acquises d'une façon si peu honorable par
son père; la guerre l'empêcha de remplir sa pro-

messe; il laissa les laïques en possession des biens usurpés, mais à charge par eux de payer à l'Église des nones, décimes, etc., à titre de canon emphy-téotique.

La sécularisation des biens ecclésiastiques, accomplie plus tard, rendit très-fréquents ces précaires; mais en même temps se produisit un nouveau mode de frustrer l'Église; les détenteurs de ces précaires se gardèrent bien de payer le canon qu'ils devaient; ils commencèrent à retarder le payement, puis le refusèrent complétement, si bien qu'ils en vinrent à une usurpation flagrante.

Ce n'est, du reste, là que ce qui se produisit au moment de la féodalité, et c'est à l'aide de pareilles usurpations, que le plus souvent les anciens chefs barbares se transformèrent en seigneurs et en barons féodaux.

CHAPITRE IV.

L'EMPHYTÉOSE A L'ÉPOQUE FÉODALE.

I. — Nous n'avons pas l'intention d'entreprendre ici l'histoire des origines de la féodalité, une
semblable recherche ne rentrant en aucune façon
dans le plan de ce travail; il n'y a qu'une seule
chose à étudier, l'emphytéose telle qu'elle existe
dans la France devenue un véritable royaume,
jusqu'au moment de la révolution française.

Il est indubitable que la féodalité, malgré les
opinions contraires émises à ce sujet, provient en
grande partie de la Germanie. Le fief, qui dans
bien des cas eut une certaine analogie avec l'emphytéose, tire sans contredit son origine de l'institution germanique la *Commendatio*, modifiée par
les Germains eux-mêmes lors de leur établissement au milieu des populations romaines.

Lorsque les bandes barbares se furent fixées
d'une façon définitive sur le territoire conquis, le
caractère et les mœurs des Germains se transformèrent, ainsi que le fait remarquer M. Guizot;
sans renoncer entièrement à leurs coutumes relativement à l'organisation de la famille, ils compri-
rent l'utilité d'avoir autour d'eux des hommes

sous leur dépendance fixés comme eux sur le territoire et leur tenant lieu des leudes, des fidèles, décimés par la guerre ou enrichis par la victoire.

Pour arriver à un pareil résultat, rien ne leur était plus facile, n'avaient-ils pas entre les mains d'immenses possessions, le fruit de leurs victoires? Et rien n'était plus simple que d'en concéder des parties plus ou moins considérables à leurs anciens leudes ou aux indigènes qui venaient leur demander de semblables concessions.

C'est ce qui fut fait, et c'est de cette façon que les chefs germains, devenus des seigneurs, posèrent les premiers fondements de la féodalité du moyen âge.

II. — Du reste, ce ne fut pas le seul fait qui contribua à l'établissement du nouvel ordre de choses. Nous avons déjà parlé du précaire, mais nous n'avons parlé que du précaire établi en faveur des églises et des établissements religieux. Or, le précaire s'appliquait également aux rapports de laïque à laïque, et ce fut là un second élément qui vint apporter un puissant secours au régime féodal.

Le particulier menacé dans sa propriété et jusque dans sa vie, ne trouvant plus aucun appui dans les lois de l'État ouvertement violées, chercha un dernier refuge dans la protection que pouvaient lui accorder les anciens chefs germains actuellement fixés sur le sol.

Il fit ce qu'avaient fait les Romains au temps des

patrocinia vicorum; mais il ne faut pas seulement rechercher dans cette institution du moyen âge, comme le fait remarquer très-justement M. Pépin Le Halleur, une suite de la dissolution des pouvoirs publics, et comme une réaction contre l'anarchie, un commencement de réorganisation; il faut en rechercher plus loin le principe dans les mœurs germaniques.

Tout le monde connaît cette institution du *comitatus,* si clairement et si soigneusement décrite par Tacite; c'est là l'origine première de la recommandation; dans le principe il n'y eut là qu'un simple rapport de personnes, puisque dans l'ancienne Germanie la propriété foncière n'existait pour ainsi dire pas. Puis, lorsque les Germains se furent installés dans la France, l'Espagne, l'Italie, lorsqu'ils furent devenus propriétaires fonciers, cette institution du *comitatus* ne disparut pas, elle se modifia seulement, et à ce rapport de personne à personne vint se joindre un rapport de fonds à fonds.

III. — Ces considérations historiques sont de la plus haute importance, car elles permettent de comprendre très-facilement la différence qu'on rencontre entre l'emphytéose du droit romain et l'emphytéose du moyen âge.

Dans l'emphytéose romaine, il n'y avait aucun rapport de personne entre le propriétaire du fonds et l'emphytéote; dans l'emphytéose du moyen âge, au contraire, il ne peut pas ne pas y avoir une prédominance du propriétaire sur l'emphytéote, c'est-à-dire du chef qui a fait la concession de terre ou reçu la propriété à charge de protection, sur le simple particulier qui n'a eu recours à la recommandation que pour se trouver en plus grande sûreté qu'il ne l'était jusqu'à ce jour.

C'est du reste cette idée de protection et de compagnonnage, idée absolument germanique, qui donna lieu au fief dans lequel il n'était dû que des services personnels, au contraire de l'emphytéose, pour laquelle l'emphytéote devait une simple redevance pécuniaire et périodique.

Ce qu'il y a de certain, c'est que dans la pratique la condition des *commendati* se trouvait fréquemment confondue avec celle des *mansoarii*, c'est-à-dire des hommes libres établis sur les domaines d'un grand propriétaire, ainsi qu'on l'a montré il n'y a qu'un instant.

En fait, on en vient le plus souvent à ne plus distinguer le commendatus du mansoarius. Il serait pourtant imprudent de soutenir que la différence établie entre ces deux personnes ne devait être considérée que comme absolument imaginaire. C'est là ce qu'explique d'une façon très-nette et très-claire M. Pépin Le Halleur : « Dans le cas de concession faite à un mansoarius, celui-ci n'avait sur la terre concédée que les droits compris dans l'expression romaine de *jus in re aliena*, c'est-à-dire que, comme dans le cas d'emphytéose proprement dite, il avait seulement les droits qui

rentrent naturellement et de droit commun dans
la jouissance et dans l'exploitation. Dans le cas de
recommandation, la situation était très différente ;
ce droit du recommandé n'était autre, à vrai dire,
que le droit de propriété lui-même grevé seulement de charges réelles envers le senior. »

Le résultat pratique le plus saisissant et celui
qui se présente du premier coup d'œil, c'est que
les héritiers du commendatus succédaient de plein
droit à leur auteur, puisque celui-ci se trouvait
être propriétaire du fonds pour lequel il s'était
recommandé.

IV. — On pourrait encore joindre à ces institutions les bénéfices qui, autant qu'on peut l'affirmer, prirent naissance dans l'Europe occidentale à l'époque franque et qui se développèrent
d'une façon si prodigieuse à l'époque féodale.

Quant à dire quelle fut l'origine de ces bénéfices et quelles étaient bien exactement leurs règles, il faut bien se garder de le faire, ce serait
s'engager sur un terrain par trop incertain et par
trop controversé, pour arriver à un résultat qui
n'aurait aucun rapport avec les matières que l'on
étudie en ce moment.

V. — Ce qu'il y a de fort important à constater,
c'est que, dans toutes ces institutions, on retrouve
à un degré plus ou moins grand les principaux
caractères du droit emphytéotique.

Toutes ces institutions, qu'elles consistent en
concessions de terres du seigneur à des particu-

liers ou en recommandation des particuliers au
seigneur, ne formaient dans leur ensemble qu'un
seul contrat auquel on appliquait fréquemment la
dénomination de précaire.

Ce précaire présente, dans bien des cas, de frap-
pantes analogies avec l'emphytéose : la propriété
n'est plus absolument entière entre les mains
d'un seul propriétaire ; elle se trouve presque toujours fractionnée entre deux personnes, et, si elle
ne l'est pas encore dans tous les cas, ce qui ne se
produit pas encore en effet en ce qui concerne les
manso, ii, la tendance bien évidente porte la législation à consacrer ce principe d'une propriété
divisée qui deviendra ce que les auteurs ont plus
tard désigné par le nom de domaine direct et de
domaine utile.

Nous devons également constater qu'au commencement de l'époque féodale, de même que
dans les temps qui l'ont précédée, l'emphytéose se
divise encore en emphytéose libre et en emphytéose servile.

C'est en réalité à cette époque que l'on trouve
la nature du contrat emphytéotique complétement
modifiée de ce qu'elle était dans la législation romaine. Sous l'empire romain, l'emphytéose n'a-
vait jamais été qu'une institution purement éco-
nomique, tandis qu'à notre époque elle se présente
avec un caractère absolument politique et féodal.
Cette modification, il faut le reconnaître, n'attei-
gnit pas seulement l'emphytéose, elle porta aussi

d'une façon tout aussi énergique sur le colonat.

VI. — C'est du reste à ce moment qu'on peut
bien juger de l'influence que produisit sur ce contrat l'apparition de la féodalité, et pour s'en rendre compte, il n'y a qu'à comparer l'une des institutions principales de la féodalité, le fief, avec
le contrat emphytéotique.

L'on sait déjà que le fief, aussi bien que l'emphytéose, consistait dans une sorte de jouissance usufruitière d'un immeuble.

C'était là un premir rapport entre l'emphytéose
et le fief. Mais dans le fief on rencontrait certaines obligations absolument inconnues dans l'emphytéose : telles étaient l'obligation de porter foi
et hommage au seigneur suzerain; le devoir de
paraître à la cour du seigneur pour y rendre la
justice; enfin l'obligation d'assister le seigneur
dans les cas qu'indiquent si fréquemment les feudistes : 1° lorsque le fils du seigneur était armé
chevalier; 2° lorsque la fille se mariait et qu'il fallait la doter; 3° lorsque le seigneur partait pour la
croisade; 4° enfin quand le seigneur était prison-
nier et qu'il fallait payer une rançon pour le déli-
vrer. Toutes ces obligations, on le comprend, n'a-
vaient aucune application dans les cas d'emphytéose; mais ces différences mises de côté, le fief
avait encore de grandes relations avec le contrat
emphytéotique.

C'est ainsi que l'emphytéote aussi bien que le

14

concessionnaire du fief avaient le droit de changer l'économie du fonds, à la seule condition de payer les redevances établies et de n'y pas causer de détériorations : l'on verra en effet, dans le chapitre suivant, que ces détériorations donnaient lieu tantôt à la résolution du contrat, tantôt à une simple action tendant à obtenir une indemnité.

Pour ce qui est de l'aliénation, il existait des règles spéciales qu'il faudra également examiner plus tard. Ce qu'il y a de certain, c'est que dans le principe, c'est-à-dire au commencement de la période féodale, le seigneur pouvait refuser le consentement exigé par la loi, pour que l'aliénation fût valable ; cette règle fut plus tard modifiée et l'aliénation put avoir lieu sans aucune approbation du seigneur.

L'on se souvient encore du cinquantième du prix de la vente accordé au propriétaire du fonds par Justinien dans l'emphytéose du droit romain. Cette institution reparut dans le fief sous la forme du droit de retrait. Cette règle s'applique également, au dire de M. Lattes, à l'emphytéose ; cependant il faut remarquer que le droit de retrait n'est plus un droit de prélation, comme cela se produisait en droit romain ; ce n'était plus que le droit accordé au seigneur de recouvrer le fonds vendu s'il agissait dans un certain laps de temps. Mais tandis que le cinquantième et la prélation du droit romain avaient leur origine dans des causes et dans des raisons civiles et économiques plus ou

moins bien fondées, le droit féodal puisa dans une
autre idée le droit de retrait qu'il accorde au seigneur, ce droit de retrait n'eut pour but que de
mettre un terme aux usurpations de plus en plus
fréquentes des vassaux; on comprend, en effet,
que lorsque la féodalité se fut universellement répandue et que son organisation hiérarchique se
rencontra partout, le premier soin des populations fut de chercher à s'affranchir de toutes les
obligations qui leur étaient imposées, avec autant
d'empressement qu'elles en avaient mis à venir
se grouper autour des principaux personnages du
pays. Il fallut donc trouver un moyen d'arrêter
ces usurpations, et c'est pour cela qu'on accorda
au seigneur le droit de retrait féodal.

Ce n'est donc que par suite d'un fait absolument fortuit que le droit féodal se rencontre avec
le droit romain en une pareille matière. Le retrait,
à vrai dire, n'eut pas pour objet de faciliter la
réconsolidation de la propriété et de faire profiter
le propriétaire des améliorations du concessionnaire ; le retrait à l'époque féodale, dit M. Lattes,
tint le vassal sous l'autorité du seigneur et l'empêcha de diviser le fief, ce qui se serait inévitablement produit à l'aide de sous-inféodations et
d'aliénations plus ou moins permises. « Les deniers d'entrée, ajoute le même auteur, ont été,
plus que toute autre chose, une reconnaissance
du haut domaine, la moins injuste et la moins
odieuse, à vrai dire, des mille reconnaissances

inventées par l'avarice capricieuse et par l'oppression écrasante des feudataires. »

D'après M. Lattes, ce fut ce mélange d'idées romaines et de pratiques féodales qui produisit la distinction si connue des deux domaines, en domaine direct et en domaine utile, distinction imaginée par les feudistes uniquement par l'habitude qu'ils avaient de tout juger en prenant comme point de départ le *corpus juris*. On sait que cette division en deux propriétés prit sa source dans la division des actions qui étaient tantôt utiles et tantôt directes ; les glossateurs ne se bornèrent pas à appliquer à l'emphytéose romaine la distinction des deux domaines, ce furent eux qui établirent cette double propriété dans le droit féodal qu'ils tenaient à assimiler le plus complétement possible au droit romain.

Cette distinction en domaine direct et en domaine utile devait, cela va sans dire, produire des changements assez considérables dans la théorie de l'emphytéose : c'est aussi ce qui ne manqua pas d'arriver. L'emphytéote devenu seigneur utile perdit plusieurs facultés qui lui avaient appartenu jusque-là ; parmi celles-ci, se trouvait le droit d'hypothéquer : à partir de cette époque le pouvoir d'hypothéquer fut assujetti au consentement clairement exprimé du seigneur direct ; si ce consentement faisait défaut, le seigneur utile pouvait être astreint à payer la dette et à rendre le fonds libre dans une certaine limite de temps[1].

Le droit germanique admit pourtant une exception à cette règle, en faveur des fiefs impériaux qu'il était permis d'hypothéquer sans qu'il fût besoin d'une autorisation particulière.

Enfin, dans les fiefs, on appliqua une règle totalement inconnue à l'emphytéose, en vertu du principe de la loi salique : « filia non succedit in feudo » les filles se trouvaient incapables de succéder à leur père, à moins que dans la charte d'investiture on eût eu soin d'insérer la clause contraire.

VII. — Tels sont les principaux points de ressemblance et de divergence qui existaient, au dire de M. Lattes, entre le fief et l'emphytéose du droit romain.

Nous devons cependant remarquer que tout ce qu'avance le savant auteur italien ne doit pas être absolument pris à la lettre. Nous allons avoir occasion, dans le chapitre suivant, d'examiner quelquefois si de telles allégations ne sont pas, par moments, un peu aventurées ou du moins assez peu en rapport avec ce qui se produisait en France vers cette époque.

1. M. Lattes, op., l. cit., ch. vi, passim.

CHAPITRE V.

L'EMPHYTÉOSE À SON COMPLET DÉVELOPPEMENT DANS L'ANCIEN DROIT FRANÇAIS.

I. — Nous avons cherché, dans le chapitre précédent, à donner une idée de l'influence que put exercer sur l'emphytéose l'avénement de la féodalité, qui modifia d'une façon si complète toutes les institutions publiques et économiques du moyen âge.

On comprend aisément que dans une telle recherche, il était assez difficile de donner une idée bien nette de l'emphytéose aussi bien que du fief et des autres contrats, qui, comme cela se produit toujours dans une période de transformation, sont loin d'offrir le spectacle d'institutions bien clairement caractérisées.

Le but que nous nous proposions particulièrement, c'était de faire comprendre les changements qui se produisirent au moment où l'emphytéose commença en réalité à reparaître parmi les contrats du droit privé : c'est en effet chose bien difficile que de retrouver de véritables emphytéoses dans la période qui s'étend à partir de la chute de l'empire d'Occident jusqu'à l'apparition de la féodalité ; l'on a pu voir combien les institutions qui reproduisaient à une semblable époque le phénomène emphytéotique, étaient encore éloignées de l'emphytéose du moyen âge.

La féodalité donna un caractère de régularité relative aux institutions alors existantes dans l'Europe occidentale ; l'on commença à sortir du chaos où les invasions barbares avaient plongé le monde, et peu à peu un état de choses plus régulier s'établit dans l'ordre social aussi bien que dans l'ordre politique. Quoi qu'on en ait dit, ce sera toujours une grande gloire pour l'époque féodale d'avoir servi de première étape vers la civilisation moderne, et d'avoir la première remplacé le désordre et la sauvagerie des siècles antérieurs par des règles plus modérées ou du moins plus stables.

Du reste on doit reconnaître que les institutions de l'époque féodale se modifièrent sensiblement à mesure que la civilisation progressait de tous côtés ; c'est aussi ce qui se produisit dans l'emphytéose : au commencement du moyen âge elle se confond avec le précaire, avec une foule d'autres institutions qui s'en rapprochent plus ou moins, mais elle n'a encore aucune existence par ticulière bien déterminée. Cependant à mesure que l'on avance, on voit le caractère de cette institution se dégager peu à peu, jusqu'au moment où elle constitue un véritable contrat avec un caractère particulier bien établi. Et cependant il faut

remarquer que même dans les temps moins reculés
de l'ancienne monarchie française, on a douté
de l'existence de l'emphytéose qu'on voulait confondre soit avec le bail à cens, soit avec le bail à
rente; mais une pareille opinion n'a pu réussir,
et de nombreux auteurs en ont fait justice ainsi
qu'on aura occasion de le voir un peu plus loin.

C'est pour toutes ces raisons que nous avons
cru devoir, dans un chapitre spécial, étudier l'influence de la féodalité sur l'emphythéose et rechercher, dans le présent chapitre, la nature et les
règles du contrat emphytéotique arrivé à son
complet développement et tel qu'il existait à l'époque où la révolution française le supprima sans
trop savoir quel genre de contrat elle frappait de
la sorte et quelle influence salutaire il aurait
encore pu exercer dans certaines parties de la
France.

II. — La première question qui se pose sur le
seuil de la matière, est celle dont il était question, il n'y a qu'un instant. Un assez grand nombre d'auteurs n'a vu dans l'emphytéose qu'une
modification du bail à cens ou du bail à rente
foncière : les différences étaient fort secondaires,
il y avait même tout lieu de croire que ces différences n'avaient été introduites que par la diversité
des coutumes et par les différentes législations qui
couvraient à cette époque le territoire français.

Ce système soutenu par des auteurs d'un grand
mérite puisait surtout son autorité dans l'opinion

de Dumoulin, déclarant que l'emphytéose du droit romain était tombé en désuétude[1] : « De quo ex solo verbo emphyteuseos non continuo liquet, propter naturam ejus fere exoletam. » Si l'on prend en effet une pareille citation à la lettre, il est incontestable qu'au dire de Dumoulin l'emphytéose ne saurait plus exister et que son nom, lorsqu'on le rencontre, doit s'appliquer à une autre institution.

Ceci serait fort admissible, car on a pu remarquer que pendant l'époque franque le mot emphytéose se rencontre très-fréquemment, et que le plus souvent il se rapporte à des institutions absolument étrangères au véritable contrat emphytéotique. Cependant, à bien examiner la question, il convient de reconnaître que Dumoulin, dans le passage cité plus haut, ne déclare en somme qu'une seule chose, c'est que l'emphytéose n'existe plus : mais de quelle emphytéose entend-il parler ? voilà la question ; or le texte ne laisse aucun doute à ce sujet : c'est de l'emphytéose romaine dont il s'agit dans la phrase du grand jurisconsulte. S'il en est ainsi la position se trouve complétement modifiée et nous sommes entièrement de l'avis du savant auteur. Sans contredit l'emphytéose n'existe plus en tant qu'emphytéose romaine, sans contredit les principaux caractères du contrat en droit romain ne sau-

---

1. Dumoulin, Cout. de Paris, § 72, n° 10.

raient plus se rencontrer dans le droit emphytéotique que l'on étudie en ce moment; mais là
se borne, tout ce qu'a voulu dire Dumoulin : si
l'emphytéose romaine a cessé d'exister, cela ne
prouve certainement pas qu'il soit impossible de
retrouver le contrat emphytéotique dans la législation de l'ancienne monarchie française.

Du reste Dumoulin considère si peu le bail emphytéotique comme une chose analogue au bail à
cens et au bail à rente foncière, qu'il consacre de
très-grands développements à faire ressortir les
grandes différences qui distinguent ces contrats
les uns des autres[1].

Quoi qu'il en soit de l'opinion de Dumoulin,
un autre auteur, Boutaric, semble caractériser
d'une façon fort claire la nature très-différente de
l'emphytéose et du bail à cens. Voilà les expressions dont se sert Boutaric, expressions reprodui-
tes par M. Pépin le Halleur : nous ne croyons
pouvoir mieux faire que de les citer ici dans leur
intégrité : « Elle (la différence des deux institutions) consiste principalement en ce qu'on ne peut
bailler à cens qu'un fonds que l'on possède noble ;
au lieu que pour bailler un fonds à titre d'emphytéose, il suffit de le posséder en franc alleu et indépendamment de toute seigneurie directe, quoique d'ailleurs rural et sujet au payement des
tailles ; la roture n'ayant rien d'incompatible avec

----

1. Dumoulin, op., l. cit., § 73, nᵒˢ 21, 22, 23, 33, 36.

l'allodialité et l'indépendance. » L'annotateur de
Boutaric ajoute encore : « L'essence et le fonds de
ces deux contrats, sont absolument les mêmes,
puisque l'un et l'autre sont également un contrat,
par lequel il n'y a que le domaine utile qui soit
aliéné, tandis que le domaine direct reste au bailleur avec une rente qui lui est payée en reconnaissance de la directité. Le contrat est donc spé-
cifiquement le même, et la différence ne vient
que des biens qui font le sujet de l'un et de l'autre. Le bail à cens est le bail d'un fonds noble
et féodal, au lieu que le bail emphytéotique est
celui d'un fonds qui est tenu en roture. »

Ainsi l'on voit bien, par les textes qui viennent
d'être cités, la grande différence qui sépare le bail
à cens du bail emphytéotique. Le premier s'applique à des fonds nobles se trouvant englobés dans
la hiérarchie féodale. Le second regarde uniquement les fonds allodiaux, alors même qu'ils sont
nobles.

C'est, du reste, ici le lieu de faire remarquer d'une
façon toute générale que le bail emphytéotique
peut, sans aucun doute, s'appliquer aux fonds nobles aussi bien qu'aux fonds roturiers : ce n'est
que pour les fonds nobles et féodaux qu'est réservé le bail à cens. Ainsi qu'on l'a dit tout à
l'heure, il faut que le fonds noble ne soit pas en-
globé dans la hiérarchie féodale pour qu'on puisse
lui appliquer les principes du bail emphytéotique.

L'on se rend très-bien compte d'une semblable distinction, lorsqu'on se reporte à l'organisation de la propriété foncière au moyen âge, le propriétaire d'un franc-alleu, fût-il noble ou roturier, pouvait faire de sa chose ce que bon lui semblait : il était plein propriétaire, propriétaire tel que nous le sommes aujourd'hui. Il n'en était pas de même de celui qui détenait un fonds noble et féodal, car ici se présentent les règles du fief ; ces règles s'opposaient à ce que le vassal fît absolument tout ce qu'il lui plût de sa propriété. Est-il besoin de rappeler l'interdiction si célèbre du démembrement du fief ? Pour parer à cette interdiction on imagina le bail à cens qui laissant toute la seigneurie entre les mains du vassal, lui permettait encore de rendre foi et hommage au seigneur dominant, sans qu'il y eût besoin de la démission de foi si formellement interdite. L'on sait que le bail à cens fut le mode le plus usité du jeu de fief, seul autorisé ainsi qu'il a été dit plus haut : pour ce qui est du bail emphytéotique, jamais il ne peut se produire dans un pareil cas.

On voit la ressemblance et la différence qui existaient entre le bail à cens et l'emphytéose. Dans l'un et l'autre contrat il y avait démembrement de la propriété, en propriété directe et en propriété utile. Mais le bail à cens s'employait pour les fonds tenus féodalement, tandis que l'emphytéose ne pouvait se rencontrer que dans les francs-alleux, et par là même elle ne pouvait

exister dans un fief non plus que dans une censive.

Il importe cependant de reconnaître que ce que
l'on vient de dire, ne s'appliquait qu'à l'emphytéose perpétuelle, et pas le moins du monde à un
autre genre d'emphytéose, l'emphytéose temporaire, qu'il faudra distinguer de la première.

Pour ce qui est du bail à rente, il est peut-être
encore plus facile d'en faire ressortir la différence
avec le bail emphytéotique. On a vu que dans
l'emphytéose, comme, du reste, dans le bail à cens,
la propriété se trouvait divisée en domaine direct
et en domaine utile : dans le bail à rente foncière
au contraire, il n'y a pas en réalité démembrement de la propriété, du moins dans le sens dans
lequel on l'entend quand il s'agit de l'emphytéose
ou du bail à cens ; on ne trouve ici rien d'équiva-
lent à la directe seigneuriale ou même simplement emphytéotique.

Le résultat pratique de tout ceci se dégage bien
facilement ; toutes sortes de biens peuvent faire
l'objet d'un bail à rente foncière, même ceux sur
lesquels le bailleur ne pouvait se réserver aucune
directe, parce qu'il n'en aurait eu que le domaine
utile.

Ce que l'on vient de dire s'explique très-natu-
rellement, toutefois M. Pépin le Halleur fait remarquer avec une grande justesse et un grand
à-propos que ces différences, très-faciles à découvrir dans le cas d'un bail à rente foncière ordinaire,

comparé à un bail emphytéotique, devenaient, pour ainsi dire, impossibles à saisir lorsque l'on se trouvait en présence d'une rente foncière non rachetable. Telle est, en effet, l'opinion de Laurière[1], qui interdisait au seigneur du fief le droit de donner son fief à bail à rente foncière non rachetable avec démission de foi, avec autant d'énergie que s'il avait voulu donner le même fief à bail purement emphytéotique.

On voit par ce qui précède que, malgré tout ce qu'on a pu dire, le bail emphytéotique existait sous l'ancienne monarchie, indépendamment du bail à cens et du bail à rente foncière. Chacune de ces institutions avait sa nature propre, ses règles particulières; elles s'appliquaient toutes à des situations, en général, très-différentes, bien que dans certains cas elles pussent se rencontrer dans une même hypothèse.

Tout ce que l'on peut dire, c'est que ces divers contrats tels que le fief, le bail à cens, le bail à rente foncière, le bail à bordelage, et une foule d'autres, avaient puisé quelques-unes de leurs règles, en nombre plus ou moins considérable, dans la théorie de l'emphytéose romaine, et c'est là ce qui a pu leur donner une certaine analogie et conduire à cette confusion entre l'emphytéose et les autres contrats, confusion contre laquelle il a été souvent bien difficile de réagir.

1. Laurière, Cout. de Paris, art. 59.

III. — Cette première question élucidée, il convient de revenir au contrat emphytéotique, pour en étudier la nature, les effets et les règles principales : toutes choses que l'on trouvera bien différentes de la théorie de l'emphytéose romaine.

IV. — En premier lieu, et avant d'entrer complétement dans les détails du bail emphytéotique, il est de la plus haute importance de remarquer qu'il existait, à l'époque où nous nous plaçons, non plus une seule emphytéose, mais bien deux emphytéoses très-distinctes.

Les auteurs, ou du moins un grand nombre d'auteurs, semblent attacher fort peu d'importance à ce que les contrats emphytéotiques étaient tantôt perpétuels et tantôt temporaires ; cette distinction mérite cependant d'être signalée d'une façon tout à fait particulière. Il est impossible, en effet, de ne pas reconnaître au premier abord, que dans un contrat tel qu'un bail emphytéotique, il ne dût pas y avoir de différences très-importantes entre le cas où l'emphytéose était établie à perpétuité et le cas où elle était constituée pour un temps déterminé.

Aussi lorsque l'on veut examiner les choses d'une façon un peu attentive, l'on doit constater que les mêmes règles ne s'appliquent pas à l'emphytéose perpétuelle et à l'emphytéose temporaire.

Un premier point sur lequel il faut dès maintenant attirer l'attention et sur lequel se mon-

tre déjà une distinction très-nette entre l'emphytéose perpétuelle et l'emphytéose temporaire;
c'est la question de savoir à quelle sorte de biens
pouvait s'appliquer le contrat emphytéotique. On
sait que, pour ce qui est de l'emphytéose perpétuelle, elle n'avait d'application que lorsqu'il s'a-
gissait de fonds allodiaux; en effet, on a vu,
quelques lignes plus haut, que ce genre d'emphytéose ne se rencontrait que dans les francs-alleux,
qu'ils fussent nobles ou roturiers. Mais ceci ne
s'appliquait justement que dans les seuls cas d'emphytéose perpétuelle, en cas d'emphytéose temporaire les règles ne se trouvaient plus les mêmes :
il est hors de doute qu'alors l'emphytéose s'ap-
s'appliquait fort bien à tout autre fonds qu'aux
francs-alleux; ce qui le prouve d'une façon incontestable, c'est la controverse qui s'éleva sur la
question de savoir si le bail emphytéotique donnerait lieu à la perception des droits de lods et
ventes.

Cette controverse, rapportée par Brodeau[1],
montre que l'emphytéose temporaire ne s'appliquait pas uniquement aux fonds allodiaux, mais
qu'elle pouvait fort bien s'étendre aux censives,
puisque c'était dans les censives seules qu'il pouvait
être question de lods et ventes; le fonds dont
parle Brodeau, devait donc être une censive et
ceci suffit pour prouver qu'il y avait là une diffé-

1. Brodeau, Coutume de Paris, art. 78.

rence très-considérable entre l'emphytéose perpétuelle et l'emphytéose temporaire.

Quant aux cas dans lesquels on avait recours à
l'emphytéose, et quant à l'utilité qu'elle pouvait
avoir dans la pratique, M. Pépin Le Halleur[1]
donne des détails qu'il semble impossible de ne
pas reproduire : « Il y avait d'autres combinai-
sons dans lesquelles l'emphytéose n'était qu'une
disposition provisoire, quoiqu'elle conservât à
plusieurs égards le caractère d'une véritable aliénation. On peut citer pour exemple la situation
d'un propriétaire qui se trouvait accidentellement
hors d'état de faire certaines dépenses de restau-
ration ou d'amélioration, et qui préférait à l'expédient ruineux d'un emprunt celui d'une emphytéose temporaire : loin d'enlever à la famille une
partie de son patrimoine, il lui procurait ainsi
une amélioration perpétuelle du fonds au moyen
d'une aliénation temporaire de la jouissance.
L'emphytéose temporaire pouvait encore fournir
à un débiteur obéré un moyen de libération analogue à l'antichrèse. »

Il résulte de tout ceci que ce serait une bien
grande erreur de vouloir assimiler les deux sortes
d'emphytéoses; il y là deux contrats qui certainement ont un grand nombre de rapports l'un
avec l'autre, mais qui en diffèrent aussi d'une façon très-notoire.

---

1. M. Pépin Le Halleur, op., l. cit., p. 284.

15

Quánt aux différences nous en avons déjà fait ressortir l'une des principales, la plus importante peut-être, et pour ce qui est des autres, elles seront signalées à mesure qu'elles se rencontreront en avançant dans l'étude du contrat emphytéotique.

V. — Il faut maintenant examiner successivement les droits de l'emphytéote, ses obligations, la manière dont le contrat se forme, les formalités à accomplir pour sa transmission, et enfin la façon dont il prend fin.

Mais avant de commencer, c'est ici le lieu de dire deux mots d'une controverse qui, elle aussi, a bien son importance.

Les auteurs sont divisés sur la question de savoir pour combien de temps se trouve contracté le bail emphytéotique alors qu'on n'a pas exprimé, par une clause expresse, la durée qu'il doit avoir.

Selon les uns, le bail est censé fait à perpétuité; selon les autres, parmi lesquels on doit mentionner le célèbre jurisconsulte Brodeau[1] ; le bail emphytéotique ne doit alors recevoir qu'une durée de quatre-vingt-dix-neuf ans.

On comprend la gravité d'une pareille contradiction, particulièrement sur une question qui présentait un si grand intérêt pratique : combien de fois, en effet, une semblable espèce n'a-t-elle pas dû se présenter dans l'ancienne législa-

---

1. Brodeau, Coutume de Paris, art. 149.

tion française? Il n'est donc pas possible de penser que dans l'espèce précédente il n'y ait pas eu
dans la pratique une décision définitive, et qu'on
en soit resté à une simple controverse.

M. Pépin le Halleur, que l'on rencontre toujours quand il s'agit de donner une opinion sage
et ra sonnée, pense que l'on peut justement appliquer les systèmes opposés des auteurs à deux cas
bien différents l'un de l'autre. Selon lui, ce fut un
tort de généraliser une solution, d'ailleurs parfaitement exacte dans certaines situations, et peut-
être également dans certaines contrées. Voici l'explication proposée par le savant auteur : « Dans
les pays de droit écrit, où s'étaient conservées les
traditions romaines, et où dominait le principe de
l'allodialité, la présomption devait être pour la
perpétuité de l'emphytéose. Mais dans les pays
soumis à la maxime : nulle terre sans seigneur
et sans distinction de contrées, toutes les fois
que les parties avaient su qu'elles appliquaient
à une censive le bail emphytéotique, on devait
présumer qu'elles avaient entendu constituer seulement une emphytéose temporaire, puisqu'il ne
leur eût pas été permis de constituer une emphytéose perpétuelle. Il faut restreindre à ces cas la
décision de Brodeau, qu'à défaut de stipulation
d'un terme précis, la durée d'un bail emphytéotique est de quatre-vingt-dix-neuf ans. »

L'explication que nous venons de transcrire est
fort ingénieuse, et je ne vois, pour ma part, au-

cune raison spécieuse pour ne pas l'adopter; ainsi que nous l'avons dit, il était impossible que dans une question d'un intérêt aussi pratique et aussi saisissant, il y eût ce qu'on nomme une véritable controverse. M. Pépin le Halleur, a le mérite de fournir des raisons qui semblent irréfutables en faveur de son système, et nous ne croyons pouvoir mieux faire que de l'adopter dans son intégrité comme le meilleur moyen de donner une solution à une question qui autrement serait fort douteuse, et qui jetterait dans des incertitudes les plus nombreuses, sans aucune chance d'arriver à un meilleur résultat.

VI. — Cette question une fois vidée, il faut en revenir à l'étude du contrat emphytéotique dans l'ancienne monarchie française.

Quels étaient, en premier lieu, les droits de l'emphytéote?

L'emphytéote avait la propriété utile de la chose, c'est là un point sur lequel tous les anciens auteurs sont d'accord. En effet, le bail emphytéotique perpétuel tenant lieu dans certains cas de bail à cens ou de bail à rente, il était naturel de reconnaître à l'emphytéote le domaine utile, comme on le reconnaissait au censitaire.

La seule objection qu'on ait faite à cette théorie, c'est que le domaine utile est bien une véritable propriété; quant au domaine direct, ce n'est plus, suivant l'expression des auteurs, qu'un domaine de supériorité; le simple droit d'exiger

certains actes recognitifs. Or, l'emphytéote n'est
pas à ce point assimilé au plein propriétaire, on
verra, en effet, qu'il est soumis à un certain nombre d'obligations assez sérieuses; il ne peut par
exemple causer des dégradations sur le fonds alors
que le plein propriétaire est absolument maître de
faire de son bien ce que bon lui semble [1]. A cela
la réponse est bien facile : personne ne niera que
dans le bail à cens, le censitaire n'ait le domaine
utile de la chose; or le censitaire n'est-il pas lui-
même soumis à certaines obligations? Ce qui n'empêche pas que jamais on n'ait songé à lui contester
son titre de propriétaire utile. L'emphytéote se
trouve dans le même cas, il est sans aucun doute
soumis à de nombreuses obligations, et cependant
il jouit du domaine utile. Toutes ces objections
reposent en effet sur une singulière erreur : on
veut voir des entraves à la propriété dans ces obligations imposées à l'emphytéose, et c'est là qu'on
se trompe lourdement; comme on l'a déjà dit,
l'emphytéote est propriétaire et plein propriétaire
du fonds à lui concédé : il ne faut chercher aucune restriction à son droit de propriété, car il
n'y en a pas. Ce que l'on considère comme des
restrictions, ne sont au contraire que l'obligation
pour le propriétaire de respecter les garanties d'un
droit qu'il ne peut méconnaître. Cela ne saurait
faire doute, il n'y a là en somme que certaines

1. M. Troplong, Louage, p. 178-182.

obligations spéciales imposées au propriétaire, de même que les propriétaires modernes se trouvent, par exemple, dans la nécessité de se soumettre à certaines ordonnances de police relativement à la voirie, sans qu'on ait jamais pour cela songé à nier leur droit de propriété, ou qu'on l'ait même considéré comme restreint en aucune façon.

L'emphytéote pouvait se permettre les modifications superficielles qui n'altéraient pas la nature du fonds ; mais les changements qui devaient causer un dommage à la propriété et en diminuer la richesse et la valeur étaient formellement interdits ; parmi ces changements l'on doit citer la démolition d'une maison, les abatis de futaies et un grand nombre d'autres actes contraires à une bonne administration.

Cependant il faut bien se garder de poser des règles absolues sur cette matière, car en se reportant aux décisions de la jurisprudence à cette époque, on peut voir combien elles variaient, et cela s'explique par ce fait que bien souvent le contrat emphytéotique se trouvait confondu avec le bail à cens ou avec le bail à rente foncière [1].

Lorsqu'un trésor venait à être découvert, sur un fonds concédé en emphytéose, à qui devait-il appartenir? C'est là une question assez difficile, et qui, du moins, a divisé les anciens auteurs. Voët [2]

1. Dumoulin, Cout. de Paris, § 74; D'Argentré, Cout. de Bretagne, art. 61 ; Basnage, Cout. de Normandie, art. 204
2. Voët, Si ager vectig., n° 11.

n'hésitait pas à en attribuer la propriété à l'emphytéote. D'autres auteurs ont repoussé une semblable opinion, en se fondant sur ce motif que le
droit au trésor est attaché à la propriété et que
l'emphytéote n'est pas propriétaire.

Nous nous ralliions entièrement à ce système,
mais pour une raison toute différente de celle que
l'on fait valoir; on a vu, en effet, qu'à notre
avis, l'emphytéote est bien véritablement propriétaire du fonds à lui concédé, il faut donc chercher ailleurs le motif de notre opinion. Suivant
nous, il est absolument faux de considérer le trésor comme un accessoire du fonds, c'est de là que
part l'erreur du premier système; le trésor est
plutôt un bien vacant auquel il faut appliquer les
règles de l'occupation, et qui rentrait dans les prérogatives de la souveraineté[1]. Aussi avait-on l'habitude de diviser tout autre trésor que la *treuve d'or*
en trois parts égales; la première était attribuée au
seigneur justicier, la seconde au seigneur tréfoncier, et la troisième à l'inventeur.

Voilà du moins ce qu'enseigne Loisel; on a du
reste soutenu que par l'expression du seigneur
tréfoncier, le savant jurisconsulte entendait parler
du censitaire; ce système ne nous semble en aucune façon admissible; lorsque l'on parle du seigneur foncier, du seigneur tréfoncier, on désigne
toujours le seigneur direct, et non le seigneur

1. Coquille, Coutume du Nivernais, art. 2, t. 1.

utile. Dumoulin ne laisse aucun doute à ce sujet ; or, ce qu'on n'accordait pas au censitaire, on ne pouvait le concéder à l'emphytéote, et c'est pour cette raison qu'on lui refusait tout droit sur le trésor trouvé, et qu'on attribuait le tiers contesté au propriétaire direct.

Du trésor la transition est toute naturelle aux mines et aux carrières. M. Troplong soutient que la jurisprudence la plus fréquente interdisait à l'emphytéote le droit de les fouiller ; la raison en était que ces extractions appauvrissaient le fonds, ce qui était absolument contraire aux principes du contrat emphytéotique ; le résultat de M. Troplong était donc d'assimiler complétement l'emphytéote à un usufruitier ; mais ce système était-il bien juste ? voilà ce qui nous semble fort douteux ; jamais l'emphytéote n'a été un simple usufruitier, ses droits ont été toujours beaucoup plus considérables que ceux de ce dernier.

Coquille[1], autant qu'on peut en juger, ne semble, du reste, partager en aucune façon l'opinion de M. Troplong, poursuivant sa comparaison entre le trésor, d'une part, les mines et les carrières, de l'autre, il soutient que : « les minières d'argent, de fer, de cuivre, d'étain et autres matières ne sont pas de la condition du trésor. Car le trésor est mis dans son lieu par main d'homme ; les minières sont portion de la terre, naturellement, et sont produites par la terre. »

1. Coquille, op., l. cit.

Ce raisonnement nous semble bien simple et en même temps bien fort ; si l'on n'a pu attribuer à l'emphytéote le trésor, sous le prétexte qu'il ne faisait pas partie intégrante du fonds, et qu'on ne l'avait pas eu pour objet dans la confection du bail emphytéotique, ces raisons ne trouvent plus leur application quand il s'agit de mines et de carrières qui, en vérité, font bien partie intégrante du fonds concédé en emphytéose.

L'emphytéote n'avait pas seulement le droit de recueillir les fruits du fonds, il profitait encore de la chasse, de la pêche et de l'alluvion ; cela semble aller de soi au premier abord, et n'avoir aucun besoin d'être exprimé, cependant il faut se souvenir qu'à l'époque féodale, et même postérieurement, le droit de chasse et le droit de pêche étaient soumis à des règles tout à fait particulières : ces règles variaient à l'infini, selon les temps et les contrées auxquels on se reporte ; aussi n'avons-nous aucune intention d'entrer dans le détail de ces droits, complétement disparus depuis la révolution française.

Quant à la faculté d'hypothéquer, il va sans dire que l'emphytéote l'avait dans toute sa plénitude ; il jouissait également de la faculté d'établir des servitudes, pourvu que les actes autorisés ainsi fussent de nature à pouvoir être exercés par les emphytéotes eux-mêmes ; il fallait de plus que ces servitudes ne causassent aucune détérioration matérielle au fonds sur lesquels elles portaient.

Seulement il est très-important de constater qu'en cas de commise dans les emphytéoses perpétuelles, les hypothèques et servitudes se trouvaient tomber, en vertu de cette maxime : *resoluto jure dantis resolvitur jus accipientis*[1].

Enfin, l'emphytéote avait deux modes de faire valoir ses droits : il pouvait avoir recours à l'action réelle, ou bien, s'il le préférait, il jouissait de l'action possessoire; ces deux actions pouvaient s'exercer contre les tiers, et même contre le véritable propriétaire[2].

Il n'a été parlé jusqu'ici que de l'emphytéose perpétuelle; pour ce qui est des droits de l'emphytéote temporaire, les règles étaient souvent les mêmes; cependant il y avait des différences assez considérables sur des points fort importants.

Ainsi, on ne saurait soutenir, et c'est pourtant ce qu'a fait Merlin[3], que, dans l'emphytéose temporaire, l'emphytéote se trouvait en possession de la propriété utile du fonds concédé. Dumoulin[4] ne laisse aucun doute sur ce sujet, et sa théorie cadre fort bien, en effet, avec la situation de l'emphytéote temporaire, qui se rapproche d'une façon considérable de celle de l'usufruitier. M. Pépin Le Halleur fait remarquer avec beaucoup de justesse : « qu'autant il est naturel de rapprocher

1. Voët, op., l. cit., n° 24.
2. Charondas, l. VII, ch. CLXXIII.
3. Merlin, Questions, Emphytéose. § 5, n° 1-2.
4. Dumoulin, op., l. cit., § 78.

le plus possible de la pleine propriété le droit de
l'emphytéote perpétuel, autant il répugne d'admettre que l'emphytéote temporaire aurait acquis
par son bail le droit de jouir du fonds de manière
à en altérer la valeur. »

Il résulte de tout ceci que dans les cas douteux
il faudra appliquer, autant que possible, les règles
de l'usufruit au bail emphytéotique temporaire :
il existe, en effet, une grande analogie entre ces
deux institutions. Toutefois les auteurs observent
que lorsqu'il s'agira, par exemple, de dénaturer
la superficie du fonds, on devra consulter la con-
venance de l'emphytéote, de préférence à celle du
propriétaire. C'est encore là peut-être un souvenir des faveurs accordées, à la décadence de l'empire romain, aux citoyens qui voulaient bien consentir à contracter un bail emphytéotique.

Une différence considérable existait encore entre l'emphytéose perpétuelle et l'emphytéose au
sujet du trésor, des mines et des carrières.

Pour ce qui est du trésor, je crois qu'il n'est
jamais venu à l'idée de personne d'en attribuer la
propriété à l'emphytéote temporaire, qui n'avait
aucune espèce d'affinité avec le propriétaire.
Quant aux mines et aux carrières, le Code civil et
le droit romain avaient à ce sujet deux théories
absolument contradictoires. Le droit romain[1] permettait à l'usufruitier d'ouvrir une carrière, à la

---

1. L. 9, § 2, 3, D., de Usufruct, (vii, 1,); l. 3, § 5, ibid.

condition de ne s'en servir que pour son usage exclusivement personnel. Or l'ancienne jurisprudence a toujours admis ce système sans aucune hésitation[1]; c'est donc ici le lieu d'appliquer la règle posée il y a quelques instants, à savoir que, dans les cas douteux, il faut appliquer à l'emphytéose temporaire les règles de l'usufruit; c'est pourquoi l'on ne doit pas hésiter à permettre à l'emphytéote temporaire d'ouvrir des mines et des carrières dans le fonds qui lui a été concédé, à la seule condition de ne s'en servir que pour son usage particulier.

Que dire de l'hypothèque et des servitudes? C'était, croyons-nous, les mêmes règles que dans le cas d'une emphytéose perpétuelle[2]. Il convient toutefois de remarquer que, dans l'emphytéose perpétuelle, les hypothèques et les servitudes ne pouvaient tomber qu'en cas de commise, tandis que, dans les emphytéoses temporaires, au cas de commise, il faudra encore ajouter l'échéance du terme. On comprend en effet que les hypothèques et les servitudes ne pouvaient durer plus de temps que le bail emphytéotique, car l'emphytéote ne pouvait donner plus de droits qu'il n'en avait lui-même; ainsi, le bail fini, les hypothèques et les servitudes disparaissaient d'elles-mêmes, sans qu'il y eût besoin d'aucun acte du propriétaire pour arriver à ce résultat.

1. Merlin, Repert., Usufruit, § 4, n° 3.
2. Merlin, Quest., Emphytéose, § 8, n° 1.

L'emphytéote jouissait des actions possessoires ;
cela ne saurait faire doute, puisqu'un auteur,
Masuer, les accorde à tous les baux de plus de dix
ans; Bourjon[1] reconnaît encore à l'usufruitier le
droit d'user de la complainte, et l'on doit, suivant
nous et suivant beaucoup d'auteurs, étendre cette
action à l'emphytéote.

VII. — On voit, en somme, que sur un assez
grand nombre de points l'emphytéose temporaire
se rapproche de l'emphytéose perpétuelle, du
moins pour ce qui regarde les droits de l'emphytéote. Maintenant se présentent les obligations de
ce même emphytéote, et l'on aura occasion d'examiner ici si, dans cette matière, les analogies sont
aussi considérables entre les deux contrats.

La première des obligations de l'emphytéote
était sans contredit le payement de la redevance
ou canon, stipulé lors de la formation du contrat.
Cette redevance consistait en une somme dont le
taux était fixé à l'avance, et d'une façon définitive, c'est-à-dire invariable.

Il est très-important de constater la nature im-
mobilière du canon emphytéotique : comme à
toutes les redevances foncières, l'ancien droit lui
reconnaissait le caractère d'immeuble. Aussi était-
il parfaitement permis de l'hypothéquer, et ce
fait se produisit très-fréquemment dans la pratique.

On peut remarquer que le canon n'avait pas

1. Bourjon, Droit commun, t. II.

toujours la même raison d'être ; dans certains cas,
c'était la reconnaissance pure et simple du droit
du bailleur, le canon était alors, on le comprend,
d'une extrême modicité ; dans d'autres espèces, la
redevance, outre qu'elle était la reconnaissance
du droit du bailleur, représentait en plus la valeur de la jouissance ; cette seconde raison devait,
cela va sans dire, faire monter le taux du canon à
un prix plus considérable ; toutefois, il est juste
de constater que le canon était toujours excessivement modéré, et nullement en rapport avec le
produit du bien concédé en emphytéose ; il y aura
dans quelques instants à rechercher la raison de
ce phénomène.

On comprend que ces deux hypothèses différentes, l'une où le canon représentait la reconnaissance du droit du bailleur, l'autre où il représentait en outre la valeur de la jouissance,
devaient donner lieu à des décisions contradictoires.

C'est aussi ce qui s'est produit sur la question
de savoir si l'emphytéote pouvait obtenir la remise du canon pour cause de stérilité inaccoutumée, d'invasion ou de charges extraordinaires
imposées par l'État.

Lorsque le canon n'était que la reconnaissance
du droit du bailleur, alors il n'y avait pas de controverse, tout monde reconnaissait l'impossibilité
de la suppression ou de la réduction du canon,
puisque ç'aurait été en quelque sorte supprimer
la reconnaissance du droit du concédant.

Mais dans le cas où le canon représentait la valeur de la jouissance du fonds, la solution n'était
plus la même, et sur ce point s'élevait une très-
grande controverse. Voët, Vinnius et beaucoup
d'autres auteurs admettaient fort bien que l'emphytéote pût demander la remise du canon dans
une pareille hypothèse; la raison en était, suivant
eux, que dans ce cas l'emphytéose se rapprochait
d'une façon frappante de la nature du bail, et
qu'on devait par conséquent lui appliquer les règles de ce dernier contrat. D'autres jurisconsultes,
cependant, parmi lesquels on peut citer MM. Pépin le Halleur, et Duvergier, ont protesté contre
une semblable solution; suivant eux, dans aucun
cas il ne saurait y avoir réduction du canon emphytéotique.

Cette dernière opinion nous semble en effet de
beaucoup préférable à la première; nos adversaires se fondent pour soutenir leur système sur ce
fait, que l'emphytéose, dans l'espèce en question,
se rapproche considérablement du bail et qu'on
doit lui en appliquer les règles. C'est là ce que nous
ne saurions admettre. Sans contredit l'emphytéose a dans ce cas certaines analogies matérielles
avec le bail, mais ce ne sont là que des analogies;
jamais, en effet, on n'a songé à assimiler l'emphytéose au bail; quand elle est perpétuelle on lui
applique, autant que faire se peut, les règles de la
propriété, quand au contraire elle est temporaire,
nous l'avons vu, on l'assimile le plus possible à

l'usufruit, mais du bail il n'en est point question.
Aussi ne croyons-nous pas avoir besoin de chercher le bail pour en appliquer les règles à l'emphytéose, nous avons devant nous une autre institution dont il a déjà été parlé maintes fois, et
que l'on a même comparée à l'emphytéose, le bail
à rente foncière : le bail à rente foncière rentre
bien, en effet, dans cette question ; la redevance
n'emporte-t-elle pas une grande partie du revenu
de l'héritage ? or si la ressemblance est si frappante entre ce contrat et le bail emphytéotique,
pourquoi ne pas appliquer à ce dernier les règles
du bail à rente ? C'est aussi ce qui nous fait persister dans notre opinion et nous décide à soutenir que dans l'emphytéose, pas plus que dans le
bail à rente, il ne saurait y avoir remise du canon
pour cause de stérilité, de guerre, etc., alors même
que ce canon représenterait non plus seulement
le droit du concédant, mais encore la valeur de la
jouissance du fonds emphytéotique.

Il ne faut pas quitter cette controverse sans remarquer que pour rester d'accord avec notre principe, nous ne saurions admettre que le taux du
canon fût élevé en raison des accroissements fortuits qui pourraient advenir au fonds emphytéotique. Il est bien entendu que par accroissements
fortuits, on entend les accessions, alluvions,
etc., en un mot toutes les augmentations qui rentrent dans cette catégorie. Mais si l'on venait à
joindre un fonds nouveau à un fonds déjà con-

cédé, notre règle n'aurait plus d'application, ce ne serait pas en effet un accroissement apporté à l'emphytéose, mais bien deux emphytéoses se trouvant rapprochées l'une de l'autre.

Cette question de la remise du canon nous amène à rechercher les causes de sa modicité.

A ce sujet, M. Troplong et un assez grand nombre d'auteurs ont pensé qu'à l'origine la redevance emphytéotique avait sans contredit représenté la valeur des fruits du fonds ; seulement cette redevance devint de plus en plus faible par suite de l'altération des monnaies, et c'est ce peu de valeur du canon qui le fit considérer comme la simple reconnaissance de la supériorité du bailleur. Ce système, nous l'avouons, ne nous séduit en aucune façon ; il semble d'abord que toute la théorie de M. Troplong se trouve renversée par cette simple considération que si le canon emphytéotique s'était trouvé réduit à un taux insignifiant par suite de l'altération des monnaies, on aurait, sans aucun doute, dans les emphytéoses postérieures, relevé ce taux de la redevance, on l'aurait certainement mis en rapport direct avec les produits du fonds. Aussi croyons-nous devoir chercher notre explication dans un autre motif. Pour nous, le canon emphytéotique n'était pas autre chose que la reconnaissance du domaine direct. Aussi ne faut-il pas de bien grandes recherches pour constater qu'un autre intérêt poussait les parties à recourir à un contrat emphytéotique. Le plus souvent on

16

en trouve l'explication dans les deniers d'entrée, deniers stipulés de l'emphytéose au moment où il se mettait en possession du fonds ; cette stipulation donnait à l'emphytéose un vrai caractère de vente, et l'on comprend fort bien en pareil cas l'intérêt du concédant. Mais les deniers d'entrée n'existaient pas toujours dans l'emphytéose ; alors il fallait trouver un autre motif à la concession ; cet autre motif se présentait très-fréquemment sous la forme d'une clause d'amélioration ou d'amortissement ; ce n'est point le lieu de faire ressortir ici toute l'utilité que le concédant pouvait encore retirer de semblables conditions. Enfin une dernière raison de la modicité du canon se tire de ce fait que la redevance annuelle n'était pas soumise aux réductions, ainsi qu'on l'a vu naguère. Si le canon ne pouvait être diminué dans les cas de stérilité, etc., il était fort juste au moins d'en fixer le taux d'une façon plus modérée ; c'était là un moyen de couvrir l'emphytéote contre les mauvaises chances qui, vu la longue durée du contrat, devaient sans contredit se rencontrer plusieurs fois pendant l'exercice du bail emphytéotique.

Après ces digressions un peu longues, mais inévitables, il est temps de revenir au sujet principal, c'est-à-dire aux obligations de l'emphytéote ; on a vu que la première était le payement du canon ; la seconde consiste à jouir de la chose selon les règles établies.

L'emphytéote est obligé d'apporter à l'exploitation et à la conservation du fonds les soins d'un bon père de famille. Cela va de soi, et il n'y a pas à s'appesantir sur cette première partie de l'obligation.

L'emphytéote peut changer la nature du fonds pourvu qu'il n'y cause pas de détériorations notables; mais, en dehors de ce droit, il est dans l'obligation d'entretenir la chose; il doit cultiver les champs, réparer les constructions, sans qu'on ait à considérer si ces réparations rentrent dans la catégorie des grosses ou des menues réparations. C'est encore là une preuve qu'on n'applique en aucune façon à l'emphytéose les règles du droit ordinaire.

Pour ce qui était des plantations, des constructions, en un mot, des améliorations, l'emphytéote ne pouvait être contraint à les faire, à moins de clause spéciale.

Nous pouvons même aller plus loin et il faut, je crois, décider que lorsqu'un emphytéote a, par exemple, fait une construction de son plein gré, et que cette construction vient à tomber en ruines, il n'y a aucun moyen de le forcer à relever le bâtiment[1], pourvu que le fonds n'ait pas éprouvé de dommage; dans le cas contraire, il serait assez juste de considérer la construction comme une compensation des détériorations, et l'emphytéote se trouverait, par conséquent, dans la nécessité

1. Dumoulin, op., l. cit.

de relever les constructions qu'il aurait faites, quand même cela serait absolument contraire à ses intentions.

L'emphytéote devait supporter toutes les charges réelles et foncières de la propriété, telles que les champarts, les rentes foncières, auxquelles il faut joindre les impôts. Voët et Troplong, se fondant toujours sur cette prétendue analogie qui doit exister entre l'emphytéose et le bail ordinaire, n'admettent cette solution qu'avec certaines modifications : dans leur opinion, le canon qui, au lieu d'être, comme à l'ordinaire, fixé à une somme insignifiante, se trouverait en rapport avec le produit du fonds emphytéotique, devrait participer aux règles du bail en ce qui concerne la répartition des charges, c'est-à-dire que le propriétaire direct devrait payer une certaine quotité des impôts. Nous n'avons pas besoin de dire qu'il nous semble impossible d'admettre un pareil système, et cela pour la raison que nous avons déjà fait valoir; pour nous, il n'y a aucune assimilation possible entre le bail emphytéotique et le bail ordinaire, il n'y a donc aucun moyen d'étendre les règles de l'un à l'autre.

Il n'a été, jusqu'à présent, question que de l'emphytéose perpétuelle, il serait temps maintenant de s'occuper quelque peu de l'emphytéose temporaire.

Cependant, en recherchant bien attentivement dans les diverses obligations de l'emphytéote, on ne trouve pas à signaler ici les nombreuses et importantes différences qui existaient entre l'emphytéose perpétuelle et l'emphytéose temporaire au sujet des droits de l'emphytéote ; il faut donc conclure de là que les obligations sont les mêmes pour l'un que pour l'autre.

Il se présente, cependant, une question très-vivement controversée, question qui ne trouve son application que dans les cas d'emphytéoses temporaires.

L'emphytéote a fait une construction sur son fonds, cette construction une fois faite, il en jouit, bien entendu, pendant la durée de l'emphytéose, mais que va-t-il se produire le jour où le contrat arrivera à son terme ? Il y a deux solutions possibles : ou bien l'emphytéote pourra détruire ses constructions et emporter les matériaux avec lui, ou bien il n'aura plus aucun droit sur elles et sera dans la nécessité de les laisser au propriétaire du domaine direct.

C'est entre ces deux systèmes que les auteurs se sont divisés. Les anciens jurisconsultes, parmi lesquels se trouvent Dumoulin, Loiseau, Coquille, admettent le premier système, mais avec une sous-distinction : l'emphytéote pourra bien retirer les constructions qu'il aura faites volontairement dans le cas où le contrat emphytéotique aura une fin régulière, c'est-à-dire lorsqu'il prendra fin le jour du terme fixé par la convention, mais quand ce contrat viendra à cesser pour tout autre raison, par exemple, par l'effet d'une déchéance, alors l'emphytéote ne pourra ni répéter ses améliorations, ni en demander le remboursement, il se verra dans la nécessité d'abandonner le fonds et d'y laisser intactes toutes les constructions qu'il a pu faire.

Telle était l'opinion d'un grand nombre de jurisconsultes, mais cette question était fort controversée. Fachin [1] crut devoir admettre un système complétement opposé ; à son avis, l'emphytéote n'avait, dans aucun cas, le droit d'enlever ses constructions ou d'en demander la valeur, il devait les laisser au propriétaire, qui les acquérait sans aucune indemnité ; le système de cet auteur se fondait sur ce principe qu'en améliorant la chose, l'emphytéote n'avait fait que se conformer à l'objet du contrat. Seulement la question est de savoir si une obligation d'améliorer existait bien véritablement dans le contrat emphytéotique ; nous ne saurions admettre cela, l'emphytéote a le droit de jouir de la chose comme bon lui semble, à la seule condition de ne pas détériorer le fonds, mais nulle part on n'a vu un semblant d'obligation d'améliorer ; la preuve en est que très-fréquemment l'on recontre, dans les contrats emphytéotiques, une semblable clause d'amélioration, or, quel besoin y aurait-il de l'insérer si une telle obligation rentrait de droit dans les devoirs de l'emphytéote ?

1. Fachin, Controv, lib. I, cap. xcii.

S'il nous fallait donner notre avis sur cette question controversée, nous pencherions, ce semble, pour l'opinion de Fachin, mais en la fondant sur d'autres motifs; l'emphytéote ne pourra jamais enlever ses constructions ni demander la valeur de ses améliorations, parce qu'il a parfaitement su ce qu'il faisait en construisant ou en faisant des améliorations sur un fonds qu'il savait à merveille ne pas lui appartenir; l'emphytéote connaissait, cela va sans dire, l'époque où se terminerait son contrat et nous n'hésitons pas à déclarer qu'il s'est mis dans la situation d'un possesseur de mauvaise foi. Ajoutons du reste, et c'est aussi là une des raisons invoquées par Fachin, que l'opinion contraire amènerait un résultat des plus regrettables au point de vue du propriétaire. L'emphytéote pourrait, en effet, se livrer à des améliorations si considérables qu'il serait impossible à ce dernier d'en payer la valeur; l'emphytéose ne pourrait donc prendre fin, ce qui serait à la fois injuste et absolument contraire aux principes du bail emphytéotique. C'est pour ces raisons que nous ne croyons pas devoir adopter le premier système, bien qu'il soit appuyé par de graves et éminents jurisconsultes.

Il est juste d'ajouter encore que la jurisprudence était en général assez favorable, à notre avis, et qu'en particulier le Parlement de Paris se prononçait des plus catégoriquement dans le sens de notre opinion [1].

Voilà le seul point sur lequel l'emphytéose temporaire se sépare de l'emphytéose perpétuelle, pour ce qui est des obligations de l'emphytéote, du moins. Il s'agit maintenant d'étudier la manière dont le contrat se forme, les modes de sa transmission d'une personne à une autre, enfin les diverses causes d'extinction qui peuvent se produire.

VIII. — L'emphytéose pouvait, dans l'ancien droit françois, s'établir de trois façons différentes : 1° par contrat; 2° par acte de dernière volonté; 3° par prescription.

Pour ce qui est de l'établissement de l'emphytéose par contrat, on peut dire que ce fut là le mode le plus ordinaire.

La rédaction d'un écrit était-elle nécessaire pour la validité du contrat? On se souvient des controverses qui s'élevèrent en droit romain sur ce sujet ; Dumoulin affirme que, dans le droit moderne, une semblable obligation ne saurait exister; mais cette opinion n'est pas universellement admise.

Quant au contrat emphytéotique, c'était un contrat réel, en ce sens que la tradition était absolument exigée pour le transfert de la propriété. Jusqu'à ce moment il n'y a pour les parties qu'une simple promesse obligatoire, il est vrai ;

---

1. Brodeau sur Louet, lett. E, somm. 10.

mais qu'on doit se garder de confondre avec le
bail emphytéotique ; c'est ce que Pothier[1] s'efforce
de faire comprendre avec sa lucidité et sa science
ordinaires. Du reste, on sait fort bien que dans
l'ancien droit français, l'on ne reconnaissait jamais la translation de la propriété et des droits
réels, comme résultant de la volonté de parties et
de la simple convention ; il fallait la tradition comme en droit romain.

Le propriétaire du domaine direct était-il tenu
de garantir l'emphytéote en cas d'éviction ?

Cette question a été controversée et résolue né-
gativement par Faber. Nous ne voyons pourtant
pas pour quelle raison on refuserait à l'emphytéote un recours contre le propriétaire en cas d'é-
viction ; aussi pensons-nous qu'on peut le lui accorder, ainsi que cela se pratique dans le contrat
de vente.

Quant à la rescision pour cause de lésion énorme, il y avait encore controverse à ce sujet : les
auteurs paraissent avoir été assez divisés sur
cette question. Pourtant, lorsque l'emphytéose est
perpétuelle et qu'elle participe à la nature de la
vente, il nous semble qu'on doit admettre la rescision pour cause de lésion ; si, au contraire, l'emphytéose n'est que temporaire, comme nous avons
toujours cru devoir l'assimiler à l'usufruit, nous
ne croyons pas devoir admettre dans ce cas la

---

1. Pothier, Du bail à rente, n° 5.

rescision pour cause de lésion, fût-elle même énorme.

Si, dans le cas d'une emphytéose temporaire, l'époque du terme est arrivée et que néanmoins les parties ont continué à agir comme s'il n'y avait rien eu de changé, que se passera-t-il ? Cette question revient à se demander si dans le bail emphytéotique la tacite reconduction doit être admise. Je ne crois pas qu'on ait jamais songé à soutenir une pareille théorie, et ce serait chose impossible de le faire en présence de la nature du contrat emphytéotique. Mais ce que l'on peut fort bien rechercher, c'est la situation qu'auraient le propriétaire et l'ancien emphytéote en pareille circonstance. Puisque l'on ne saurait admettre la tacite reconduction dans le bail emphytéotique, il faut bien reconnaître que l'emphytéose a pris fin le jour fixé dans le contrat comme devant être celui de son terme. Or, si le contrat n'existe plus, on ne peut, ce semble, appliquer aux deux parties d'autres règles que celles du bail ordinaire. M. Pépin Le Halleur croit cependant pouvoir faire une distinction : il admet parfaitement notre opinion lorsqu'il s'agit d'un emphytéote de bonne foi, mais il demande, dans le cas contraire, qu'on considère cet emphytéote comme un possesseur de mauvaise foi. Il nous semble que ce système serait parfaitement admissible dans les cas où l'emphytéote aurait employé des manœuvres frauduleuses pour tromper le propriétaire sur l'époque à laquelle devait se terminer l'emphytéose ; mais nous ne saurions vraiment suivre le savant auteur lorsqu'il applique une peine aussi sévère au simple possesseur de mauvaise foi.

2° L'emphytéose pouvait encore se constituer par acte de dernière volonté, par exemple, par testament, par legs, etc. Il est du reste à supposer que ce mode d'établissement du contrat ne dut pas avoir une bien grande application ; c'est, en effet, chose assez peu pratique que d'établir des emphytéoses au moment de son décès, aussi serait-il assez difficile d'en trouver des exemples.

8° Le troisième mode d'établissement de l'emphytéose n'était autre que la prescription. Un assez grand nombre d'auteurs ont traité cette matière sans remarquer une chose fort importante : c'est que, dans cette question, il est indispensable de distinguer l'emphytéose perpétuelle de l'emphytéose temporaire. En ce qui concerne l'emphytéose perpétuelle, il convient de remarquer que l'on se trouve en présence de règles bien différentes de celles qu'on appliquait en droit romain.

Il est encore vrai, dans l'ancien droit français, que la prescription ne saurait donner naissance à de simples obligations. Mais il faut remarquer que le canon emphytéotique n'est plus une véritable obligation, c'est tout simplement la reconnaissance du domaine direct : cela explique pourquoi l'emphytéose se trouvait susceptible de prescription. Il n'y a pas lieu, du reste, de distinguer la prescription trentenaire de la prescription de dix ou vingt ans; les règles sont les mêmes dans les deux cas. Ainsi la prescription courait d'abord lorsque le détenteur avait possédé la chose d'autrui à titre d'emphytéose, et avait par conséquent payé régulièrement le canon emphytéotique. En second lieu, la prescription pouvait encore exister dans le cas contraire, c'est-à-dire lorsque le véritable propriétaire du fonds possédait sa chose à titre d'emphytéote et payait les redevances annuelles au prétendu propriétaire: dans ce cas, la continuité du payement pendant le temps voulu, conférait au tiers la qualité de propriétaire direct.

Quant à ce qui est de l'emphytéose temporaire, il faut distinguer soigneusement la prescription trentenaire de la prescription de dix ou vingt ans. Pour la prescription trentenaire, un grand nombre d'auteurs refusent de l'admettre : selon eux, l'emphytéote apparent ne pourrait prétendre qu'à une chose, c'est qu'on ne vienne pas le troubler dans sa possession. Il ne lui serait plus possible d'intenter une action possessoire autrement qu'en prouvant son obligation de payer une redevance emphytéotique. Or, comment fera-t-il cette preuve? cela lui sera absolument impossible en l'absence d'un titre quelconque. Mais ce n'est pas tout, le résultat auquel on arriverait dans un tel système serait fort admissible en droit romain, où l'on rencontre bien souvent la prescription avec le caractère d'une simple exception; mais dans le droit français, même dans celui de l'époque féodale, on ne saurait rien trouver de semblable; la prescription ne produit jamais cet effet bizarre de ne pas éteindre absolument le droit de celui auquel on l'oppose. Toutes ces raisons nous font donc penser, avec la majorité des auteurs, qu'il ne saurait y avoir de prescription de trente ans dans l'emphytéose temporaire.

La prescription de dix ou vingt ans fournit, au contraire, une décision opposée; en effet, lorsqu'il y a titre émanant du propriétaire apparent joint à la bonne foi, pourquoi ne pas appliquer alors les les règles de l'usufruit? Cela nous semble des plus naturels, et le propriétaire apparent aura dans ce cas joué vis-à-vis de l'emphytéote le rôle de *negotiorum gestor* du véritable propriétaire. Ce dernier se trouvera donc dans la nécessité de respecter les actes faits par son agent d'affaires; par conséquent, la prescription aura couru au profit de l'emphytéote temporaire.

IX. — Après les modes d'établissement de l'emphytéose, il faut examiner comment ce même contrat pouvait se transmettre d'un emphytéote à un autre; cette question ne nous retiendra pas longtemps.

Il faut tout d'abord distinguer la transmission entre-vifs de la transmission héréditaire.

Pour la transmission entre-vifs, un assez grand nombre d'auteurs ont pensé que, contrairement à la théorie du droit romain, l'emphytéote pouvait aliéner librement, sans l'autorisation du propriétaire direct ; on sait qu'en droit romain l'emphytéote devait, avant de vendre, dénoncer du propriétaire le projet de vente : celui-ci avait le droit de prendre le contrat pour son compte ; si l'emphytéote manquait à cette obligation, il encourait sans aucun doute la déchéance.

Voilà ce que MM. Troplong et Duvergier n'ont pas cru devoir admettre dans l'ancien droit. Pour soutenir leur opinion, ils se sont particulièrement appuyés sur l'autorité de Dumoulin. Cependant, d'autres jurisconsultes, particulièrement M. Pépin Le Halleur, soutiennent que l'opinion de Dumoulin n'est pas exprimée d'une façon aussi incontestable, et que la théorie de la transmission du bail emphytéotique n'est pas aussi éloignée du droit romain qu'on se plaît à le dire. Ce qui paraît le plus probable c'est que cette question ne recevait pas une décision uniforme et qu'elle variait au contraire selon les localités et les coutumes diverses.

La déclaration de Louis XV, du 2 janvier 1769, prouve que la transmission du droit emphytéotique était soumise à certains droits perçus par l'État. Cela n'a rien de surprenant, c'était sans doute la reproduction de droits analogues perçus sous l'empire romain et postérieurement par les seigneurs dans le droit féodal.

Quant à la transmission héréditaire de l'emphytéose, il faut remarquer que dans l'emphytéose

perpétuelle, la redevance emphythéotique se
trouvait divisible ou indivisible suivant que le
contrat se rapprochait du bail à cens ou du bail à
rente. Du reste, cette indivisibilité ne rendait pas
les héritiers solidairement responsables du payement de la redevance et de l'exécution des obligations de l'emphytéote ; seulement lorsque la
redevance n'était pas entièrement payée ou lorsque les obligations n'étaient pas exécutées dans
leur intégrité, le propriétaire du domaine direct
avait le droit d'exercer la commise pour la totalité du bail emphythéotique.

Pour l'emphythéose temporaire on décida toujours que la redevance emphythéotique resterait
indivisible dans le cas de transmission héréditaire
de l'emphytéose.

X. — Nous en sommes arrivés maintenant à la
dernière question que nous avons à examiner
avant de terminer l'histoire du bail emphythéotique dans l'ancien droit français : je
veux parler des causes d'extinction de l'emphytéose.

Il faut avant tout distinguer les causes naturel-
les d'extinction des causes de déchéance.

Quant aux causes d'extinction, on ne trouvera
pas grand changement avec celles que l'on a ren-
contrées en droit romain.

Nous avons :

L'échéance du terme, en cas d'emphythéose
temporaire;

La mort de l'emphytéote sans postérité et sans successeurs ;

La confusion dans la personne de l'emphytéote ou dans celle du propriétaire du domaine direct et du domaine utile ;

La prescription de trente ans, au profit du propriétaire qui recouvrait son fonds entièrement libre, ou au profit d'un tiers qui avait possédé le bien comme s'il n'avait pas été grevé d'emphythéose ;

La perte de la chose. Ici il faut rechercher attentivement quelle était l'étendue du droit emphythéotique. Ainsi, s'il existait des constructions sur le fonds et si ces constructions venaient à être détruites, il faudrait examiner si le droit de l'emphythéote portait sur le fonds lui-même ou sur les seules constructions. Dans ce dernier cas, l'emphythéose était véritablement éteinte ; dans le cas contraire, elle continuait de subsister, mais ne portait plus, cela va sans dire, que sur le fonds privé de ses constructions.

Il existait encore une dernière cause d'extinction de l'emphytéose ; mais celle-là n'était pas commune au droit romain et au droit français : le droit romain ne l'avait jamais connue. Je veux parler du *déguerpissement*. Cette faculté accordée à l'emphytéote d'abandonner le fonds à lui concédé lorsque les charges n'étaient pas en rapport avec les avantages produits par le contrat, ne s'introduisit pas sans de grandes difficultés et sans d'énergiques résistances. Les interprètes du droit romain en particulier mirent tout en œuvre pour faire échouer une pareille innovation, mais ils ne purent réussir. Le déguerpissement était une chose trop favorable à l'emphytéote pour ne pas se maintenir dans l'ancien droit.

Du reste, cette faculté était parfaitement d'accord avec la nouvelle théorie de la propriété toute différente de la théorie romaine : elle cadrait, on ne peut mieux, avec la distinction du domaine direct et du domaine utile. On a vu, au surplus, que la redevance foncière, bien loin d'être le résultat d'une obligation personnelle, ne s'offrait plus que comme la conséquence d'un droit de propriété et la simple reconnaissance du domaine de supériorité.

Cette explicatio   ne de la faculté de déguerpisseme   ne saurions admettre ce dégu   ... emphytéose temporaire, dans laquelle il est absolument impossible de ne pas trouver de véritables obligations personnelles de la part du preneur.

Telles sont les causes d'extinction du droit emphytéotique, il faut maintenant examiner les causes de déchéance.

On sait qu'en droit romain les causes de déchéance se trouvaient au nombre de trois : 1° dégradation du fonds soumis au régime emphytéotique; 2° non-payement des redevances; 3° contravention de l'emphytéote relativement

17

aux règles qui lui étaient imposées en cas d'aliénation de son droit.

C'est ici le lieu de parcourir successivement ces
trois cas et de voir quelles étaient les solutions
admises par l'ancienne jurisprudence.

1° Quant à ce qui est de la première cause de
déchéance, elle était parfaitement admise en droit
français.

L'emphytéote se trouvait puni par la déchéance
de son droit le jour où il avait commis des abus
de jouissance ou des dégradations sur le fonds
emphytéotique ; seulement le propriétaire du domaine direct avait le choix, ou de faire prononcer la résolution du contrat ou de poursuivre l'emphytéote en justice pour obtenir de
lui réparation du dommage causé. Telle est l'o-
pinion de tous les anciens jurisconsultes, parmi
lesquels on cite en première ligne Voët et
Favre.

2° La seconde cause de déchéance présente
beaucoup plus de difficulté.

On sait que l'emphytéote se trouvait à Rome
déchu de son droit lorsqu'il était resté pendant
un certain délai sans s'acquitter de ses obligations
annuelles ; cette déchéance, est-il besoin de le rappeler, s'opérait de plein droit sans qu'il y eût
nécessité de mettre l'emphytéote en demeure.
Une semblable sévérité n'existait pas dans l'ancien
droit français. Déjà le droit canonique avait
adouci considérablement ces règles en accordant

un court délai pour payer l'arriéré. La jurisprudence civile alla plus loin, elle n'admit la déchéance de l'emphytéote que lorsqu'il y aurait
sentence du juge, et ce dernier jouissait encore du
droit d'accorder un délai de grâce : seule la coutume de Nivernais s'en tint strictement en matière de bail à bordelage aux dispositions du droit
canonique. Mais jamais on n'a songé à appliquer
les règles du droit romain. Bien plus, lorsque, dans
le contrat, les parties avaient stipulé expressément
que le défaut de payement au terme fixé entraî-
nerait la déchéance de *plein droit et sans forme
de procès*, une semblable convention ne pouvait
s'exécuter sans l'intervention de la justice. Coquille enseigne, en effet, que les voies de fait
n'étaient pas permises en France et qu'il fallait
s'adresser aux tribunaux pour obtenir la commise
emphytéotique.

Il importe de remarquer que dans le cas où,
sur la citation en justice à lui donnée, l'emphytéote se serait empressé de déguerpir, il ne lui
serait pas permis dans la suite de revendiquer le
bénéfice du bail emphytéotique. C'est au moins
ce que décide un arrêt de la Cour de cassation du
1er thermidor an XI.

En résumé, la commise emphytéotique était bien
admise dans le droit ancien, pour le cas de non-
payement des redevances dues par l'emphytéote ;
seulement, à la différence du droit romain et même
du droit canonique, il était toujours indispensable

d'obtenir une décision du juge prononçant cette commise.

3° La troisième cause de déchéance de l'emphytéose n'existait pas absolument en droit français comme en droit romain.

On ne l'admettait en effet que dans le cas où l'emphytéote aurait eu recours à la fraude pour éluder ou diminuer les droits de mutation dus au propriétaire du domaine direct. C'est du moins ce que dit fort clairement M. Henrion de Pansey[1]; on voit quelle différence il y avait, avec le droit romain, qui prononçait la déchéance de l'emphytéote d'une façon générale et absolue, lorsque celui-ci avait manqué aux formalités établies dans les cas d'aliénation du droit emphytéotique.

Telles étaient la situation et les règles de l'emphytéose dans l'ancien droit, lorsque se produisit en 1789 la Révolution française. Cette révolution, qui respecta bien peu de choses des anciennes institutions françaises, ne dut pas, bien entendu, faire grâce au contrat emphytéotique, on verra, dans quelques instants, quel fut son sort à cette époque bouleversée.

1. M. Henrion de Pansey, Commise emphythéotique.

TROISIÈME PARTIE.

L'EMPHYTÉOSE DANS LA LÉGISLATION MODERNE.

CHAPITRE I.

L'EMPHYTÉOSE PENDANT LA PÉRIODE RÉVOLUTIONNAIRE
JUSQU'A LA PUBLICATION DU CODE CIVIL.

I. — Nous avons laissé le contrat emphytéotique au moment où allait éclater la Révolution
française ; pour être juste, il faut reconnaître que
toutes ces institutions de même caractère et de
même nature avaient besoin de sérieuses modifications pour se trouver en rapport avec les besoins nouveaux ; mais il est profondément regrettable qu'on n'ait pas laissé les choses s'accomplir
d'elles-mêmes ; on aurait ainsi évité ces exagéra-
tions déplorables qui accompagnent inévitablement les bouleversements révolutionnaires.

C'est là ce qui se produisit pour l'emphytéose,
comme pour le fief, comme pour le bail à cens
et une infinité d'autres contrats si multipliés dans

l'ancien droit et si peu en rapport avec les idées nouvelles de l'époque.

Toutes ces institutions rappelaient des abus très-nombreux et très-réels, aussi n'en vit-on que le mauvais côté, et dans ce moment d'effervescence révolutionnaire, on crut prendre le plus court moyen d'y échapper à l'avenir en les supprimant, sans s'inquiéter de l'utilité et des services que pouvaient encore rendre ces institutions modifiées et mises en rapport avec la nouvelle législation.

Nous n'avons pas à nous occuper des injustices criantes qui se commirent par suite de cette suppression des contrats féodaux, injustices telles qu'elles soulevèrent l'indignation de Merlin lui-même : nous ne voulons pas sortir de notre matière, et nous avons, par conséquent, à nous occuper de ce qui se produisit spécialement au sujet de l'emphytéose. Cette institution aurait pu encore donner de bons et utiles résultats, si, au lieu de la supprimer à la légère ou de lui donner un ractère si peu défini que cela équivalait à peu près à une suppression, on avait su l'appliquer aux besoins de l'époque. Du reste, cette remarque ne nous appartient pas en propre, on la trouve également dans un auteur bien peu suspect d'être favorable aux anciennes coutumes, M. Elia Lattes, que nous avons déjà eu l'occasion de citer dans plusieurs circonstances. Le savant jurisconsulte dit qu'en Italie (il parle spécialement de

l'Italie, puisque c'est là qu'il composa son ouvrage) l'emphytéose se trouvait complétement
régularisée, et commençait à donner des résultats
excellents, particulièrement en Toscane où l'avait
réglementée la législation de Léopold, lorsque la
Révolution française vint porter un coup mortel
à ce contrat : ce qui n'empêche pas, remarque
M. Lattes, que les Toscans regardent encore aujourd'hui l'œuvre de Léopold comme une des
meilleures institutions. Il est impossible de trouver un argument plus en faveur de l'opinion que
nous soutenions tout à l'heure, et cela doit nous
faire regretter de ne pas trouver chez nous le contrat emphytéotique établi sur des bases plus considérables, ainsi que cela se pratique en Angleterre
et dans un grand nombre d'autres nations.

II. — Pour en revenir à la période révolutionnaire, on trouve en première ligne une loi des
18-19 décembre 1790, qui s'exprime de la façon
suivante, dans l'article 1er de son titre 1er :

« Toutes les rentes foncières perpétuelles, soit
en nature, soit en argent, de quelque espèce
qu'elles soient, quelle que soit leur origine, à quelques personnes qu'elles soient dues, gens de main-
morte, domaine, apanagiste, ordre, même les
rentes de don et legs pour cause pie et de fondation, seront rachetables ; les champarts de toute
espèce et sous toute dénomination le seront également au taux qui sera ci-après fixé.

« Il est défendu, de plus, à l'avenir, créer aucune

redevance foncière non remboursable, sans préjudice des baux à rente ou emphytéose, et non
perpétuels, qui seront exécutés pour toute leur
durée et pourront être faits à l'avenir pour quatre-vingt-dix-neuf ans et au-dessous, ainsi que les
baux à vie, même sur plusieurs têtes, à la charge
qu'elles n'excéderont pas le nombre de trois. »

Le résultat de cette disposition était de supprimer purement et simplement l'emphytéose perpétuelle. C'est aussi ce qui eut lieu : à partir de
la loi de 1790, il ne saurait plus exister d'emphytéose de cette nature; cependant il faut bien le
remarquer, le contrat dans lequel se trouverait
stipulée une emphytéose perpétuelle, ne serait
pas nul, il donnerait seulement le droit au propriétaire de rembourser le prix de la redevance;
c'est ce qu'a décidé la cour de Cassation, dans
son arrêt du 13 décembre 1824, en cassant un
arrêt de la cour de Colmar du 28 mai 1821,
qui déclarait nulle une convention d'emphytéose
perpétuelle postérieure à la loi de 1790.

On voit donc qu'en ce qui concerne l'emphytéose perpétuelle, la loi interdit d'en établir de
nouvelles, mais comme sanction de cette interdiction il ne faut pas croire que le contrat se
trouve annulé, le bail emphytéotique est maintenu, mais avec faculté de remboursement de la
part du propriétaire.

Pour l'emphytéose temporaire, c'est une autre
question, on a vu la loi de 1790 la maintenir ex-

pressément, de plus il se rencontre deux lois hypothécaires qui ne font que confirmer ce que
nous avançons.

C'est d'abord l'article 5 de la loi du 9 messidor an III; il s'exprime en ces termes :

« Sont seuls susceptibles d'hypothèque :

« 1° La propriété des biens territoriaux étant
dans le commerce ou pouvant être aliénés, de
leurs accessoires inhérents ou établis à perpétuelle demeure, ensemble des fruits non recueillis, des bois non coupés et des servitudes foncières ;

« 2° L'usufruit des mêmes biens résultant des
baux emphytéotiques, lorsqu'il reste encore vingt-
cinq ans de jouissance. »

Plus tard une autre loi vient encore prouver le
maintien de l'emphytéose temporaire dans la législation; je veux parler de la loi du 11 brumaire
an VII, article 6 ainsi conçu :

« Sont seuls susceptibles d'hypothèque :

« 1° Les biens territoriaux transmissibles en
semble leurs accessoires inhérents;

« 2° L'usufruit ainsi que la jouissance à titre
d'emphytéose des mêmes biens, pour le temps de
leur durée. »

Il résulte de ces citations que le droit intermédiaire admet parfaitement l'emphytéose temporaire. Il faut donc penser que, pendant cette période, le contrat reste ce qu'il était sous l'ancien
droit; on s'explique du reste fort bien ce résultat

en remarquant que ce que la législation intermédiaire chercha particulièrement à faire disparaître, ce fut la division de la propriété en domaine direct et en domaine utile; or cette division qui existait dans l'emphytéose perpétuelle ne se rencontrait plus, on le sait, dans l'emphytéose temporaire.

III. — En résumé, le droit intermédiaire supprima complétement l'emphytéose perpétuelle en vertu de la loi de 1790 en tant qu'irrachetable; quant à l'emphytéose temporaire, elle fut, au contraire, formellement maintenue, et on la retrouve dans les lois du 9 messidor an III et du 11 brumaire an VII, mise sur la même ligne que l'usufruit.

Voilà en peu de mots la situation du bail emphytéotique avant 1804, nous verrons dans le chapitre suivant ce qu'il advint de ce contrat.

CHAPITRE II.

LE CONTRAT EMPHYTÉOTIQUE SOUS LE RÉGIME DU CODE CIVIL.

I. — Le précédent chapitre a montré l'emphytéose sous une nouvelle forme, et c'est en cet état qué l'ont trouvée les rédacteurs du Code civil.

Que se passa-t-il lors de la rédaction de ce Code? Voilà la question importante; quant à un résultat, tout le monde le connaît, il aboutit à un silence complet sur la matière de l'emphytéose.

Locré[1] fait le récit de ce qui se passa dans la séance où il fut question de l'emphytéose : Malleville, auquel se joignirent plusieurs autres orateurs, demanda le maintien de ce contrat en se fondant sur les services que cette institution pouvait encore rendre à l'agriculture et même au commerce, particulièrement dans le midi de la France. Cambacérès observa qu'il y aurait une bien étrange contradiction à interdire, dans un code qui donnait tant de liberté au propriétaire, l'admission d'un pareil contrat, qui ne pouvait

---

1. Locré, Législ. civile et commerciale de la France, 8, p. 78-98.

porter atteinte à l'intérêt général et à l'ordre public. Mais, d'autre part, Tronchet et Crétet nièrent très-énergiquement les avantages d'une institution telle que l'emphytéose. Le premier consul prit alors la parole, et, résumant la question, déclara qu'il ne voyait pas les avantages sérieux d'un contrat sûr les profits duquel il fallait prélever un quart à titre d'impôt, et ensuite un autre quart destiné au propriétaire du fonds. Portalis, en forme de conclusion, ajouta que l'emphytéose convenait fort bien à un peuple en enfance, alors qu'un grand nombre de terres sont encore incultes et que les bras manquent à la culture. La majorité du Conseil d'État se prononça pour l'abolition de l'emphytéose, et cette abolition fut votée.

On put croire la question entièrement vidée; mais il n'en fut rien : dans la séance suivante (10 mars 1804), quelques membres firent remarquer que le silence du code pourrait fort bien s'interpréter en faveur du maintien de l'emphytéose au lieu d'être considéré comme le signe de sa suppression; ils demandèrent donc que cette abolition fût exprimée en termes qui ne laisseraient aucun doute sur les intentions du législateur.

Ce fut à la suite de cette déclaration et après quelque discussion que fut admis le texte de l'article 530 du Code civil, ainsi conçu : « Toute rente établie à perpétuité pour le prix de la vente

d'un immeuble, ou comme condition de la cession
à titre onéreux ou gratuit d'un fonds immobilier,
est essentiellement rachetable. Il est néanmoins
permis au créancier de régler les clauses et conditions du rachat. Il lui est aussi permis de stipuler que la rente ne pourra lui être remboursée
qu'après un certain terme, lequel ne peut jamais
excéder trente ans, toute stipulation contraire est
nulle. »

Voilà, d'après Locré, ce qui se passa lors de la
discussion de l'article 530, mais il semble bien
que le but recherché par les législateurs, dont
nous parlions il n'y a que quelques instants, ne
fut pas atteint, car on regarde généralement
comme surprenant le silence du code sur un point
aussi important que celui du maintien ou de la
suppression de l'emphytéose, ce qui prouve bien
que l'article 530 ne trancha pas suffisamment la
question en litige. Une seule chose est certaine,
c'est que le Code civil est absolument muet au
sujet du contrat ou du moins qu'il se garde bien
de jamais en prononcer le nom.

Que conclure de ce silence? L'emphytéose
existe-t-elle encore et reçoit-elle une sanction de
la loi? Ou bien se trouve-t-elle abolie dans le code
actuel? Telles sont les questions qui se présentent
de prime abord à l'esprit en présence d'une pareille situation.

II. — Avant d'entrer dans l'explication des différents systèmes qui se sont produits sur un pareil

sujet, il importe de faire une remarque qui ne manque pas d'intérêt.

On sait que l'un des principes fondamentaux du Code actuel se trouve dans la liberté absolue des conventions, pourvu qu'elles ne blessent en rien l'ordre public et les bonnes mœurs. Ce principe un fois posé, il est juste de reconnaître que les parties contractantes ont parfaitement le droit de faire un contrat reproduisant toutes les dispositions et toutes les règles de l'emphytéose temporaire; il n'y a là que l'exercice d'un droit reconnu par la loi, et il est bien certain que ce n'est pas porter atteinte à l'ordre public, pas plus qu'aux bonnes mœurs, que de prendre pour modèle les règles de l'ancienne emphytéose temporaire. Ceci va de soi et n'a jamais, que je sache, soulevé la moindre difficulté; aussi n'est-ce pas sur ce point qu'il importait de savoir si l'emphytéose avait été maintenue ou supprimée dans la législation; pour trouver un intérêt à la question, il faut supposer des contractants, déclarant purement et simplement qu'ils font un bail emphytéotique; alors l'intérêt surgit sur-le-champ : si l'emphytéose existe encore comme contrat; il faut lui appliquer les règles générales de ce contrat dans l'ancien droit; si, au contraire, le Code civil a supprimé l'emphytéose, il faut, je crois, appliquer, en pareil occurrence, au bail emphytéotique les principes du bail ordinaire. On comprend maintenant toute l'importance pratique qui ressort de la question qu'on va étudier.

Plusieurs systèmes existent sur le point de savoir si le Code a conservé le contrat emphytéotique, et dans le cas où la question se trouverait résolue affirmativement, quelles règles il faut appliquer à ce contrat. Ces systèmes peuvent se résumer en trois théories qu'on doit examiner successivement.

III. — Merlin et un certain nombre d'auteurs ont pensé que le Code admettait encore l'emphytéose temporaire, en se bornant à donner au propriétaire le domaine direct, et au fermier le domaine utile. Le savant auteur ne voit dans tout ceci qu'une aliénation temporaire, et ne comprend pas pour quelle raison l'on refuserait d'admettre une aliénation temporaire, alors que l'on permet sans difficulté une aliénation perpétuelle. En fait d'arguments de texte, on se fonde d'abord sur l'article 2125 ainsi conçu : « Ceux qui n'ont sur l'immeuble qu'un droit suspendu pour une condition ou résoluble dans certains cas ou sujet à rescision, ne peuvent consentir qu'une hypothèque soumise aux mêmes conditions ou à la même rescision. » C'est là reconnaître que la propriété peut être résoluble, de plus l'usufruit peut être aliéné pour un certain temps, c'est l'article 617 qui l'enseigne; l'usufruit étant un démembrement de la propriété, on doit sans aucun doute appliquer les mêmes règles à l'emphytéose, qui,

elle aussi, est un démembrement de la propriété.

Pour ce qui est de la loi du 30 ventôse an XII,
loi qui, on le sait, abrogeait toutes les dispositions
antérieures ayant traité de matières réglementées
par le nouveau Code, il est bien facile d'y répondre, elle est absolument inapplicable à la question,
par cette simple raison que le Code ne s'est aucunement occupé de l'emphytéose.

Tel est le système présenté par Merlin et soutenu par lui avec tout le talent et toute la verve
qu'on lui connaît; malgré cela, il nous semble
bien difficile d'admettre une semblable opinion.
Sans vouloir examiner ce qu'il y a de très-fondé
à considérer l'article 2125 comme s'appliquant à
la matière, sans envisager si l'article 617 peut s'interpréter de l'usufruit à l'emphytéose, toutes
choses en elles-mêmes fort douteuses et pour le
moins très-controversables, nous ne pouvons
comprendre comment Merlin a pu ressusciter
cette théorie du domaine direct et du domaine
utile, alors que, on peut le voir dans le chapitre
précédent, les lois antérieures au Code civil avaient
eu pour principal objet de supprimer cette division de la propriété.

Mais ce qu'il y a encore de plus bizarre, c'est
que le jurisconsulte dont nous combattons l'opinion en ce moment, a transporté à l'emphytéose
temporaire les règles appliquées par l'ancien droit
à l'emphytéose perpétuelle. Nous avons vu, en

effet, que dans l'emphytéose on distinguait, au
moyen âge et postérieurement, le domaine direct
et le domaine utile, mais ceci ne s'appliquait qu'à
l'emphytéose perpétuelle; nous avons fait remarquer, au contraire, que, dans notre opinion, opinion, il est vrai, en contradiction avec celle de
Merlin, il n'y avait pas de pareil démembrement
de la propriété dans l'emphytéose temporaire;
M. Troplong, employant une expression de Cujas,
a caractérisé d'une façon très-exacte le droit de
l'emphytéose temporaire, en le désignant sous le
nom de quasi-domaine; il n'y avait donc là rien
qui ressemblât à un démembrement de la propriété en domaine direct et en domaine utile. Or,
il nous semble bien impossible d'admettre que le
Code, venant à la suite de ces lois qui supprimè-
rent l'emphytéose perpétuelle précisément en
haine de ces démembrements de la propriété, ait
eu l'idée singulière de rétablir ce même démembrement dans une institution où elle n'avait jamais
été admise dans l'ancienne monarchie; en vérité,
cela n'est pas soutenable, et l'on ne saurait sérieusement prétendre que le Code civil, empreint d'un
esprit assez semblable à celui qui guida la législation
postérieure à 1789, ait été plus rétrograde, si j'ose
me servir d'une pareille expression, que les lois
de l'ancien droit français, dans une occasion où
véritablement il n'y avait nul besoin d'établir
cette division du domaine pour conserver tous
les avantages de l'emphytéose temporaire.

18

Toutes ces raisons nous conduisent à repousser énergiquement le système de Merlin; pour nous, il est impossible que la législation, après avoir supprimé l'emphytéose perpétuelle, en ait appliqué les règles principales à l'emphytéose temporaire, maintenue dans la nouvelle législation.

IV. — La seconde théorie, soutenue par un grand nombre d'excellents esprits et par des jurisconsultes du plus haut mérite, refuse de reconnaître à l'emphytéose une existence particulière; il en résulte, par conséquent, qu'on l'assimile complétement au bail ordinaire.

MM. Demolombe, Valette, Aubry et Rau, ont employé de longs et savants développements à prouver qu'il résulte bien de l'ensemble du Code, que jamais celui-ci n'a songé à faire de l'emphytéose un contrat spécial : bien au contraire, dans les occasions où le Code n'avait qu'à ne faire aucune modification aux anciens textes de lois pour maintenir d'une façon indubitable le contrat emphytéotique, le législateur a eu soin de supprimer les passages relatifs à l'emphytéose, en laissant subsister dans son intégrité le reste de l'ancienne loi.

Ce second système semble être celui qui cadre le mieux avec l'historique de la question et avec les textes de la loi.

Quant à ce qui est de l'historique de la question, bien qu'on prétende que le Code soit resté muet au sujet de l'emphytéose, il n'en est pas moins vrai que, d'après le récit de Locré, la question du maintien ou de la suppression de l'emphytéose fut vivement agitée par les législateurs, on a pu voir que la discussion fut longue et animée; plusieurs orateurs firent des efforts désespérés pour obtenir le maintien de l'emphytéose en faveur de l'agriculture et de la prospérité du pays; cela se produisit dans deux séances successives et, dans ces deux séances, l'avis de la majorité fut toujours favorable à l'abolition du contrat. Comment, en présence de pareils résultats, ne pas vouloir reconnaître que la pensée du législateur fut bien de supprimer un contrat auquel il était à ce point hostile? C'est là ce que je ne puis comprendre. Une discussion s'engage, on demande le rétablissement formel d'une institution; et après de longs débats, on rejette cette demande; que veut-on de plus?

Le Code civil ne parle pas de l'emphytéose? Sans aucun doute, et pourquoi donc en parlerait-il, alors que son rétablissement a été repoussé? Fallait-il que le Code déclarât, dans un article spécial, que l'emphytéose était supprimée? C'est là ce que nous ne saurions admettre. Comme le fait remarquer très-justement M. Demolombe, l'emphytéose existait en tant que droit réel, depuis un nombre considérable de siècles; ce n'était donc pas un contrat que l'on pût oublier, et l'on ne devait pas non plus songer à le maintenir dans la législation, sans une mention expresse. Or, cette

mention n'existe nulle part ; non-seulement on ne
la trouve pas en termes exprès, mais les textes
eux-mêmes n'y font pas allusion.

Si l'on en vient aux articles du Code, on peut
voir là encore combien il est impossible d'admettre le maintien du contrat emphytéotique en tant
que contrat ayant sa nature propre, et combien
l'ensemble des dispositions de la loi concorde
avec la pensée que nous avons prêtée au législateur lors des discussions qui s'élevèrent à propos
de l'emphytéose.

La loi du 29 décembre avait, nous l'avons vu,
maintenu l'emphytéose temporaire, et c'est sur
cette loi que se fondent nos adversaires pour soutenir que le contrat emphytéotique existe encore
aujourd'hui.

A cela il est bien facile de leur répondre par la
loi du 30 ventôse an XII ; cette loi, on le sait,
déclare abrogée purement et simplement toutes
les dispositions antérieures qui se rapporteront à
des questions sur lesquelles le nouveau Code aura
eu à se prononcer. Cette disposition semble donc
concluante : « Le Code civil, dit M. Demolombe,
statue précisément sur cette grande question de
savoir quels sont les droits que l'on peut avoir sur
les biens ; il renferme à cet égard une loi nouvelle
et complète ; donc toutes les lois antérieures sur
la même matière sont en conséquence abrogées. »
Ceci nous paraît indubitable, et nous ne voyons
pas comment l'on pourrait prétendre que le Code

n'a pas réglé la matière de l'emphytéose et n'a pas abrogé ce contrat en le passant sous silence avec une intention aussi évidente que celle qui résulte des débats rapportés par Locré.

La loi du 30 ventôse an XII est donc une excellente réponse à ceux qui prétendent que la loi de 1790 a maintenu jusqu'à nos jours le bail emphytéotique ; mais ce n'est pas tout, en passant en revue certains articles du Code, on retrouvera là encore la preuve de l'intention bien formelle du législateur.

On rencontre en premier lieu l'article 526 : « Sont immeubles par l'objet auquel ils s'appliquent :

L'usufruit des choses immobilières ;

Les servitudes en services fonciers ;

Les actions qui tendent à revendiquer un immeuble. »

N'était-ce pas là le lieu de mentionner expressément le contrat d'emphytéose ?

Plus loin, l'article 543 indique les différents droits que l'on peut avoir sur les biens : « On peut avoir sur les biens ou un droit de propriété, ou un simple droit de jouissance, ou seulement des services fonciers à prétendre. »

Quoi qu'en aient pu dire certains auteurs, en parlant dans ce texte d'un simple droit de jouissance, le législateur n'a évidemment songé qu'au droit d'usufruit, et il semblerait bien difficile d'admettre qu'il est venu cacher sous cette expression

ambiguë l'autorisation de constituer des emphytéoses temporaires ; ce serait là une bien singulière
façon de faire des lois ?

Il existe encore un article qui, pour nous, ne
saurait laisser la question un instant douteuse, je
veux parler de l'article 2118. Cet article avait pour
but de désigner les biens susceptibles d'hypothèque et voilà en quels termes il s'exprime :

« Sont seuls susceptibles d'hypothèques :

1° Les biens immobiliers qui sont dans le commerce et leurs accessoires réputés immeubles ;

2° L'usufruit des mêmes biens et accessoires
pendant le temps de sa durée. »

Pas un mot de l'emphytéose ! je sais bien que
l'on a soutenu que dans cet article l'expression
d'usufruit n'avait pas un sens ordinaire ; elle était
employée ici d'une façon beaucoup plus large. On
a cherché à appuyer ce système sur plusieurs autres articles du Code, mais malgré ces efforts, une
pareille théorie ne nous a pas paru convaincante,
et nous persistons toujours à ne pas comprendre
comment le législateur se serait servi d'expressions à ce point obscures pour établir un droit
d'une importance pratique aussi considérable que
le bail emphytéotique.

Du reste, l'historique de l'article 2118 va nous
fournir une raison encore plus solide en faveur
de notre opinion. On sait que l'un des meilleurs
moyens d'interpréter le Code est de se reporter
aux documents dont on s'est servi pour rédiger

sés articles; ce moyen va nous être encore d'une
bien grande utilité dans cette occasion. Si nous
recherchons quelle a été la source de l'article 2118,
nous n'hésitons pas à déclarer qu'elle se trouve
dans les lois hypothécaires du 9 messidor an III
et du 11 brumaire an VII.

Ces lois examinent les biens susceptibles d'hypothèques et déclarent formellement l'emphytéose
susceptible de ce droit : il n'y avait donc aucun
doute à avoir à cette époque. Le Code survient;
chose très-remarquable; il copie presque tex-
tuellement les articles de ces lois relatifs aux biens
susceptibles d'hypothèques; il n'omet qu'une
seule chose, c'est l'emphytéose! En vérité il semble impossible, en présence de pareils faits, qu'on
puisse soutenir encore l'existence du bail emphytéotique dans la législation. Le Code n'avait qu'à
laisser subsister l'article de la loi du 11 brumaire
an VII, dans son intégrité pour maintenir ce contrat d'une façon indubitable; il n'en fait rien, il
supprime un seul mot, ce mot c'est l'emphytéose.

Et l'on veut que ce ne soit pas là l'arrêt de
mort du bail emphytéotique! Nous ne pouvons
comprendre un pareil système! Dira-t-on que
l'emphytéose est maintenue, mais qu'on lui refuse maintenant la possibilité d'être hypothéquée?
Ce serait d'abord un grand dommage porté au
contrat emphytéotique, car au point de vue des
avantages que ce contrat peut rendre à l'agriculture, le droit d'hypothéquer est sans contredit

l'un des principaux, et du reste nous ne voyons
pas ce qui autoriserait une semblable distinction;
ou le contrat emphytéotique existe encore, et alors
il existe dans son intégrité; ou bien il a été supprimé, et l'on n'a pas dû s'arrêter à des demi-
mesures qui n'avaient aucune raison d'être et qui
n'auraient eu qu'un résultat contraire à celui
qu'on voulait atteindre, celui de mettre des entraves à son développement en le rendant beaucoup moins favorable à l'agriculture.

Quant à nous, il nous semble impossible d'admettre que le Code civil ait songé à maintenir une
institution d'une importance pratique si considérable, sans s'exprimer d'une façon claire et nette;
le Code n'a pu traiter de l'emphytéose à l'aide de
semblables sous-entendus, si je puis me servir
d'une pareille expression, dans une hypothèse où
l'on aurait dû mentioner expressément un contrat
sur lequel on discutait depuis de si longues années et qui était sans contredit l'une des institutions les plus intéressantes de l'ancien droit français.

Il n'y a pas lieu pour le moment de rentrer dans
la question de savoir si le législateur a eu tort ou
raison de supprimer une semblable institution;
mais ce qu'il faut constater, c'est que la volonté
bien formelle de celui-ci était d'abolir un semblable contrat. Locré ne laisse aucun doute sur
les tendances des rédacteurs du Code en cette
matière, lorsqu'il fait le tableau de ce qui se pro-

duisit au moment où l'on discuta la question du maintien ou de la suppression de l'emphytéose au sein du Conseil d'Etat. On considéra que l'emphytéose ne pouvait plus rendre aucun service à l'agriculture, et malgré quelques protestations isolées, il est hors de doute que ce fut là l'opinion dominante dans cette assemblée.

Si l'on veut bien partir de cette idée, l'on voit dans le Code une concordance parfaite dans toutes ses dispositions et dans tous les articles qui pourraient traiter de l'emphytéose. Partout l'expression est soigneusement évitée : il ne saurait donc être douteux que l'intention bien évidente du législateur a été de laisser tomber cette institution dans l'oubli le plus complet.

Tel est notre système, et nous sommes heureux de pouvoir dire qu'il trouve un point d'appui des plus solides dans l'opinion de jurisconsultes aussi savants et aussi éclairés que MM. Valette, Demolombe, Aubry et Rau. Ces auteurs n'ont pas hésité à déclarer que pour eux l'emphytéose ne saurait exister dans le Code civil, en tant que contrat ayant une existence et des règles spéciales. Aussi lorsqu'on se trouvera dans la pratique en présence d'un bail emphytéotique sans autre disposition particulière, faudra-t-il simplement appliquer à ce contrat les règles du bail ordinaire.

Tout ceci n'empêche pas, hâtons-nous de le dire, les particuliers de faire un contrat, relatant les principales clauses du bail emphytéotique : ce

contrat recevra sa pleine exécution, car dans le
bail, comme dans tout autre contrat, les conventions entre les parties sont absolument libres:
c'est ce qu'on a déjà pu remarquer plus haut et
c'est ce que font ressortir avec une grande évidence et une grande netteté MM. Aubry et Rau.

Nous avons exposé le système qui nous semblait
préférable dans la question si grave et si importante du maintien ou de la suppression du droit
emphytéotique ; nous avons constaté que ce système était aussi celui d'un grand nombre de jurisconsultes modernes ; mais il faut maintenant reconnaître que dans cette matière comme dans
une foule d'autres questions controversées, il
existe une jurisprudence très-solide, qu'on peut
ne pas approuver, que l'on peut même combattre, mais qu'il est impossible d'espérer modifier
jamais, tant son existence est consacrée par une
foule d'arrêts identiques. Cette jurisprudence qui
se rattache tout simplement au premier système, admet comme Merlin la distinction du domaine direct et du domaine utile.

Les arrêts qui se rapportent à cette question,
se rencontrent en nombre considérable : on peut
citer d'abord, l'arrêt de la Cour de Paris du 18
mai 1831 ; celui de Douai, 15 décembre 1832 ;
celui de Grenoble, 4 janvier 1860 ; puis viennent
encore plus nombreux, les arrêts de la Cour suprême, 19 juillet 1832 ; 1er avril 1840 ; 24 juillet
1843 ; 12 mars 1845 ; 18 mai 1847 ; 6 mai 1850 ;

17 novembre 1852; 26 avril 1853; 26 janvier 1864.

Tous ces arrêts n'ont été cités que pour prouver combien la jurisprudence est solidement établie, et combien il y a peu de probabilités de la voir changer, surtout à une époque où les contrats emphytéotiques deviennent de plus en plus rares en France.

Voilà donc la théorie que la jurisprudence a admise et qu'elle a fait triompher dans la pratique. Mais il ne faut pas croire que toute la controverse se trouve résumée dans les deux systèmes qui viennent d'être exposés. On a vu qu'il existait sur cette question trois opinions différentes : il est maintenant temps de faire connaître cette troisième opinion qui se rapproche, il faut l'avouer, beaucoup plus du système de la jurisprudence que de celui que nous avons exposé plus haut. Ce système est soutenu par une grande partie des jurisconsultes qui se sont occupés de cette matière : parmi ceux-ci se trouvent MM. Duvergier, Troplong, Pépin Le Halleur, Duranton et une foule d'autres qu'il serait trop long d'énumérer à cette place.

V. — Il faut maintenant revenir à la théorie des auteurs cités au paragraphe précédent.

La première opinion professée par Merlin, et admise par la jurisprudence tout entière, consacrait dans le Code l'existence de l'emphytéose et lui appliquait les règles de la propriété, divisée

en domaine direct et en domaine utile. Le système actuellement exposé soutient également que
le Code civil a maintenu l'emphytéose en tant que
contrat *sui generis*, mais il se sépare de celui de
Merlin, lorsqu'on entre dans le détail des règles :
ainsi l'on refuse très-énergiquement de reconnaître un domaine direct et un domaine utile. Le
Code civil a maintenu l'emphytéose de l'ancien
droit, mais il l'a maintenue ainsi qu'elle existait
dans l'ancien droit et l'on sait que nous avons refusé de reconnaître chez elle ce dédoublement de
la propriété.

Quant aux moyens de démontrer comment le
Code a conservé l'emphytéose : ils sont d'une
extrême simplicité au dire des partisans du système actuel.

C'est d'abord l'article 526 qu'on a déjà vu ; il
ne saurait faire doute pour les partisans de ce
système que le mot *usufruit* dont se sert cet
article ne s'applique en aucune façon à l'usufruit
démembrement spécial de la propriété dont le
Code s'occupe au titre de l'usufruit ; ici il est pris
dans un sens beaucoup plus large, dans le sens
de droit de jouissance. La preuve en est dans l'article 543 qui, lui, ne mentionne qu'un simple droit
de jouissance. Il résulte donc de là que l'article
526 n'a pas entendu viser uniquement l'usufruit,
mais toutes sortes de jouissance.

De plus l'article 686 est conçu en ces termes :
« Il est permis aux propriétaires, d'établir sur leurs

propriétés, telles servitudes que bon leur semble, pourvu néanmoins, que les services établis ne
soient imposés ni à la personne, ni en faveur de
la personne, mais seulement à un fonds et pour
un fonds, et pourvu que ces services n'aient d'ailleurs rien de contraire à l'ordre public.

« L'usage et l'étendue des servitudes ainsi établies se règlent par le titre qui les constitue, à
défaut de titres par les règles ci après. »

M. Duranton part de ce point pour déclarer que
l'emphytéose n'est pas plus que l'usufruit un
droit établi en faveur d'une personne : de plus il
n'y a dans la constitution d'un bail emphytéotique assurément rien de contraire aux bonnes
mœurs ni à l'ordre public. Enfin le savant jurisconsulte appelle à son aide l'article 1122 qui déclare que l'on peut stipuler pour soi et pour ses
héritiers : il serait bien simple, en vertu de cet article, d'établir une constitution d'usufruit à titre
onéreux et pour un temps déterminé : le preneur
stipulerait en outre que dans le cas où il viendrait
lui-même à décéder, ses héritiers succéderaient à
ses droits qui ne prendraient fin de la sorte qu'au
terme fixé par la convention. Toutes ces conditions seraient parfaitement légales et l'on ne pourrait prétendre qu'il y eût là rien de contraire à
l'ordre public ou aux bonnes mœurs.

Mais, remarque encore M. Duranton, puisqu'il
est possible de constituer un pareil usufruit, en
quoi cet usufruit différerait-il du contrat emphy-

téotique? Certes, il n'y a pas de difficulté à reconnaître qu'un usufruit constitué de la sorte serait la reproduction exacte de l'emphytéose temporaire, auquel on donnerait le nom d'usufruit au lieu et place de celui d'emphytéose. Ceci bien établi, le savant jurisconsulte se demande pourquoi le Code civil aurait pris la peine d'interdire le bail emphytéotique, alors qu'il se serait trouvé si facilement rétabli par la seule volonté des parties; il en conclut donc que c'est une erreur de prétendre que le silence de la loi emporte la suppression de l'emphytéose, et il n'hésite pas à lui reconnaître une existence particulière dans la législation moderne en lui appliquant les règles principales exposées au sujet de l'emphytéose temporaire dans l'ancien droit.

Tel est le dernier système qui se soit produit sur cette question; pour notre part, nous avouons que si nous ne pensions pas fermement que le Code a complétement supprimé le bail emphytéotique, nous préférerions de beaucoup ce système à celui de Merlin et de la Cour de cassation; ces derniers nous semblent partis d'un point complétement faux, pour nous du moins qui n'avons pas admis que, dans l'ancien droit, l'emphytéose temporaire se dédoublait en domaine direct et en domaine utile; en effet, ils appliquent à l'emphytéose actuelle, qui n'est en somme que l'emphytéose temporaire de l'ancien droit, des règles appartenant uniquement à l'emphytéose perpétuelle;

dans le troisième système, au contraire, si l'on admet ce contrat, on le traite du moins de la façon dont il était traité dans l'ancien droit, c'est-à-dire qu'on l'assimile le plus possible à l'usufruit.

Mais il ne faut pas croire que ce dernier système nous paraisse plus solide que le premier dans les motifs qu'il allègue en faveur du maintien de l'emphytéose.

Pour ce qui est de l'article 526, nous ne voyons pas trop pourquoi l'on peut dire que le mot usufruit, dont on se sert dans cet article, n'a pas le sens du mot usufruit, démembrement de la propriété; quant à l'article 543, son rapprochement avec l'article 526 ne prouve absolument rien, et je ne vois pas trop ce que l'on doit conclure de l'un à l'autre.

Prenons maintenant l'article 686; cette fois il n'est pas difficile d'y répondre; un partisan même de la doctrine que nous combattons, fournit le moyen de la réduire à néant. M. Pépin Le Halleur, en effet, reproduisant l'argument que nous avons fait valoir plus haut en faveur de son système, ne peut s'empêcher de reconnaître : « qu'on pourrait à la rigueur faire observer que l'article 686, placé dans le titre des services fonciers, ne saurait être invoqué à propos d'une emphytéose. » Mais, sans aucun doute, c'est là un article que l'on ne peut invoquer dans la matière, et c'est pour cela que nous ne comprenons pas

comment nos adversaires ont pu le mettre en
avant. Ils reconnaissent tous que l'emphytéose
est un démembrement de la propriété, puisqu'ils
l'assimilent à l'usufruit ou qu'ils lui accordent un
domaine utile : et lorsqu'il s'agit d'établir l'existence de ce démembrement de la propriété, on
invoque un article qui se trouve au titre des services fonciers, et qui, sans aucun doute, n'a jamais eu dans l'esprit du législateur pour but de
trancher une semblable question. De pareils arguments ne sauraient en vérité soutenir un exa-
men approfondi.

Enfin, la démonstration fondée sur l'article 1122 ne prouve absolument qu'une chose,
c'est qu'il serait très facile de constituer une emphytéose temporaire en stipulant une convention
d'usufruit quelque peu modifiée; à cela, nous
n'avons certes rien à répondre, car c'est absolument notre avis. Nous l'avons déjà dit, et sur ce
point nous allons même plus loin que nos adversaires, puisqu'à notre sens, l'on peut stipuler
toutes les conditions imaginables, si toutefois elles
ne sont pas contraires à l'ordre public et aux
bonnes mœurs; or on peut stipuler les clauses
de l'emphytéose temporaire, car elles n'ont,
tout le monde le reconnaît, rien de contraire à
l'ordre public; il n'est donc pas besoin d'avoir
recours à l'usufruit en pareille occurrence. Mais
tous ces raisonnements ne montrent pas en quoi
le Code aurait par son silence maintenu l'emphy-

téose ; on peut facilement échapper à sa prohibi-
tion, répond-on! Mais c'est là que réside l'erreur
de nos adversaires. Le Code civil n'a rien pro-
hibé, ainsi qu'on semble le croire; une seule
question se posait : devait-on maintenir ou supprimer l'emphytéose en tant que contrat ayant sa
nature particulière? A cette question les rédacteurs du Code ont, à notre avis, répondu par une
suppression. Mais qu'ont-ils supprimé? remarquons-le bien , c'est le contrat d'emphytéose existant comme contrat particulier. Quant à une pro-
hibition, le Code n'y a pas songé; on ne prohibe
que les choses mauvaises; or, l'emphytéose
n'était pas dans ce cas. Si elle est tombée, c'est
qu'à cette époque on a pensé qu'elle n'avait plus
de raison d'être et que son utilité avait complétement disparu; voilà pourquoi elle s'est trouvée
abolie. Mais les rédacteurs du Code n'ont pas eu
le moins du monde l'intention d'interdire aux parties le bail emphytéotique, alors qu'elles voudraient bien en stipuler expressément les clauses
dans un contrat rédigé à cet effet.

Enfin comme dernier argument les partisans du
maintien de l'emphytéose, ici je parle de Merlin
et de la Cour de cassation aussi bien que des auteurs qui ont soutenu le troisième système, les partisans de cette doctrine, dis-je, se sont fondés sur
l'utilité d'un contrat tel que l'emphytéose et
sur les services qu'il peut encore rendre à l'agriculture, particulièrement dans certaines contrées

19

de la France. A cela on a répondu que les avantages de pareilles conventions avaient actuellement diminué d'une façon incroyable et qu'on pourrait peut-être même dire aujourd'hui qu'ils n'existent plus dans la pratique. Mais ce ne sont là que de simples considérations favorables ou défavorables au contrat ; on peut les faire valoir en discutant la question théorique du maintien ou de l'abolition du bail emphytéotique ainsi que l'ont fait les rédacteurs du Code. Pour le moment, ces appréciations ne doivent prendre aucune place dans la controverse qui nous occupe : ce n'est pas dans des considérations d'opportunité plus ou moins grande qu'il faut chercher si les rédacteurs du Code civil ont maintenu l'emphytéose ou bien au contraire s'ils l'ont supprimée : pour résoudre une semblable question il faut se reporter à l'historique de la discussion, puis aux différents textes de lois qui pourraient s'occuper de cette situation.

C'est là ce que nous nous sommes efforcés de faire, et c'est en suivant de tels principes que nous en sommes arrivés à la solution donnée plus haut.

Il est maintenant indispensable de résumer en quelques mots les différentes théories exposées dans cette trop longue dissertation.

Le premier système de Merlin considère l'emphytéose comme maintenue, en lui appliquant les règles posées par quelques jurisconsultes dans l'ancien droit au sujet de l'emphytéose temporaire

et distingue encore aujourd'hui dans le bail emphytéotique le domaine direct et le domaine utile.
La jurisprudence a également admis cette théorie
c'est du moins ce que l'on semble reconnaître généralement ; cependant M. Pépin le Halleur pense
que « si l'on comparait attentivement les motifs
de l'arrêt de la Cour de cassation du 26 juin 1822
avec ceux des deux arrêts du 1ᵉʳ avril 1840, on
pourrait se trouver embarrassé pour déterminer
quelles sont précisément les idées de la Cour de
cassation sur les effets du bail emphytéotique. »

Dans le second système professé par MM. Valette, Demolombe, Aubry et Rau, on ne reconnaît
plus un caractère spécial au contrat d'emphytéose.
Maintenu par la loi de 1790, il est laissé de côté
par le code civil avec l'intention bien arrêtée du
législateur de le rayer du nombre des institutions
reconnues par le nouveau code. Cela résulte d'une
façon indubitable des travaux préparatoires et
en même temps du silence gardé par les principaux articles du Code, dans lesquels il aurait dû
être question de l'emphytéose et dans lesquels
il en était en effet question dans les législations
antérieures, avant que ces mêmes articles fussent
transportés dans le Code. Le résultat pratique de
cette théorie est des plus simples : lorsque l'on
rencontre un bail emphytéotique, il n'y a qu'à lui
appliquer purement et simplement les règles des
baux ordinaires.

Enfin le troisième système réservé pour la fin

parce qu'il est celui du plus grand nombre d'auteurs, admet comme le premier le maintien de
l'emphythéose; seulement au lieu de distinguer un
domaine direct et un domaine utile, il applique
à cette emphytéose la théorie admise pour le bail
emphytéotique temporaire dans l'ancien droit français; L'emphytéote n'a sur les fonds à lui concédés
qu'un droit spécial dont on a rapporté les principales règles et qui se rapproche assez fréquemment
de l'usufruit. C'est sur ce bail emphytéotique temporaire qu'on réglemente l'emphytéose moderne,
par cette raison que le Code n'a pas aboli ce contrat et qu'il est impossible de considérer le silence
gardé à ce sujet comme une preuve suffisante de
sa destruction.

Telles sont les opinions diverses des auteurs sur
un pareil sujet : on voit même qu'au lieu de trois
systèmes, l'on pourrait peut-être n'en compter
que deux; l'un refusant d'admettre l'emphytéose
l'autre l'admettant dans la législation mais avec
des divergences en ce qui concerne la question
de savoir quelles règles il faut y appliquer ;
mais comme cette question des règles à appliquer
paraît assez grave et que les théories proposées
par les auteurs à ce sujet semblaient absolument
contradictoires les unes avec les autres, nous
avons pensé qu'il était préférable d'exposer sépa-
rément chacun de ces systèmes.

Quand il s'est agi de choisir entre ces trois opinions des jurisconsultes, nous n'avons pas hésité

à nous rallier au second système, comme à celui qui se présentait avec les apparences les plus convaincantes, appuyé qu'il était sur une autorité historique aussi considérable que la discussion du Conseil d'État.

Ce n'est pas à dire que ce soit là le système que nous aurions préféré voir admis dans la législation ; seulement il nous semble que lorsqu'on se trouve dans la nécessité d'interpréter une question douteuse, la première chose à faire est de se reporter à l'intention probable du législateur et il faut surtout bien prendre garde de ne pas substituer sa propre opinion à celle de ceux qui ont rédigé et discuté la loi.

Du reste nous n'avons traité là que d'une question absolument théorique ainsi qu'on a déjà eu occasion de le voir. Pour ce qui est de la question pratique, la solution en est maintenant définitive et il n'y a pas lieu de penser qu'elle puisse changer de sitôt.

Il ne reste plus maintenant qu'à examiner avec quelque détail les principales règles appliquées à l'emphytéose par la jurisprudence ; ce sera là l'objet du chapitre dans lequel on va entrer, et pour arriver à ce but il faudra suivre pas à pas les principaux arrêts de la Cour de casssation et des Cours d'appel qui se sont occupées de cette importante question.

CHAPITRE III.

I. Ainsi que nous l'avons dit à la fin du précédent chapitre, il s'agit d'examiner en ce moment les règles de l'emphytéose telles que les ont établies la jurisprudence et les nombreux auteurs qui, loin d'admettre notre système, ont pensé que ce contrat avait encore une existence propre et effective dans le droit actuel. On aura plusieurs fois l'occasion de voir que ces auteurs se sont divisés sur une foule de points de détails, et même quelquefois sur des questions de la plus haute importance.

Nous examinerons, ainsi que nous l'avons fait pour l'emphytéose du droit ancien, les droits et les obligations de l'emphytéote, la manière dont le contrat se forme et les causes qui peuvent y mettre fin.

II. Quant aux droits de l'emphytéote, ils sont les mêmes que ceux de l'emphytéote temporaire de l'ancien droit; tant que l'on ne rencontre pas de dispositions nouvelles abrogeant les anciennes règles, c'est à ces dernières qu'il faut se reporter

Ainsi l'emphytéote se trouve absolument libre de faire de la chose ce que bon lui semble, pourvu qu'il ne commette aucune dégradation sur le fonds ; il peut changer le genre de culture sans que le propriétaire puisse intervenir ; seulement dans certaines occasions, le changement de production dans les terres pourrait fort bien être considéré comme un acte de dégradation du fonds.

L'emphytéote peut donc se regarder comme un véritable propriétaire pendant la durée du bail emphytéotique, s'il ne commet aucune dégradation et s'il ne laisse pas la chose dépérir entre ses mains.

Quant à ce qui est de la durée du contrat on sait qu'en vertu de la loi des 18-29 décembre 1790, un bail emphytéotique ne peut dépasser quatre-vingt-dix-neuf ans; le Code civil n'ayant apporté aucune modification à cette matière, il n'est pas douteux que la règle soit la même aujour-d'hui.

Parmi les droits de l'emphytéote il ne faut pas oublier de mentionner l'un de ceux qui forme sans contredit la principale utilité d'un pareil contrat ; je veux parler de l'hypothèque.

Cette question n'a pas laissé que d'être contro versée, et beaucoup d'auteurs se refusent à admettre que le fonds puisse être hypothéqué par l'emphytéote; cependant ce dernier système n'a pas triomphé; le plus grand nombre des jurisconsultes et la jurisprudence ont décidé que l'hypothèque était parfaitement permise, et que par conséquent, le droit du preneur était un droit immobilier.

Pour soutenir cette opinion, l'on se fonde, ainsi qu'il a été dit au chapitre précédent, sur l'article 543. Cet article reconnaît que : « l'on peut avoir sur les biens, ou un droit de propriété, ou un simple droit de jouissance..., » ce qui concorde parfaitement avec l'ancien droit ; là aussi l'on pouvait avoir un simple droit de jouissance sur les biens, un démembrement de la propriété : l'emphytéose se trouvait dans ce cas, et le Code qui ne contient aucune disposition sur ce sujet, doit naturellement se reporter aux pratiques de l'ancien droit.

Aussi un arrêt de la Cour de cassation déclare-t-il très-formellement que l'emphytéose est susceptible d'hypothèque ; voilà en quels termes s'exprime cet arrêt du 18 juillet 1832 : « Un tel droit (le droit emphytéotique) est immobilier, et l'emphytéote a la faculté de disposer de tout ce qu'il possède à ce titre, par vente, échange ou donation, et par affectation hypothécaire à la charge des droits du bailleur. »

Ceci est, on ne peut plus explicite, et ne laisse aucun doute au sujet de l'opinion de la Cour suprême sur une pareille question. L'emphytéote pourra donc hypothéquer son bien à la seule condition de ne pas léser les droits du bailleur ; ce qui revient à dire que l'hypothèque devra disparaître

le jour où l'emphytéose viendrait à cesser pour
quelque cause que ce soit.

Ne laissons pas passer cet arrêt de la Cour de
cassation sans remarquer qu'il autorise le preneur
à céder le fonds emphytéotique par vente, échange
ou donation ; cette faculté rapproche encore da-
vantage le droit de l'emphytéote du droit de propriété. Il est bien entendu qu'une vente, un
échange ou une donation d'un tel fonds ne pourrait se faire qu'à la condition de ne pas nuire au
bailleur, mais cette obligation de ne pas nuire aux
intérêts du concédant, ne se rapproche en aucune
façon des droits existant jadis en faveur du propriétaire du fonds en cas de translation de la propriété emphytéotique.

L'emphytéote profitera, cela va sans dire, de
l'alluvion et des accroissements accidentels qui
pourraient survenir au fonds.

Quant à la question des servitudes, nous ne
voyons pas trop pourquoi on ne donnerait pas
dans ce cas la solution donnée à propos de l'hypothèque. Nous n'entendons appliquer, bien entendu, cette théorie qu'aux servitudes qui n'ap
porteraient aucune détérioration au fonds lui-
même ; de plus les servitudes établies de la sorte
tomberaient de plein droit le jour où l'emphytéose cesserait d'exister ; c'est là la même règle que
pour l'usufruit.

En cas d'expropriation pour cause d'utilité publique, l'emphytéote aurait sans contredit droit à

une indemnité. Un arrêt de la Cour de cassation
du 12 mars 1845, mérite une attention particulière, cet arrêt dispose que : « les juges chargés
d'apprécier l'étendue du droit de l'emphytéote,
sur l'indemnité allouée, n'exagèrent pas cette étendue en assimilant l'emphytéote à un usufruitier,
et en lui accordant dès lors la jouissance intégrale
de cette indemnité pendant toute la durée de l'emphytéose. » Cette décision nous semble excessivement sage et digne de la plus haute approbation.

Pour en finir avec les droits de l'emphytéote
moderne, il ne reste qu'à constater le droit que
lui reconnaît un arrêt de la Cour de cassation du
26 juin 1822, de pouvoir intenter en son nom
personnel l'action possessoire. Cette action, il
peut l'exercer non-seulement contre les tiers, mais
encore contre le propriétaire qui viendrait le troubler dans sa jouissance.

L'emphytéote jouit encore de l'action en bor-
nage ; cela ne saurait faire doute, puisque l'usufruitier possède cette même action.

Enfin, un arrêt de la Cour de Bruxelles du
28 thermidor an IX refuse à l'emphytéote l'action
en rescision pour cause de lésion. Cependant
cette solution n'est pas universellement admise, et
la question se trouve encore aujourd'hui très-vivement controversée. Il est juste du reste de remarquer qu'elle l'était déjà dans l'ancien droit, et
nous avons même eu l'occasion de nous pronon-

cer en faveur du système admettant l'action en
rescision. Aussi ne voyons-nous pas pourquoi
nous ne continuerions pas à suivre une semblable
opinion, puisque le Code civil ne contient aucune
disposition, ce semble, contraire à notre système.

III. — Passons maintenant aux obligations de
l'emphytéote.

La première de ces obligations est dans le Code
civil ce qu'elle était en droit romain, ce qu'elle
était encore sous l'ancienne monarchie : c'était
l'obligation de payer la redevance.

Cependant, si l'on en croit un arrêt de la Cour
de Paris, du 3 février 1836, la stipulation du
canon emphytéotique ne serait pas essentielle à la
perfection du bail. Cette solution est certainement
admissible, et pourtant il nous semble que l'emphytéose, privée de sa redevance annuelle, sera
bien difficilement distinguée de la foule des conventions que les particuliers peuvent faire, sans
qu'on songe jamais à les regarder comme des
contrats ayant une existence et des règles spéciales.

Quoi qu'il en soit, l'emphytéote devra payer le
canon annuel lorsque telle sera la condition du
contrat, et nous pensons devoir donner ici la solution que nous avons donnée dans l'ancien droit,
lorsqu'il s'est agi de savoir si l'emphytéote pourrait obtenir une réduction du canon par cause de
stérilité inaccoutumée, d'invasion ou de charges

extraordinaires imposées par l'État. Si la redevance est modique, il ne saurait jamais y avoir la
moindre réduction dans le canon. Si, au contraire,
la redevance se rapproche du produit de la propriété, dans une pareille situation il ne nous semble pas que l'on doive se relâcher de la sévérité
que nous avons montrée dans l'ancien droit, et
admettre que le canon emphytéotique pourra subir une réduction en proportion de la perte subie par l'emphytéote.

Il paraît du reste que, lorsque le canon emphytéotique était assez élevé, ou que les cas de force
majeure et de perte partielle étaient mis à la
charge du bailleur, on s'était demandé si un tel
bail conservait le caractère d'un bail emphytéotique? La Cour de cassation (12 mars 1845) déclare
que ces clauses ne sont pas contraires à l'essence
de l'emphytéose, et qu'un contrat fait sous de pareilles conditions constitue quand même un contrat très-régulier.

Le canon emphytéotique, comme cela se pra-
tiquait du reste dans l'ancien droit, ne consiste
pas forcément en argent; on peut également stipuler une quotité sur les produits du fonds; en
un mot, les conventions sont absolument libres,
et les parties maîtresses de faire tout ce qu'il leur
plaît en pareille matière.

La seconde obligation de l'emphytéote consiste
à jouir de la chose en bon père de famille; il ne
lui serait pas permis, ainsi qu'on l'a déjà fait re-

marquer, de dénaturer le fonds, ou même d'en
altérer la substance, si cette altération équivalait
à une dénaturation du fonds.

Il résulte de ce principe que l'emphytéote est
obligé d'entretenir la chose en bon état; il doit,
par conséquent, cultiver les biens, réparer les
constructions, sans qu'on ait à considérer si ces
réparations sont rangées dans la classe des grosses
ou des menues réparations.

Certains auteurs ont vu dans le contrat emphythéotique une certaine obligation d'améliorer le
fonds; on se souvient que le même système avait
été soutenu dans l'ancien droit. Cependant, de
même que nous n'avons pas cru devoir l'admettre
à ce moment, de même nous ne pensons pas qu'il
puisse exister dans l'emphytéose moderne. Ainsi,
lorsqu'il s'agira d'une emphytéose pure et simple, sans conditions spéciales, nous devons admettre que le preneur ne sera tenu d'aucune amélioration quelconque; le jour où il aura entretenu
la chose en bon état, où il aura payé régulièrement le canon emphytéotique, il aura rempli
toutes ses obligations, et l'on n'aura rien à lui demander.

Nous devons pourtant constater que dans la
pratique actuelle les constitutions d'emphytéoses
sont en général accompagnées de conditions
spéciales, et l'une des premières sera sans contredit l'obligation pour le preneur d'améliorer. Ce résultat provient incontestablement des

modifications qu'a subies la nature du bail emphytéotique. Il n'est pas besoin de faire remarquer que l'emphytéose, beaucoup plus rare de
nos jours qu'elle ne l'était sous l'ancienne monarchie, ne s'applique plus absolument aux mêmes
situations. Jadis la propriété étant en grande partie
concentrée entre les mains des principaux habitants du pays, qui se trouvaient, cela se comprend, relativement en fort petit nombre, le contrat emphytéotique était un moyen très-simple de
faire cultiver ses terres sans qu'on se trouvât
dans la nécessité de renouveler à chaque instant
les locations, résultat inévitable des locations ordinaires; de plus, comme les fermiers constituaient à cette époque une classe de gens peu for-
tunés, il leur aurait été impossible de se charger
d'un loyer ordinaire, tandis qu'ils pouvaient fort
bien, sans aucun inconvénient, payer une redevance aussi peu considérable que le canon emphytéotique.

Ce sont de telles considérations qui firent admettre et qui répandirent l'emphytéose dans l'ancien droit; aussi, on a eu l'occasion de le voir, ce
contrat avait pris une extension considérable et
se rencontrait avec une fréquence extraordinaire
à l'époque où éclata la Révolution française. De
nos jours, la question est absolument renversée,
la propriété se trouve infiniment morcellée entre
les mains de la grande majorité de la population;
aussi les propriétaires, même les plus considéra-

bles, ne sont rien en comparaison des propriétaires de l'ancienne monarchie. De plus, par suite
des changements rapides qui se produisent dans
la fortune publique, l'on ne se soucie pas de se
trouver les mains liées par des baux d'une durée
considérable, on préfère de beaucoup les locations ordinaires, et cela se comprend sans peine.
Enfin, la richesse de la population agricole et ru-
rale s'est accrue d'une façon prodigieuse, si on la
compare à ce qu'elle était avant 1789; il est donc
plus avantageux pour le fermier d'être assujetti à
une location ordinaire qu'il pourra délaisser après
un court espace de temps, si le contrat ne lui
convient pas, plutôt que de se voir en quelque
sorte attaché à la terre par suite d'un bail emphytéotique. Aussi résulte-t-il de toutes ces considérations qu'aujourd'hui l'emphytéose ne se rencontre plus dans la pratique ordinaire de la vie. Il
faut, pour la trouver, chercher des circonstances spéciales; et, dans les cas où elle existe, on
ne saurait, je crois, la rencontrer sans qu'il vienne
s'ajouter au contrat lui-même l'obligation d'améliorer le fonds. Si l'on veut chercher dans les
exemples d'emphytéose qui existent actuellement,
il est impossible, ce semble, d'en citer un seul
dans lequel le propriétaire n'ait pas eu l'intention de pousser à l'amélioration du fonds soumis au droit emphytéotique. On en trouve la
preuve en considérant que l'emphytéose ne se
montre plus que dans certains pays tels que la

Bretagne, les Landes, le Dauphiné (où il est encore désigné sous le nom d'albergement), pays dans lesquels il existe encore un grand nombre de terres incultes, qu'on ne saurait améliorer ou défricher à l'aide d'un autre moyen. Cette idée d'amélioration se retrouve avec un caractère encore plus énergique dans les concessions faites à Paris vers le milieu du siècle ; c'est, en effet, dans le seul but d'obtenir une amélioration résultant des constructions projetées, que les propriétaires du sol ont cédé en emphytéose la plus grande partie des terrains bordant la rue Lepelletier ; c'est à l'aide d'un semblable contrat que fut construit le théâtre de l'Opéra-Comique.

On voit donc que de nos jours, il serait peut-être impossible de rencontrer un bail emphytéotique sans obligation d'améliorer et, si en posant de prime abord la règle générale, nous avons constaté que le preneur n'était tenu à aucune amélioration, nous devons reconnaitre qu'en fait, jamais on ne trouvera actuellement d'emphytéose sans qu'il vienne s'y joindre une semblable idée.

Ici se présente une hypothèse déjà examinée à propos de notre ancien droit. Un emphytéote qui n'est tenu d'aucune amélioration, a fait des constructions d'une certaine importance ; que se produira-t-il, lorsque le bail emphytéotique prendra fin ? Cette question est encore aujourd'hui très-sérieusement controversée. Dans une pre-

mière opinion, les auteurs ne voient dans cette
espèce qu'une application de l'article 555 du Code
civil ainsi conçu : « Lorsque les plantations, constructions et ouvrages ont été faits par un tiers et
avec ses matériaux, le propriétaire du fonds a
droit ou de les retenir, ou d'obliger ce tiers à les
enlever. Si le propriétaire du fonds demande la
suppression des plantations et constructions, elle
est aux frais de celui qui les a faites, sans aucune
indemnité pour lui : il peut même être condamné
à des dommages et intérêts, s'il y a lieu, pour le
préjudice que peut avoir éprouvé le propriétaire
du fonds. Si le propriétaire préfère conserver ses
plantations et constructions, il doit le remboursement de la valeur des matériaux et du prix de
la main d'œuvre, sans égard à la plus ou moins
grande augmentation de valeur que le fonds a pu
recevoir.

Néanmoins, si les plantations, constructions et
ouvrages ont été faits par un tiers évincé, qui
n'aurait pas été condamné à la restitution des
fruits, attendu sa bonne foi, le propriétaire ne
pourra demander la suppression des dits ouvrages,
plantations et constructions, mais il aura le choix,
ou de rembourser la valeur des matériaux et du
prix de la main-d'œuvre, ou de rembourser une
somme égale à celle dont le fonds a augmenté de
valeur. »

Nous avons cité cet article dans son intégrité
parce qu'il résume entièrement le premier système

20

proposé sur cette question : l'emphytéote se trouve
dans le cas prévu par cet article, il sera soumis
au bon plaisir du propriétaire : ce dernier pourra
choisir entre les deux moyens que nous venons
de voir : ou contraindre l'emphytéote à enlever
les constructions qu'il a faites, ou bien les conserver et en devenir propriétaire, en payant au
concessionnaire la valeur des matériaux à laquelle
il faut joindre le prix de la main-d'œuvre.

Le second système refuse de reconnaître qu'il y
a t lieu dans l'espèce à l'application de l'article 555.
Cet article dit-on, vise spécialement le possesseur
de bonne ou de mauvaise foi. Mais ce possesseur,
qu'il soit de bonne ou de mauvaise foi, s'est conduit comme un véritable propriétaire ; ce n'est pas
le moins du monde la position de l'emphytéote
qui a fait de plein gré des constructions sur son
fonds ; jamais il ne s'est conduit en véritable propriétaire, car il sait fort bien qu'il détenait la
chose à titre précaire. En présence de pareils faits,
les partisans du second système, croient pouvoir
appliquer la même solution que celle qu'ils ont
donnée dans l'ancien droit sur une question identique. L'emphytéote ne pourra reprendre aucune
des constructions par lui élevées, il devra abandonner le fonds, en les laissant toutes entre les
mains du propriétaire, puisqu'il savait très-bien à
quels risques l'exposaient ces améliorations. Cette
dernière doctrine me semble plus en rapport avec
la véritable situation des choses, et pourtant nous

ne l'avons pas admise sans de grandes hésitations,
car elle nous paraît bien sévère et bien dure pour
le preneur emphytéotique, qui n'étant souvent
qu'un homme sans instruction, aura fort bien pu
ne pas savoir à quels risques il s'exposait en faisant des constructions sur les immeubles emphytéotiques.

On a vu que l'emphytéote était tenu de jouir
du fonds en bon père de famille, on sait également qu'il pouvait en transmettre la propriété à
des tiers par contrat, mais c'est ici le lieu de remarquer qu'en dehors de ces cas de transmission
du bail emphytéotique, il est dans la nécessité de
conserver le fonds entre ses mains. Cela revient
à dire en un mot, que la jurisprudence ne reconnaît plus à l'emphytéote ce droit qui jouait un
si grand rôle dans l'ancienne législation, ce droit
que l'on nommait la faculté de déguerpissement.
On comprendra sans peine en présence des nouvelles idées que la faculté de déguerpissement ne
se puisse plus admettre aujourd'hui; aussi cette
question n'a-t-elle soulevé aucune difficulté et
tous les interprètes du droit, sont-ils parfaitement
d'accord sur ce point : l'emphytéote ne pourra
jamais se libérer des charges du contrat à l'aide
du déguerpissement, ainsi que cela se produisait
dans l'ancien droit français.

Tels sont les droits et les obligations du concessionnaire, on voit que bien souvent ils ont une
grande analogie avec les règles de l'ancien droit,

ce qui se comprend du reste très-facilement puisqu'ils n'en sont la plupart du temps, qu'une reproduction fidèle.

IV. — Quant à la façon dont le bail emphytéotique se constitue, ce sont là encore les mêmes
règles que pour l'ancienne emphytéose.

On a généralement recours à un contrat pour
faire naître le droit emphytéotique. Mais on pourrait bien supposer une emphytéose constituée par
acte de dernière volonté. Seulement si avant 1789,
un pareil mode de constitution ne se rencontrait
guère, il n'est pas probable qu'il soit devenu plus
pratique, puisque l'emphytéose n'existe plus aujourd'hui qu'à l'état d'exception très-rare.

Il existe en outre la prescription : pour la prescription de dix ou vingt ans, il faut pour l'acqué-
rir un titre émanant du propriétaire apparent et
de plus la bonne foi : mais ces conditions une fois
remplies, nous ne voyons pas quelles raisons pourraient empêcher de l'admettre, aussi déclarons-
nous sans hésitation que l'emphytéose peut s'é-
tablir par ce moyen.

Quant à la prescription de trente ans, il n'y a
pas autre chose à faire, je crois, qu'à renvoyer à
ce qui a été dit de ce mode de constitution de
l'emphytéose dans l'ancien droit.

V. — Après avoir vu comment pouvait se constituer le contrat emphytéotique, on peut examiner tout aussi rapidement comment il se transmettait.

Nous avons cité plus haut, un arrêt de la Cour de cassation (18 juillet 1832) constatant que l'emphytéote avait le droit de transmettre son bail emphytéotique par vente, échange ou donation : il va sans dire que cette énumération n'est pas limitative et que l'on doit même y joindre les transmissions par décès.

Il en résulte que l'emphytéote sera libre de transmettre son bien comme bon lui semblera, à la condition toutefois de ne porter aucune atteinte aux droits du propriétaire.

Le droit de prélation accordé au propriétaire ne saurait plus exister de nos jours, cela ne saurait faire doute, car c'est là une institution en contradiction complète avec les idées modernes, qui ne peut se maintenir concurremment avec les principes du Code civil.

On doit seulement se demander ce qui se produirait dans le cas où le droit de prélation serait spécialement stipulé au profit du propriétaire dans le contrat constitutif d'emphytéose. Cette question nous semble des plus simples ; c'est là une convention des parties qui devra recevoir sa pleine exécution comme toute autre convention non contraire aux bonnes mœurs et à l'ordre public. Seulement dans le cas où l'emphytéote aurait transmis son droit à un tiers sans s'être conformé aux clauses du contrat, et sans avoir offert au propriétaire le marché pour son compte ; il nous paraît impossible d'aller jusqu'à autoriser ce dernier à troubler le tiers dans sa possession ; les principes de la législation française s'opposent à un pareil résultat ; le propriétaire n'aura qu'une action en dommages et intérêts à l'aide de laquelle il pourra faire condamner l'emphytéote qui aura manqué de la sorte à sa promesse.

VI. — Quelles sont les diverses manières dont l'emphytéose prend fin ? Il y a encore ici à distinguer les cas d'extinction de l'emphytéose des cas de déchéance.

Pour les cas d'extinction, on trouve ce que l'on a déjà rencontré dans l'ancien droit ; l'échéance du terme, la mort de l'emphytéote sans postérité et sans successeur, la confusion, la prescription de trente ans, au profit du propriétaire qui recouvrait son fonds entièrement libre, ou au profit d'un tiers qui avait possédé ce bien comme s'il n'avait pas été grevé d'un bail emphytéotique, enfin la perte de la chose, en maintenant toutefois les distinctions relevées sur cette question dans l'ancien droit.

Pour ce qui est du déguerpissement, le droit moderne ne l'admet pas, l'emphytéote ne peut abandonner le fonds de semblable façon ; c'est donc un mode d'extinction de l'emphytéose à retrancher du nombre de ceux qui de l'ancien droit sont passés dans la législation actuelle.

Après en avoir terminé avec les modes d'extinction de l'emphytéose, il faut traiter des causes de déchéance de ce contrat. Des trois causes

existant dans l'ancien droit; on n'en retrouve plus
que deux : l'abus de jouissance et le défaut de
paiement du canon emphytéotique. Quant à la
troisième, la contravention de l'emphytéote aux
règles imposées en cas de transmission du droit;
elle n'existe plus : on sait en effet que même dans
l'ancien droit, elle ne se produisait pas avec l'é-
nergie qu'elle avait dans la législation romaine, on
ne la rencontrait que lorsque l'emphytéote avait
cherché à éluder le payement des droits de mutation dus au propriétaire du domaine direct. Mais
ces droits de mutation n'existent plus dans le Code, et cela suffit pour bien faire comprendre pourquoi cette dernière cause de déchéance ne se rencontre plus dans la législation moderne.

Revenons aux deux autres causes de déchéance.

L'emphytéote perdra son droit au bail emphytéotique s'il commet quelque abus dans la jouissance du fonds à lui concédé : il va sans dire que
cet abus de jouissance doit être de quelque importance, et ne pas porter sur des objets sans valeur.
Le propriétaire du fonds a donc action contre
l'emphytéote, cette action étant réelle peut être
exercée directement contre le possesseur actuel
des biens, alors même qu'il ne serait plus le preneur du bail emphytéotique, mais seulement un
sous-acquéreur. (Arrêt de la Cour de cassation
du 30 août 1827).

Dans cet arrêt, la Cour suprême fait une application assez remarquable du principe que nous

venons de poser ; elle décide que : « la résilia-
tion consentie en faveur du bailleur par le dernier sous-preneur, volontairement et sur une
sommation extra-judiciaire, pour éviter un procès, doit être considérée comme valable, quoique
le preneur primitif et les sous-bailleurs intermé-
diaires, qui avaient stipulé des prestations particulières, indépendamment du canon emphytéotique, n'aient point été mis en demeure. On di-
rait en vain que le preneur primitif avait conservé
une action réelle sur le fonds, accordée pour le
service des prestations particulières stipulées en
sa faveur. » Cette décision de la Cour de cassation
nous semble parfaitement en harmonie avec le
système adopté par elle au sujet du bail emphytéotique, et nous pensons que cet arrêt fera jurisprudence.

La seconde cause de déchéance consistait dans
le non-payement du canon ; elle existe encore aujourd'hui.

C'est ce que décide formellement la Cour de
Grenoble (13 février 1833), en déclarant que
l'albergataire qui ne paie pas la rente pendant
l'espace de trois ans est soumis au déguerpissement des immeubles albergés, lors même que le
pacte commissoire n'aurait pas été stipulé dans
l'acte. On sait que l'albergement n'était autre que
l'emphytéose en Dauphiné ; il convient donc d'appliquer cette décision dans toute son étendue au
contrat emphytéotique. Nous aurons du reste,

dans quelques instants, à examiner cette question du pacte commissoire, question qui ne laisse pas de présenter quelques difficultés.

Si l'emphytéote est resté une année sans payer le canon, qu'il vient à céder son droit à un tiers, et que pendant les années suivantes le sous-acquéreur reste également sans payer, dans ce cas encore la déchéance doit-elle se produire? Le même arrêt de la Cour de Grenoble, s'occupant toujours de l'albergement, résout la question affirmativement ; elle décide que les sous-acquéreurs successifs sont soumis aux mêmes obligations que le concessionnaire primitif : pour le bailleur, la personne qui lui doit la redevance n'a pas changé, ou du moins il n'a pas à examiner si elle a changé, puisque la translation du droit emphythéotique ne peut se faire qu'à la condition de ne pas lui nuire. Aussi le possesseur actuel se trouvera responsable des redevances arriérées, et de plus il pourra bien se trouver exposé à payer les frais des poursuites faites contre les emphytéotes qui le précédaient. Tout ceci est parfaitement juste et découle naturellement des principes de la matière.

Nous en arrivons maintenant à cette question, dont nous parlions il n'y a qu'un instant, pour la signaler comme assez difficile ou plutôt comme donnant lieu à une controverse assez sérieuse.

Il s'agit de savoir si la clause résolutoire, insérée dans un bail emphytéotique, peut

avoir son effet sans qu'il soit besoin de mise
en demeure à l'avénement de la condition. On
sait déjà qu'aujourd'hui comme dans l'ancien
droit, la déchéance de l'emphytéote pour défaut
de payement du canon, ne se produit plus de
droit.

Mais là n'est pas la difficulté. Lorsqu'il n'y a
pas de clause résolutoire exprimée, il faut demander au juge la résolution du contrat, et ce
même juge est parfaitement en droit d'accorder
des délais au débiteur, cela va sans dire. Mais il
n'en est plus de même dans le cas où la clause
résolutoire est formellement exprimée comme
peine du non-payement du canon ; et c'est sur ce
point que s'élève la controverse. La jurisprudence ou du moins un arrêt de la Cour de cassation (15 décembre 1820) décide qu'en pareille
hypothèse le bail emphytéotique sera résilié de
plein droit ; le bailleur sera remis en possession
de son fonds, sans recourir à aucune voie juridique, et il ne sera nullement besoin de mettre le
preneur en demeure avant d'user du bénéfice de
la clause résolutoire. Cette opinion semble avoir
été également admise par M Troplong.

Cependant un grand nombre d'auteurs refusent
de s'y ranger et présentent un système contraire,
qui nous paraît plus en rapport avec les textes du
Code et avec le droit commun des contrats ordinaires. Ce système a été soutenu d'abord par
M. Zachariæ, puis par MM. Duvergier et Pépin le

Halleur. On commence par distinguer trois hypothèses particulières, à chacune desquelles s'appliquent des règles spéciales.

En premier lieu se trouve le cas de l'art. 1184;
le contrat emphythéotique est muet sur la clause
résolutoire; il faut donc appliquer cet art. 1184
dans toute son intégrité : « La condition résolutoire est toujours sous-entendue dans les contrats
synallagmatiques, pour le cas où l'une des deux
parties ne satisfera point à son engagement. Dans
ce cas, le contrat n'est pas résolu de plein droit.
La partie envers laquelle l'engagement n'a point
été exécuté, a le choix, ou de forcer l'autre à
l'exécution de la convention lorsqu'elle est possible, ou de demander la résolution avec dommages
et intérêts. — La résolution doit être demandée
en justice, et il peut être accordé au défendeur un
délai selon les circonstances. »

Du reste il convient de remarquer que les deux
opinions se rencontrent sur ce point et que là il
n'y a véritablement pas encore de controverse.
Ce n'est que sur les deux questions suivantes que
se séparent les auteurs.

La seconde hypothèse se produit lorsque dans
le contrat se trouve insérée une clause résolutoire :
dans ce cas, la justice ne peut plus accorder de
délai; cela va sans dire; rien ne serait en effet
plus contraire à l'intention des parties. Mais où
se présente la difficulté, c'est lorsqu'il s'agit de
savoir ce qui se produira, la résolution une fois

demandée en justice et c'est justement là le point
sur lequel existe la divergence d'opinions entre
les jurisconsultes. En un mot, doit-on dans ce
cas faire à l'emphytéote application de l'article 1656, en lui permettant comme cet article le
fait pour l'acheteur de payer après l'échéance
fixée par le contrat, pourvu que ce payement soit
fait avant la sommation? M. Pépin Le Halleur
soutient très-énergiquement l'affirmative, tandis
que M. Troplog se prononce dans le sens contraire. Au dire de ce dernier, l'article 1656 se
trouve au titre de la vente, et ne présente
qu'une règle exceptionnelle et particulière à
ce contrat; aussi, comme on ne doit jamais
étendre les exceptions, il faut laisser cet article
à la vente et ne pas l'appliquer à l'emphytéose.

A ces arguments, M. Pépin le Halleur oppose
toujours le système de Zachariæ : « Le Code n'admet pas, nous dit-il, la résolution lorsque le débiteur n'est pas en demeure. Or, aux termes de l'article 1139, il n'y a qu'une seule clause qui puisse
équivaloir à la sommation pour mettre le débiteur en demeure ; c'est celle qui porte que sans
qu'il soit besoin d'acte et par la seule échéance
du terme, le débiteur sera mis en demeure ; et
elle ne se rencontre pas dans l'espèce de l'article 1656. » C'est bien là notre avis et nous pensons que tant que la sommation ne sera pas inter-
venue, l'emphytéote pourra payer alors même

que le jour fixé pour la déchéance de son droit serait arrivé.

Quant à la troisième hypothèse, elle se comprend déjà par suite des explications données sur l'article 1656. Il s'agit tout simplement du cas où le contrat contiendra non plus une condition résolutoire pure et simple mais au contraire une condition spéciale stipulant que faute de payement du canon au jour fixé, l'emphytéose se trouvera résolue de plein droit, et que la seule échéance du terme tiendra lieu de sommation.

En pareille circonstance, on appliquera la convention des parties et c'est dans cette seule hypothèse que l'emphytéote se trouvera déchu de son droit le jour même de l'échéance et sans qu'il soit besoin de la formalité de la mise en demeure ; cette mise en demeure résultera ici de la simple arrivée du terme.

Tel est le système présenté sur cette question par les savants auteurs dont nous avons donné les noms plus haut. Pour nous, ce système nous semble des plus admissibles et en même temps très en rapport avec ce qui se produit en droit commun ; aussi ne croyons-nous pouvoir mieux faire que de nous y rallier sans hésitation.

Cette controverse mène à une autre question dans le même ordre d'idée et qui présente encore de nos jours un grand intérêt pratique.

Il faut supposer un contrat emphytéotique

conclu avant la rédaction du Code civil; dans ce
contrat il existe une de ces clauses résolutoires si
fréquentes dans l'ancien droit, cette clause doit
de plus être simplement comminatoire dans l'ancienne jurisprudence et sous l'empire du Code
civil au contraire elle s'est transformée en véritable clause de résolution, ainsi que cela s'est fréquemment produit. Que va-t-il se passer le jour
où, par suite de la faute de l'emphytéote on se
trouverait dans le cas de résolution prévu par
cette clause? A ce sujet, grande perplexité parmi
les auteurs; la Cour de cassation elle-même a varié
dans sa jurisprudence sur ce point. Après avoir
admis que ce n'était pas là donner un effet ré-
troactif à la loi que d'appliquer à un contrat
emphytéotique conclu avant la rédaction du Code
civil, la législation actuelle, la Cour suprême est
revenue sur son opinion et dans un arrêt du
19 mai 1819, elle a décidé qu'une pareille clause
n'était que comminatoire et qu'il fallait par conséquent lui appliquer les règles de la législation
en vigueur au moment de la formation du contrat, de telle sorte que dans l'espèce l'emphytéote
pourrait encore se libérer et échapper à la résolution en offrant même après sa mise en demeure
le montant des arrérages dus [par lui ou par ses
prédécesseurs.

VII. — Comment doivent se supporter dans le
contrat emphytéotique les charges publiques imposées à la propriété? Il convient auparavant de

remarquer que, quant à la perception du droit d'enregistrement moderne, il n'y a aucune espèce de rapport avec la perception des droits seigneuriaux antérieurs à 1789.

La constitution d'emphytéose est frappée d'un droit d'enregistrement proportionnel. Pendant longtemps la régie de l'enregistrement ne percevait que le droit proportionnel, dont la loi fiscale frappe les baux ordinaires. Mais elle reconnut son erreur, et deux arrêts de la cour de Cassation du 1er août 1840, décident que l'emphytéose doit être imposée comme toute autre transmission d'immeuble, et se trouve par conséquent soumise au droit fixé par l'article 4 de la loi du 22 frimaire an VII.

Pour en revenir à la façon dont sont supportées les charges publiques dans le bail emphytéotique, il faut se rappeler que dans l'ancien droit l'emphytéote supportait les charges réelles et foncières. La loi du 1er décembre 1790 (tit. 2, art. 6) modifie ces règles : le propriétaire doit participer au payement des contributions foncières. Pour atteindre son but, cette même loi permit à l'emphytéote de retenir sur le canon qu'il devait payer une somme fixée d'abord au quart, puis au cinquième de la redevance[1].

La jurisprudence actuelle met à la charge de

1. LL. 3, frimaire, an VII; 11 frim., an VIII; avis du conseil d'État du 4 janv. 1809.

l'emphytéote le payement des contributions, même de la contribution foncière, en se fondant sur ce motif que ces contributions sont une charge inséparable de la propriété utile dont il jouit[1].

Cependant quelques auteurs, parmi lesquels MM. Pépin Le Halleur et Troplong, soutiennent que toutes les contributions ne doivent pas peser sur l'emphytéote seul, aussi admettent-ils que le propriétaire du fonds se trouve dans l'obligation de supporter un cinquième des impôts.

Du reste, il est juste de constater que lorsqu'il y avait un intérêt à payer un cens électoral, les impositions étaient comptées en faveur de l'emphytéote, et tous les auteurs sont unanimes pour refuser d'appliquer à une pareille hypothèse la loi du 19 avril 1831, qui attribue au locataire le tiers seulement des contributions, alors même que la durée du bail est supérieure à neuf ans[2].

Telles sont les principales règles appliquées au contrat emphytéotique par la jurisprudence, et par les nombreux auteurs qui reconnaissent à l'emphytéose une existence propre dans le Code civil.

On a pu s'assurer que sur un grand nombre de

---

1. Duvergier, n° 170; Rolland de Villargues, Rep. du Notar., Bail emphytéot., n° 46, avis du conseil d'État du 2 février 1809.

2. Pépin Le Halleur, op., l. cit., p. 356; Rolland de Villargues, op., l. cit.; Duvergier, o. l. cit.

points elles étaient absolument identiques aux règles de l'ancienne jurisprudence, et cela se comprend sans peine, puisque dans le système que nous avons combattu et qui a triomphé dans la pratique, on admet que la législation moderne n'a fait que maintenir l'ancienne emphytéose temporaire, toutes les fois qu'il n'existe pas une disposition formelle, détruisant un principe existant antérieurement à la révolution de 1789, ou bien une règle en contradiction formelle avec les nouvelles idées du Code.

VIII. — Quoi qu'il en soit, le contrat emphytéotique n'a plus de nos jours une application pratique dans notre pays. On peut pourtant encore en rencontrer quelques exemples : nous avons cité plus haut les baux emphytéotiques existant rue Lepelletier, celui à l'aide duquel on a construit le théâtre de l'Opéra-Comique; il serait encore possible de retrouver quelques concessions faites vers 1818 ou 1820 par le gouvernement, concessions qui présentent une grande affinité avec les caractères du bail emphytéotique; mais ce ne sont plus actuellement, on peut le dire, que des contrats exceptionnels et de plus en plus rares dans la pratique des affaires.

Il existe pourtant un genre de concessions aujourd'hui très-fréquent et qui présente une certaine analogie avec le contrat emphytéotique; je veux parler des concessions de Chemins de fer.

On sait quel développement a pris dans ces dernières années la construction des voies ferrées; bien que nous soyons encore de beaucoup en ar- rière sur une foule de nations étrangères, l'on peut dire, sans être taxé d'exagération, que la con- cession d'un chemin de fer est maintenant un contrat presque journalier en France. Si l'on pou- vait regarder comme un contrat emphytéotique, une semblable concession, ce serait rendre d'une façon indirecte un immense intérêt à l'emphytéose si rare actuellement en tant que contrat pratiqué par les particuliers.

Nous n'avons pas l'intention d'entrer dans l'his- torique de la question des chemins de fer en France. Il suffit de rappeler que cette innovation, comme cela se rencontre malheureusement par trop fréquemment chez nous, ne fut admise qu'a- vec une méfiance des plus accentuées. M. Thiers lui-même ne considéra-t-il pas la nouvelle inven- tion comme une chose fort peu digne d'intérêt et n'en prédit-il pas la ruine à la tribune de la Cham- bre des députés? Avec de pareilles dispositions, l'on comprend que les chemins de fer durent avoir des commencements très-pénibles. Les contrats de concessions furent modifiés à plusieurs reprises par suite des paniques qui se répandaient parmi les actionnaires des nouvelles compagnies, et aussi par suite des révolutions qui se produisirent en France à cette époque.

Enfin les choses se rétablirent peu à peu; l'or- dre se remit dans les concessions de chemins de

fer, et l'on en arriva à trouver un modèle sur lequel se font presque toutes les concessions nouvelles, sauf quelques modifications de détail de fort
peu d'importance. Ce résultat est des plus heureux en ce sens qu'auparavant les concessions se
faisaient sans qu'il y eût un type, si je puis me
servir d'une pareille expression, et de telle façon
qu'on avait grand'peine à se reconnaître au milieu
de tous ces différents contrats qui variaient à l'infini quant à la durée aussi bien qu'aux dispositions
principales.

C'est ce dernier état des concessions qu'il faut
examiner rapidement pour voir quels rapports et
quelles divergences peuvent les rapprocher ou les
éloigner des contrats emphytéotiques.

L'emphytéose est, chacun le sait, un contrat
dans lequel le propriétaire d'un fonds cède à un
tiers un certain droit sur ce fonds; ce droit est,
suivant la jurisprudence de la Cour de cassation,
un droit de propriété utile, et suivant d'autres
jurisconsultes, un simple démembrement de la
propriété se rapprochant infiniment de l'usufruit.

La concession d'un chemin de fer rentre-t-elle
dans ce caractère? C'est là la question que l'on
peut se poser. Au premier abord, il semble que
la seule réponse admissible soit l'affirmative; la
plus grande analogie paraît en effet exister entre
ces deux institutions, et cependant il ne faut pas
s'y tromper, il y a entre l'emphytéose et la con-

cession d'un chemin de fer une différence capitale.

On a vu que l'emphytéose ne pouvait porter que sur un bien immobilier, il en a été ainsi de tout temps, et jamais aucune variation ne s'est produite à ce sujet dans la législation. Pour la concession de chemin de fer, il n'en est pas de même; ce n'est pas l'exploitation d'un fonds de terre que l'État concède à la Compagnie, c'est l'exploitation d'une ligne, c'est-à-dire d'un service de transport. Sans aucun doute, la Compagnie acquiert un droit sur des terrains concédés, mais ce n'est là que l'accessoire; le principal objet de la concession, c'est l'exploitation de la ligne. Il nous semble que cette différence est capitale, et qu'il est, par conséquent, impossible d'assimiler à l'emphytéose la concession d'une ligne de chemin de fer.

Ceci bien établi, nous sommes les premiers à reconnaître qu'il y a une certaine ressemblance entre ces deux contrats; dans l'un et dans l'autre, les concessionnaires ont une jouissance très-large de la chose; en outre, ce droit de jouissance ne leur est concédé que pour un temps déterminé et pour une durée qui ne peut jamais être plus considérable que celle fixée par la loi, c'est-à-dire quatre-vingt-dix-neuf ans.

Cependant les concessions de chemin de fer sont entourées de règles bien plus étroites que ne le sont les baux emphytéotiques. Les droits et les

obligations des Compagnies sont énumérés de nos
jours avec le plus grand soin, de telle sorte que
si l'on admettait même que ces concessions fussent
des locations emphytéotiques, il serait peut-être
impossible de trouver un intérêt à la question ;
on serait, je crois, hors d'état de trouver une
seule hypothèse en dehors des prévisions des lois
existantes à laquelle il serait possible d'appliquer
les règles de l'emphytéose ordinaire.

CHAPITRE IV.

DE L'UTILITÉ DU MAINTIEN OU DE LA SUPPRESSION DE L'EMPHYTÉOSE ET DE SON EXISTENCE DANS LES LÉGISLATIONS ÉTRANGÈRES,

I. — Nous avons terminé l'historique du contrat d'emphytéose dans le chapitre précédent : après en avoir recherché les origines, nous en avons examiné les principales règles sous l'empire romain, dans la monarchie ancienne et jusque dans la législation actuelle; nous avons tenté de suivre de la sorte les progrès et la décadence du bail emphytéotique jusqu'au jour où il a presque complétement disparu du nombre des contrats pratiqués dans la vie habituelle.

Le bail emphytéotique n'existe plus en quelque sorte dans nos mœurs, et les exemples très-rares que l'on peut en citer çà et là, ne sont plus que des exceptions que l'on ne peut rencontrer sans un certain étonnement. En réalité, l'emphytéose est complétement inconnue en France en tant que contrat pratique, et nous ne pensons pas qu'il y ait jamais chance de lui voir reconquérir le terrain qu'elle a perdu depuis la révolution de 1789.

C'était pourtant une institution qui, même de
nos jours, aurait pu rendre encore de grands services à l'agriculture! Et l'on doit peut-être regretter de ne pas voir le Code suivre la voie d'un
grand nombre de législations étrangères, qui
maintinrent à peu près complétement le contrat
emphytéotique en lui faisant subir des modifications plus ou moins considérables.

Tout ceci provient du peu de réflexion avec lequel les auteurs des lois révolutionnaires portèrent
un coup mortel à l'emphytéose, en voulant frapper
des institutions qui n'avaient qu'un rapport très-
indirect avec ce contrat; depuis ce temps, l'on a
reconnu l'erreur du législateur, mais les opinions
n'en restent pas moins divergentes sur la question
de l'opportunité de la suppression ou du rétablissement du contrat emphytéotique. Il serait trop
long d'entrer dans le détail des arguments qui ont
été accumulés pour ou contre l'emphytéose, et
rien ne donnerait une idée plus exacte du débat
que de citer sur cette question les opinions de
deux savants auteurs, MM. Duvergier et Troplong.

M. Duvergier[1], partisan à outrance de l'emphytéose, s'exprime en ces termes : « La science éco-
nomique n'a encore rien découvert de mieux com-
biné et de plus ingénieux. Le propriétaire de la
terre considérée comme capital, en confie l'exploitation à celui qui, par sa capacité industrielle

1. Duvergier, n° 143, t. 3.

et par la possession de capitaux mobiliers, est
en mesure de la faire valoir. La liberté d'emprunter sur le fonds, de l'aliéner même, est un attrait
de plus et un moyen nouveau de rendre la spécu-
lation profitable. La position du propriétaire est
à peu près celle d'un associé commanditaire, et
je crois que, dans l'intérêt de l'industrie agricole,
tous les baux devraient tendre à ce but. On comprend que des améliorations importantes ne peuvent être faites par les fermiers, que lorsqu'ils
sont assurés d'une longue jouissance, et il est évident que plus ils auront de liberté dans la disposition du capital qui leur est confié, plus ils en
tireront d'avantage pour eux et pour les bailleurs.
Cette liberté n'est pas d'ailleurs incompatible avec
les garanties que doivent chercher les propriétaires contre les fraudes ou contre les spéculations
aventureuses auxquelles voudraient se livrer les
fermiers. C'est donc à tort que M. Say blâme l'u-
sage des baux emphytéotiques : avec quelques
perfectionnements ils me paraissent devoir produire les mêmes résultats. »

L'on voit qu'au dire de M. Duvergier, il ne saurait exister d'institution plus utile que celle de
l'emphytéose : et l'on ne saurait la propager avec
trop de soin. Il est vrai que M. Troplong[1] ne trouve
pas les mêmes raisons d'utilité à l'emphytéose :
bien au contraire, il semble voir la question sous

---

1. Troplong, du louage, nos 50 et 51.

un point de vue tout différent : « Je ne voudrais pas, dit-il, qu'on se fît illusion sur le degré d'utilité qu'on peut attendre de l'emphytéose dans les temps où nous vivons, et je ne crois pas avec M. Duvergier qu'elle soit appelée à jouer un grand rôle dans les progrès de notre industrie agricole. L'époque de prédilection du contrat emphytéoti-que, c'est celle ou régnent de vastes domaines, ou la propriété, frappée d'une sorte d'immobilité se perpétue de générations en générations dans les mêmes mains, Mais quand le sol est soumis au mouvement rapide d'une division indéfinie, quand les détenteurs des domaines fonciers se servent les uns contre les autres avec tant de presse qu'il y a place à peine pour les nouveaux venus, quand enfin la propriété est emportée par une circula-tion incessante, le bail emphytéotique ne peut être que rare, accidentel ; il ne répond plus aux impérieux besoins du moment, car il ne fonctionne pas avec assez de promptitude et demande trop à l'avenir pour une génération qui dévore le présent. En un mot il n'est bon que dans certains cas ex-ceptionnels et pour certaines natures de propriété : c'est ce qui fait qu'il tient un rang très-secondaire aujourd'hui dans la vie pratique. Cependant il se rencontre dans des circonstances où ce débris du passé peut procurer au temps actuel une certaine utilité, et cela suffit pour que nous réclamions une place pour lui dans notre jurisprudence. »

Il nous semble que le langage de M. Troplong

est plus favorable à l'emphytéose qu'il ne le paraît au premier abord. Il faut bien reconnaître
qu'il existe une certaine exagération dans les paroles de M. Duvergier, et nous ne saurions admettre que ce serait rendre service à un pays que
de remplacer en général les baux ordinaires par
des baux emphytéotiques. Mais il existe certaines
circonstances dans lesquelles l'emphytéose ren-
drait encore aujourd'hui de biens grands services.
Pour trouver ces cas dans lesquels le bail emphytéotique serait un point d'appui très-solide pour
le développement de la richesse agricole, on n'a
qu'à se reporter aux causes qui donnèrent lieu à
la naissance de l'emphytéose. Nous avons vu dans
le droit romain surgir le bail emphytéotique, alors
que pour des raisons qu'il est inutile d'examiner
ici, les campagnes se trouvaient sans culture : ce
fut un remède apporté à un mal très-développé
dans cette période de l'histoire romaine, mais
qu'il ne serait pas non plus absolument impossible de rencontrer à l'époque actuelle. Sans
doute, les causes de décroissance dans la
population ne sont plus les mêmes que sous l'empire romain, et nous ne voudrions même pas faire
allusion à ces signes de dépopulation qui semblent
malheureusement se manifester d'une façon assez
sérieuse et assez inquiétante dans les campagnes
de France ; mais il est incontestable qu'en un
grand nombre de provinces il existe encore de
vastes territoires absolument incultes, il suffit

d'avoir voyagé quelque peu en France pour reconnaître que dans l'Ouest, dans le Sud-Ouest,
dans le Midi et jusque dans le Centre on rencontre d'immenses étendues sans culture et souvent
même sans propriétaire.

C'est pour ces contrées que nous réclamons
particulièrement le rétablissement du régime emphytéotique. N'y a-t-il pas, en effet, dans ces
pays une grande analogie avec ce qui existait
dans l'empire romain et même au temps de la
féodalité ? Et pourquoi n'appliquerait-on pas dans
de telles circonstances les règles d'un contrat, du
seul peut-être qui pourrait produire d'excellents
effets en faveur de l'agriculture et du développement de la richesse dans ces régions? C'est ici
que nous ne pouvons nous empêcher de blâmer
très-énergiquement les rédacteurs du Code civil
d'avoir passé sous silence un pareil contrat, nous
principalement qui n'avons pas cru devoir reconnaître, en présence de l'état de la question, une
existence propre au contrat emphytéotique. Du
reste, nous ne sommes pas seuls à reprocher aux
rédacteurs du Code civil d'avoir laissé de côté
un contrat aussi important que l'emphytéose;
M. Rossi, dans ses observations sur le Code Na-
poléon, s'exprime en ces termes : « L'emphytéose n'a pas même été mentionnée dans le Code,
tandis que si on en avait bien saisi le caractère
constitutif, l'accroissement du fonds capital par les
améliorations, on aurait aperçu les rapports in-

times de cette forme de concession avec le progrès de l'économie sociale et avec les nombreuses
améliorations dont le sol de la France pourrait
s'enrichir par l'action de l'industrie particulière ;
les auteurs du Code civil craignant peut-être d'être
accusés d'un retour à la féodalité, n'ont su ni ni
proscrire ni régler l'emphytéose temporaire. »

On sait que dans notre opinion, les rédacteurs
du Code ont parfaitement proscrit l'emphytéose ;
mais là n'est pas la question, nous n'avons cité
les paroles de Rossi que pour montrer quelle a
été sur ce point l'opinion d'un des esprits les plus
éclairés du siècle.

Que pourrait-on ajouter à tant de témoignages
en faveur du rétablissement de la location emphytéotique? Il nous semble qu'en présence de
l'opinion formelle d'écrivains aussi remarquables,
on doit reconnaître tous les avantages qu'aurait
pu produire en France le rétablissement de l'emphytéose sur des bases sagement modifiées et
complétement appropriées aux besoins de l'époque. Malheureusement il n'y a pas lieu d'espérer
un rétablissement efficace de ce contrat. Du reste,
on peut encore, pour se confirmer dans cette
opinion, considérer ce qui s'est produit à l'étranger. En Italie, où l'on trouvait sous ce rapport une
grande analogie avec la situation existant en
France, il est intéressant de voir combien la
grande majorité des écrivains a réclamé énergiquement le rétablissement de l'emphytéose : il

— 333 —

faut citer parmi ces auteurs, les frères Poggi[1], Scialoja[2], Duscio[3], De Cesare[3], Orlando[3]; on doit également y joindre M. Elia Lattes[6], le plus ré-cent des auteurs qui se soit, croyons-nous, occupé de cette question. Tous sont unanimes à consta-ter l'immense avantage que pourrait rendre à cer-taines contrées de leurs pays le rétablissement de l'emphytéose. M. Lattes expose même un sys-tème complet de bail emphytéotique qui, suivant lui, unirait de la façon la plus heureuse les règles principales de l'emphytéose romaine avec les mœurs actuelles de l'Italie.

De l'Italie on n'a qu'à passer en Angleterre; chacun sait combien cette nation nous est supé-rieure en tout ce qui concerne la richesse et les progrès agricoles. Or, en 1863, dans le Straf-fordshire, il a été ouvert un concours sur la ques-tion de savoir quelles étaient les meilleures règles à appliquer à la location agricole dans ce comté. On peut juger de l'importance qu'on attachait à un semblable projet, lorsque l'on saura que qua-rante-sept mémoires furent présentés sur cette ques-

1. G. Poggi, Sistema livellare toscano; Poggi, Leggi dell' agricoltura in Italia.
2. Scialoja, Principii dell' economia sociale.
3. Trattato dell' enfiteusi, Catania, 1854.
4. Commentario al IX titolo del III libro delle Leggi civili del Regno di Napoli.
5. Sull' ordinamento a dare al Codice civile italiano, § 101.
6. M. Lattes, op., l. cit., p. 270 et suiv., note.

tion : ce fut M. May qui remporta le prix de 50 li-
vres sterling. Les principaux mémoires fournirent
à lord Lichtfield la matière d'un rapport fort intéressant, adressé à l'*Agricultural society*, qui avait
proposé le prix. De ce rapport il résulte que
la grande majorité des auteurs a pensé que le
meilleur moyen de relever l'agriculture dans ce
pays était de concéder des baux à longue durée :
aussi peut-on trouver dans l'*Économist* d'octobre
et de novembre 1863, des articles très-importants
sur cette question. On voit combien les autres
nations ont compris l'importance du rôle que
l'emphytéose était appelée à jouer, même dans la
législation moderne. Il est vraiment regrettable
que chez nous le législateur n'ait pas songé à suivre les autres peuples dans cette voie. Il n'en a
malheureusement rien été, et tout porte à croire
que de longtemps on ne s'occupera de réglementer le contrat emphytéotique ; on peut même ajouter qu'il semble fort probable qu'on ne verra jamais de solution définitive donnée à cette question,
et aux controverses nombreuses auxquelles elle a
donné naissance.

Il ne reste plus, avant de terminer ce travail,
qu'à jeter un coup d'œil rapide sur les législations
étrangères qui traitent de l'emphytéose d'une façon
spéciale.

On sait que la législation française a servi de type
à un grand nombre de codes étrangers : parmi
ceux-ci on en trouve quelques-uns qui, comme le

Code civil, sont restés muets sur la question de l'emphytéose. Mais la grande majorité des législa-tions étrangères s'en est occupée ; on lui a donné des solutions différentes, et dans certains États, la législation emphytéotique a varié à l'infini dans l'espace de quelques années.

Ainsi en Italie, les divers États reconnurent l'emphytéose, sauf le Piémont qui conserva plus entière la législation française qu'on avait jadis imposée à ce pays. Cependant, cet État permit les locations de cent ans[1] ; la loi de 1859 autorisa aussi les parties à renouveler les emphytéoses en cours d'existence. Lorsqu'après les événements de 1860, l'Italie se trouva unifiée, il n'y eut pas de règle générale pour le contrat emphytéotique ; cette question fut tranchée chaque année par une loi spéciale, et l'on peut même voir quelquefois une loi par chaque session du Parlement[2]. Il se produisit même à cette époque un fait assez singu-lier ; le même parlement supprima l'emphytéose en Piémont, en Lombardie, dans les Marches, dans l'Ombrie et dans l'Émilie, et la maintint, en cherchant même à la propager dans les pro-vinces méridionales ; c'est ainsi qu'on peut voir un de ces projets de lois relatifs aux biens ec-clésiastiques en Sicile, obtenir l'approbation de la Chambre. Ce résultat, assez bizarre au pre-mier abord, s'explique fort bien pourtant, lorsque

1. Art. 1720, chr. 1779, Cod. Alb.
2. M. Lattes, op., l. cit., p. 270, § 4.

l'on veut y réfléchir quelque peu. L'Italie se trouvait unifiée politiquement, mais là se bornait son
unification, et l'on ne peut pas faire qu'une révolution modifie les usages et les mœurs de peuples presque étrangers les uns aux autres. Or,
elui qui a séjourné quelque temps seulement en
Italie, sait fort bien jusqu'à quel point diffèrent
les habitants du Nord et du Midi de ce pays en ce
qui concerne la nature, les mœurs et la manière
de vivre de chaque peuple. Le Code italien de
1866 consacre un titre spécial à l'emphytéose
(art. 1556 à 1568), et règle avec le plus grand
soin le contrat dont il est actuellement question.
Après l'Italie se trouve la Belgique, l'un des
États dont la législation a sans contredit conservé
le plus complètement l'empreinte du Code civil
français. Aussi l'emphytéose était-elle passée sous
silence dans le Code belge, mais la loi du 11 janvier 1824 est revenue sur ce silence et réglemente
d'une façon toute spéciale le bail emphytéotique.
Le Code hollandais s'est également occupé de
l'emphytéose dans les articles 780 et suivants.
L'Autriche a admis l'emphytéose romaine. Le
droit commun civil allemand maintint également
l'emphytéose, le fief et le colonat; l'emphytéose
comme en Autriche conserve les formes romaines,
seulement l'on doit constater qu'en général il est
fait défense aux héritiers de partager les fonds emphytéotiques.

Quant au Code prussien, il mentionne une certaine institution sous le nom de *Erbgütsrecht*, c'est-à-dire droit d'usufruit héréditaire. Cette institution a une très-grande analogie avec l'emphytéose, elle participe à la nature du fief allemand et en même temps aux règles de l'emphytéose romaine. L'emphytéote a la faculté d'aliéner sous réserve du droit du propriétaire; ce dernier jouit du *laudemium* et d'un droit de prélation qu'il doit exercer dans les six mois. Enfin, du paragraphe 747 de l'*Allgemeine Landrecht* il résulte que le canon est une simple reconnaissance du droit de propriété, plutôt que la compensation de la jouissance du fonds.

La Russie elle-même, qui jusqu'alors était restée étrangère à de semblables institutions, vient d'entrer dans la même voie que la plupart des États européens, par suite des ukases de ces dernières années qui affranchissent les serfs et réglementent avec détail leur affranchissement[1].

Pour ce qui est de l'Angleterre, on a déjà vu avec quel soin particulier on s'y occupe de la législation emphytéotique. On sait aussi avec quel orgueil vraiment admirable cette nation conserve ses antiques usages; aussi retrouve-t-on dans ce pays une sorte d'emphytéose féodale qu'il serait fort intéressant d'étudier avec détail. C'est là ce qu'on nomme les *Copyhold tenures*; les cultivateurs ont prescrit depuis un temps immémorial le

1. Zézas, Études histor. sur la législ. russe, Paris, 1802, p. 360-378.

droit d'habiter et de cultiver ces fonds. Ils détien-
nent les fonds selon le bon plaisir du propriétaire
(*at the will of the lord*), mais en réalité ils sont soumis
aux usages de la localité, usages écrits et désignés
sous le nom de *copy of court-roll*. Le caractère
féodal de cette institution se retrouve dans ce fait
que les cultivateurs doivent des honoraires et des
reconnaissances féodales qui se renouvellent fréquemment. Quant à ces honoraires et à ces reconnaissances féodales, le Parlement britannique
en permit d'abord la transformation en argent;
puis, postérieurement le payement de ces redevances en argent de facultative qu'elle était devint obligatoire.

Enfin, le contrat emphytéotique a même tra-
versé l'Océan; nous le trouvons, en effet, non
sans quelque surprise, dans la législation de certains États de l'Union américaine. C'est ainsi que
les statuts de l'État de New-York¹ admettent très-
formellement les rentes perpétuelles et les locations viagères.

1. L., 4, c. 4, tit. iv, Rights of Landlords and tenant,
§ 13 et pass.

POSITIONS.

—

DROIT ROMAIN.

I. — La concession de l'ager vectigalis constituait non pas une vente, mais un simple contrat de location. (Gaius, 111, 145, L. 1, § 1, D. si ager vectig. VI, 3.)

II. — Le jus privatum salvo canone et le jus perpetuum salvo canone constituaient deux droits absolument distincts l'un de l'autre. (LL. 9 et 10, C. J. de fund. patrim.; l. 7, C. J. de fund. rei priv.; l. 8, C. J. de loc. præd. civ.; l. 3, C. J. de loc. præd. civ.)

III. — L'emphytéose tire son origine des concessions de l'ager vectigalis et non pas de l'ager publicus.

IV. — Le droit emphytéotique n'est pas autre chose qu'un *ius in re aliena*. (C. 8, C. J. de fund. patrim.)

V. — Le droit de préemption accordé au propriétaire en cas d'aliénation du droit emphytéotique, s'exerce quel que soit le mode d'aliénation employé par l'emphytéote. (C. 3, C. J. de jure emphyteut.)

VI. — Lorsque le droit emphytéotique se trouve transféré par suite d'un legs, le propriétaire a le droit de percevoir le cinquantième du prix.

VII. — Le propriétaire doit s'adresser à l'emphytéote aliénateur, lorsqu'il s'agit de percevoir le cinquantième du prix.

VIII. — Le propriétaire peut exiger de l'emphytéote l'arriéré de la redevance et en même temps poursuivre l'expulsion de ce dernier.

IX. — Lorsque l'emphytéote aura fait des améliorations sur son fonds, il ne pourra demander au propriétaire de lui en payer la valeur que si l'emphytéose prend fin par suite de l'échéance du terme fixé par la convention, (L. 2, C. J, de jure emphyteut.)

DROIT FRANÇAIS.

I. — Le droit emphytéotique n'existe plus dans la législation française; on doit lui appliquer les règles du contrat de louage.

II. — En supposant que l'emphytéose soit chez nous un droit spécial, il faut décider qu'il est susceptible d'hypothèque.

III. — Lorsque l'emphytéote a fait des constructions sur le fonds, ces constructions appartiennent de plein droit au propriétaire, lors de la cessation de l'emphytéose, sans que ce dernier ait une indemnité quelconque à payer.

IV. — Lorsque l'on a stipulé la résolution de l'emphytéose de plein droit faute de payement à l'échéance, on doit appliquer l'article 1656 et décider que l'emphytéote peut encore payer, après l'arrivée de cette échéance, jusqu'au jour de la sommation.

V. — L'emphytéote n'est pas tenu d'améliorer le fonds emphytéotique.

VI. — L'emphytéote peut aliéner le fonds ou constituer des servitudes à la condition de ne pas nuire aux droits du propriétaire.

VII. — L'on doit en principe appliquer à l'emphytéose les règles de l'usufruit plutôt que celles du louage.

VIII. — La règle de l'enregistrement doit percevoir le droit proportionnel d'enregistrement établi sur les actes translatifs de propriété et non le droit perçu en cas de baux ordinaires.

IX. — La concession d'un chemin de fer ne doit pas être considérée comme la constitution d'un bail emphytéotique.

HISTOIRE DU DROIT ET DROIT COUTUMIER.

I. — Le précaire du moyen âge n'est pas la suite du contrat emphytéotique modifié selon les besoins du temps.

II. — L'emphytéose constitue bien une institution *sui generis* et doit se distinguer soigneusement du bail à cens et du bail à rente foncière.

III. — L'emphytéote perpétuel a le domaine utile de la chose ; mais il n'en est pas de même de l'emphytéote temporaire.

IV. — La redevance emphytéotique ne doit jamais subir de réduction, alors même que le fonds a éprouvé des détériorations par suite d'événements imprévus.

V. — Le bail emphytéotique implique la tradition du fonds par le bailleur au preneur.

DROIT PÉNAL.

I. — Le complice d'un suicide peut-il être puni ? Oui, mais dans le seul cas où l'acte commis par ce complice constituerait par lui-même un assassinat.

II. — La Cour d'assises, jugeant par contumace, ne peut accorder des circonstances atténuantes.

DROIT ADMINISTRATIF.

I. — Les ministres du culte peuvent être poursuivis à raison d'actes commis dans l'exercice de leurs fonctions, devant les tribunaux ordinaires, sans l'autorisation du conseil d'État.

II. — Le diocèse n'est pas une personne morale.

DROIT COMMERCIAL.

I. — Un créancier hypothécaire peut-il voter dans les délibérations sur le concordat, quand son hypothèque est contestée, mais que sa créance ne l'est pas ? Oui, mais il est alors censé renoncer à son bénéfice de créancier hypothé-caire.

II. — La majorité en nombre nécessaire pour la forma-tion du concordat se calcule, non pas sur les créanciers présents, mais en faisant entrer en compte les créanciers absents.

Vu par le Président :
Ch. Beudant,

Vu : G. Colmet d'Aage,

Vu et permis d'imprimer :
Le Vice-Recteur de l'Académie de Paris,
A. Mourier.

16125. — PARIS, TYPOGRAPHIE LAHURE
Rue de Fleurus, 9